Das Geheimnis meiner Schönheit

SOPHIA LOREN

Das Geheimnis meiner Schönheit

Ullstein

Titel der englischen Originalausgabe:
»Women & Beauty«, erschienen bei Aurum Press, London
© Scelo Enterprises, N. V. 1984

Ins Deutsche übertragen von Hedda Pänke
Verlag Ullstein GmbH Frankfurt/M. · Berlin · Wien
Übersetzung © 1985 Verlag Ullstein GmbH Frankfurt/M. · Berlin · Wien
Alle Rechte vorbehalten.
Weder Text noch Bildbeigaben dürfen ohne Genehmigung
der Rechteinhaber benutzt oder reproduziert werden.

ISBN 3 550 077378

Inhalt

Meinen Dank an Kathy Matthews, deren enge Zusammenarbeit
und Freundschaft dieses Buch möglich gemacht hat.

Einleitung

Über den Begriff »Schönheit« und wie ich meine Vorstellungen meinen Leserinnen nahebringen soll, habe ich lange nachgedacht. Zunächst stellte ich fest, daß es keinen besonderen Weg gibt, der zur Schönheit führt – ganz egal, was Sie woanders auch lesen mögen. Leider ist es ein bißchen komplizierter. Aber ich habe in einer Branche gearbeitet, die Schönheit sehr hoch bewertet. »Von Berufs wegen« schön zu sein, hat mich eine Menge gelehrt, und ich glaube, daß meine Erfahrungen Ihnen helfen können. Ich hoffe, daß das Buch Sie dazu anregen wird, auf eine neue Weise über Schönheit nachzudenken, daß es Ihnen hilft, Ihre eigene, individuelle Schönheit zu entdecken, und daß es Ihnen ein paar Schönheitstechniken vermittelt, die Sie für sich selbst übernehmen können.

Ich habe mich bemüht, hier nur von den Dingen zu sprechen, von denen ich etwas verstehe. Ich kann nicht so tun, als könnte ich einer Blondine raten, welchen Farbton sie für ihr Augen-Make-up benutzen sollte oder welche Bluse an einer eher flachbrüstigen Frau gut aussieht. Statt dessen hoffe ich, mit Ihnen das zu teilen, was ich in meinem Beruf über Schönheit gelernt habe, durch meine Erfahrung und auf meinen Reisen. Ich habe mich bemüht, über Dinge zu sprechen, die jede Frau interessieren. Es handelt sich hier nicht um ein Buch über die Technik, auch wenn ich Ratschläge und Hinweise eingefügt habe, wo immer dies möglich war. Mein Ziel war es, Ihnen dabei zu helfen, einen »zweiten Blick«, einen wohldurchdachten Blick auf das zu richten, was eine Frau schön macht.

Das interessanteste an dieser überlegten Schönheitsbetrachtung ist, daß man dazu nicht die taufrischen Wangen eines Teenagers besitzen oder eine nicht ganz perfekte Nase durch Make-up kaschieren muß. Wichtig sind Qualitäten, die uns allen zur Verfügung stehen: Charme, Warmherzigkeit, Klugheit sowie die Intelligenz und Einbildungskraft, die Sie aufbringen können, um Ihr Aussehen zu verbessern.

Ein paar
Gedanken zum
Thema
Schönheit

Ein zweiter Blick auf die Schönheit

Wenn wir an Schönheit denken, beschränken wir uns gewöhnlich auf die Schönheitspflege – Hautcremes, Frisuren und wie man Wimperntusche aufträgt. Dies ist ein durchaus wichtiger Zugang zur Schönheit, denn schließlich sind die meisten von uns immer bereit, ein paar neue Tricks zu lernen, die uns attraktiver machen. Und diese Techniken erfüllen auch durchaus ihre Funktion. Dennoch versuche ich in diesem Buch, einen neuen Weg zur Schönheit zu weisen – einen, der Frauen jeden Alters, ausgestattet mit den unterschiedlichsten Gaben der Natur, dienen kann. Dieser Zugang zur Schönheit beginnt nicht beim Gesicht oder der Figur, sondern mit dem Verstand. Wenn Sie lernen, Ihren Verstand genausogut zu gebrauchen wie Ihre Puderquaste, werden Sie wahrhaftig schön werden.

Als Teenager sind wir meistens fasziniert von Make-up und Frisuren. Das ist eine neue Welt für uns, ein Merkmal unserer Weiblichkeit, und wir verbringen Stunden mit dem Experimentieren vor dem Spiegel. Doch mit der Zeit beschränken sich unsere Erkundungen in Sachen Schönheit dann doch auf eine neue Lippenstiftfarbe oder eine neue Frisur. Wir haben unseren Weg gefunden, haben unsere eigene Vorstellung von Schönheit gewonnen, und wir wenden uns anderen Dingen zu. Kaufen wir uns ein neues Kleid oder gehen wir zum Friseur, denken wir zwar kurz darüber nach, wie wir aussehen, aber wir tun es auf eine flüchtige und unkonzentrierte Art. Das heißt, daß wir als Erwachsene noch Vorstellungen von Schönheit hegen, die sich seit unserer Teenagerzeit kaum geändert haben. Als reife Frauen glauben wir immer noch, daß Schönheit nur Technik ist, und nur wenige von uns gewinnen eine neue Vorstellung von dem, was wahre Schönheit ausmacht.

Ich möchte anregen, einen zweiten Blick auf die Schönheit zu werfen, wenn die eifrigen Erkundungen unserer Jugend erst einmal vergangen sind. Reife Schönheit ist von jugendlicher Schönheit sehr verschieden. Sie verlangt eine andere Hinwendung, weil jugendliche Schönheit unbewußt ist, während erwachsene Schönheit wissend und anspruchsvoll ist. Sie läßt Bemühungen zu. Sie ist auch reicher und vielschichtiger.

Schönheit ist wertvoll. Daran besteht gar kein Zweifel. Wir leben in einer Welt, die Schönheit schätzt und diejenigen belohnt, die für schön gehalten werden. Das mag sehr ungerecht erscheinen, bis Sie zu verstehen beginnen, was Schönheit wirklich ist und welche Rolle sie in Ihrem Leben spielt.

Ein Journalist sagte einmal über mich, daß mein Mund zu groß, meine Nase zu lang, mein Kinn und meine Lippen zu breit seien, die Summe dieser Züge sei aber irgendwie schön. Ich erwähne das nicht, um mich selbst zu loben, sondern einfach, um Ihnen zu beweisen, daß Schönheit als Ideal nicht existiert. Sie können eine Menge über Schönheit lernen, was mit Kosmetik, Frisuren, Diät oder Gymnastik absolut nichts zu tun hat. Wenn ich Sie davon überzeugen kann, wird die Schönheitspflege, so wichtig sie auch sein mag, den ihr zukom-

menden Platz einnehmen – vielleicht, um etwas vorteilhaft zur Geltung zu bringen, nicht aber als das Wesentliche.

Fragen Sie ein halbes Dutzend Leute, was ihrer Meinung nach eine Frau schön macht, und Sie werden höchstwahrscheinlich eine ganze Reihe verschiedener Attribute genannt bekommen: Ein breites Lächeln, langes, glänzendes Haar, eine rosige, feinporige Haut und so weiter. Sicher, alle diese Attribute sind schön, und jede Frau wäre froh, sie zu besitzen; dennoch bin ich davon überzeugt, daß Schönheit etwas anderes ist – anders und mehr.

Wahrscheinlich haben Sie das alles schon gehört – daß »Schönheit nur eine hübsche Larve« ist oder ähnliche Sprüche – und Sie wollen es vielleicht nicht glauben. Es klingt ja auch wie ein spießig-moralisches Werturteil oder die Art von Trost, die eine Mutter ihrer eher unscheinbaren Tochter spendet. Aber aus meiner Erfahrung in einem Beruf, der von Schönheit geradezu besessen ist, kann ich Ihnen sagen, daß die Vorstellung richtig ist, Schönheit sei mehr als eine Ansammlung von verschiedenen Merkmalen.

Ich bin sicher, daß Sie das in Ihrer eigenen Umgebung beobachten können. Denken Sie an die Frauen, die Sie kennen und gelegentlich sehen; die eine oder andere wird Ihnen vermutlich besonders schön vorkommen. Aber wenn Sie länger über sie nachdenken, entpuppen sie sich wahrscheinlich eher als attraktiv denn als schön. Wenn Sie diese »schönen« Frauen näher inspizieren, werden Sie höchst wahrscheinlich feststellen können, daß es etwas anderes ist als ihr Haar, ihre Augen, die Haut oder die Figur, die sie Ihnen in Erinnerung bringt. Sie können sogar durchaus gewisse Makel aufweisen – eine große Nase, kleine Augen oder einen nicht ganz perfekten Teint. Dennoch haben diese Frauen Sie und vermutlich die meisten Menschen ihrer Umgebung davon überzeugt, sie seien schön.

Sie dürfen nicht vergessen, daß das Geschäft mit der Schönheit heutzutage sehr ausgedehnt und lukrativ ist. Es ist eine Branche, die von der Annahme ausgehen muß, es gäbe die ideale Schönheit, denn es wäre für sie einfach unmöglich, sich auf all die unterschiedlichen Arten der Schönheit einzustellen. Eine so große Mannigfaltigkeit zu bewältigen, würde die Branche überfordern, und die Modewelt würde jener »Frische« beraubt, mit der sie in jeder Saison eine neue »ideale« Schönheit propagiert. Für sie ist es einfacher – und gewinnträchtiger –, Ihnen zu sagen, daß Ihre Lippen in diesem Jahr blaßrosa zu sein haben, als Ihnen mitzuteilen, daß blaßrosa Lippenstift zwar angeboten wird, Sie ihn jedoch nicht kaufen sollten, wenn er Ihnen nicht wirklich steht. Hauptsächlich dient es geschäftlichen Interessen, daß sich die Mode mit jeder Saison so gewaltig ändert und daß eine Frau, die in diesem Jahr für »schön« gehalten wurde, im nächsten aus der Mode ist.

Doch die ideale Schönheit ist eine Fata Morgana. Indem Sie die für Ihr Gesicht optimale Frisur entdecken, eine außergewöhnliche neue Nachtcreme, einen aufregenden Lidschatten oder den in dieser Saison besonders beliebten Modeschöpfer, können Sie zwar Ihr Aussehen verändern, aber wahre Schönheit bedeutet nicht nur, modisch up-to-date zu sein. Es gibt ein Element von Schönheit, das nichts mit dem zu tun hat, was Sie in Büchern oder Zeitschriften lesen können. Haben Sie das erst einmal akzeptiert, sind Sie auch in der Lage zu verstehen, was eine Frau schön macht. Und Sie werden lernen, wie Sie Ihre eigene Schönheit auf die effektivste Weise kultivieren können.

Meiner Meinung nach sind es zwei Dinge, die Sie zum Thema Schönheit erkennen müssen,

Nicht immer wurde ich für schön gehalten. Im Alter von dreizehn Jahren (oben) gab man mir den Spitznamen »Zahnstocher«, und zu Beginn meiner Karriere nannte man mich »Giraffe«.

Sophia Loren

um sie zu erlangen: daß sie in Ihrer Reichweite liegt und daß es sich lohnt, etwas dafür zu tun.

Ich denke, es kann hilfreich sein, sich etwas näher mit dem Begriff »Eitelkeit« zu befassen, um Sie davon zu überzeugen, daß Schönheit für Sie keineswegs unerreichbar ist.

Eitelkeit und Schönheit

Vor nicht allzu langer Zeit habe ich gelesen, wie eitel es doch ist, eine zu hohe Meinung vom eigenen Aussehen zu haben. Das erschien mir zutreffend und war für mich von keinem besonderen Interesse. Aber später fiel mir diese Definition wieder ein, und je länger ich über sie nachdachte, desto klarer wurde mir, daß es sich dabei um einen Trugschluß handelt. Wir wissen, daß Eitelkeit töricht ist, und sollten deshalb eine zutreffende, objektive Meinung über unser Aussehen haben. Aber akzeptieren wir die Ansicht der Welt über unsere Erscheinung, und halten wir sie für die Wahrheit? Verlassen wir uns auf das Urteil der anderen, um zu erfahren, in welchem Maß wir der Perfektion entsprechen? Ich denke, das wäre ein großer Fehler.

Bei so vielen Dingen im Leben hat man realistisch zu sein. Wenn Sie ein schlechter Autofahrer sind, sollten Sie sich besser nicht den neuen Rolls Royce eines Ihrer Bekannten borgen. Wenn Sie nicht singen können, sollten Sie darauf verzichten, jemand ihre Darbietungen aufzudrängen. Aber ganz unabhängig davon, was andere von Ihnen halten mögen, müssen Sie davon überzeugt sein, daß Sie auf Ihre ganz individuelle Art schön sind. Und das läuft darauf hinaus, daß eine Frau, um schön zu sein, auch eitel sein muß. Das mag zuerst abstoßend erscheinen: Wer in aller Welt möchte schon für unrealistisch in bezug auf sein Äußeres gehalten werden? Aber denken Sie nur ein wenig darüber nach, und Sie werden verstehen, was ich meine, und mit mir übereinstimmen.

Wie ich schon sagte, macht eine Ansammlung von Merkmalen der Vollkommenheit allein noch keine Schönheit aus. Vollkommene Züge perfekt zusammengefügt, rufen die Proportionen einer kalten griechischen Statue in Erinnerung und nicht die einer warmherzigen, begehrenswerten, schönen Frau. Wenn es also nicht die Entsprechung eines Ideals ist, was eine Frau schön macht, was ist es dann? Und was hat es mit Eitelkeit zu tun?

Wenn Sie sich noch einmal Ihren Freundinnen zuwenden oder auch den Frauen, die in den Medien erscheinen, werden Sie sehen, daß die Schönen, die uns ins Auge fallen, uns begeistern und die wir vielleicht sogar beneiden, diejenigen sind, die selbst davon überzeugt sind, schön zu sein. Sie haben auf irgendeine Weise entdeckt, daß sie schön sind. Und das Vergnügen über diese Entdeckung strahlen sie aus; selbst wenn ihre Züge, ihre Figur oder ihr Make-up nicht ganz vollkommen sind. Ihr Zutrauen zum eigenen Äußeren erkennen Sie auf den ersten Blick. In der Tat bin ich sicher, daß nichts eine Frau so schön macht wie ihre Überzeugung, sie sei schön.

Zu Beginn meiner Karriere gab man mir den Spitznamen »Giraffe«, weil ich so hoch aufgeschossen und linkisch war. Niemand hielt mich für besonders schön, aber jedermann wußte von Anfang an, daß ich stolz war. Anfangs waren die Menschen von meiner Selbstsicherheit beeindruckt, aber mit der Zeit gingen sie dazu über, das für Schönheit zu halten. Andererseits kenne ich eine Frau, die davon überzeugt ist, sie sei zu groß. Sie ist sich ihrer

Größe so bewußt, daß sie meistens so wirkt, als wünsche sie sich nichts sehnlicher, als vom Erdboden verschwinden zu können. Da sie dauernd an ihr »Gardemaß« denkt, ist es das einzige, was man an ihr bemerkt. Wenn sie ihre Einstellung nicht ändert, bleibt die traurige Tatsache bestehen, daß sie keine Chance hat, für schön gehalten zu werden, obwohl sie sehr hübsch ist.

Und so kommen wir auf die Eitelkeit zurück. Wenn es eitel ist, eine zu hohe Meinung vom eigenen Aussehen zu haben, dann sollten wir alle lernen, eitel zu sein – nicht im herkömmlichen, auf Konkurrenz bedachten Sinne, sondern in der heilsamen, positiven Überzeugung, wir seien schön. Wir müssen alle lernen, irgendwo tief in uns drinnen zu glauben, daß wir eine besondere Schönheit besitzen, die unvergleichlich und so wertvoll ist, daß wir sie nicht vernachlässigen dürfen. Wir müssen sogar lernen, sie zu pflegen. Später werde ich auf einige der Qualitäten zu sprechen kommen, über die Sie nachdenken sollten, wenn Sie sich eine heilsame Eitelkeit zulegen wollen – Charme etwa, Selbstsicherheit, Gelassenheit und Stilgefühl. Zunächst aber möchte ich Sie von der Wichtigkeit der Eitelkeit für Ihr eigenes Gefühl von Schönheit überzeugen.

Da ich, wie wohl jeder, beim Herausfinden meiner eigenen Schönheit Fehler gemacht habe, kann ich Ihnen ein Beispiel aus den Anfängen meiner Karriere nennen, als mir blutjungem Mädchen die Eitelkeit sehr nützlich war. Als ich zum ersten Mal die Chance zu Probeaufnahmen erhielt, war ich ein Mädchen aus dem Nichts, das begierig auf die Möglichkeit wartete, Karriere zu machen. Nach jeder Probeaufnahme hörte ich dasselbe von den Technikern: Einfach unmöglich, dieses Mädchen gut aussehen zu lassen – die Nase ist zu lang, die Hüften zu breit. Wie es denn wäre, wenn ich mir die Nase ein bißchen zurechtstutzen ließe . . .

Rückblickend bin ich über mich selbst überrascht, aber auch stolz auf die Eitelkeit, die ich damals besaß. Obwohl arm und direkt wild darauf, Karriere zu machen, lehnte ich es ab, irgend etwas an mir verändern zu lassen. Sie mußten mich schon so nehmen, wie ich nun einmal war – oder gar nicht. Ich hatte großes Glück, daß ich mir auf diese Weise damals nicht meine Laufbahn verpatzt habe. Und schließlich profitierte ich davon, daß ich so blieb, wie ich war, und nicht so wurde, wie es in jenen Jahren unter gewissen Filmleuten in Rom gerade Mode war. Obwohl ich diese Entscheidung seinerzeit ganz instinktiv getroffen habe, weiß ich heute, daß eine Frau, die von ihrer Anziehungskraft wirklich überzeugt ist, schließlich auch ihre Umwelt überzeugen wird. Und daß eine Frau, die sich – wie meine hochgewachsene Freundin – häßlich glaubte, das schließlich auch andere glauben machen wird.

Es ist der Mangel an Eitelkeit, der die Frauen auf der Suche nach ihrer Schönheit in so viele falsche Richtungen laufen läßt. Wenn Sie selbst nicht viel von Ihrem Aussehen halten, sind Sie auf die Gnade jeder Verkäuferin und jedes Friseurs angewiesen, die Ihnen schlechte, wenn auch »modische« Ratschläge erteilen, wie Sie auszusehen haben. Wir kennen alle jene Frauen, die ihr Aussehen, auf der Suche nach Schönheit, von Saison zu Saison ändern, dabei aber anfällig für die allgemeine Meinung über ihr Äußeres sind. Diese Frauen, und wir alle, haben Eitelkeit nötig, um herauszufinden, wie wir am besten aussehen, was unsere wahre Schönheit ist.

Auf Schönheit hinarbeiten

Vielleicht sagen Sie jetzt: »Das ist ja gut und schön, Sophia, wenn Sie behaupten, ich brauchte nur eitel zu sein, um zu glauben, ich sei schön – und schon bin ich es. Aber so einfach ist das für mich nicht.« Selbstverständlich haben Sie recht, wenn Sie an diesem Punkt zögern und sich sagen, daß Schönheit mehr ist als der Glaube daran. Ja, die Sache hat nebenbei etwas Irdisches, und das bringt uns zu meinem zweiten Punkt über die Schönheit: daß sie es wert ist, sich dafür anzustrengen.

Zunächst scheint das ganz offensichtlich zu sein – welche Frau könnte das ableugnen? Und dennoch... und dennoch... die meisten Frauen scheinen die Erkenntnis zu scheuen, die Schönheit sei die Zeit und die Mühe wert, die sie kostet. Wie ich bereits erwähnte, ist nur das sehr junge Mädchen mühelos schön. Es hat eine Frische und Spannkraft, die einmalig schön und anziehend sind. Aber beneiden Sie es nicht. Die Annahme, daß Sie ohne jede Anstrengung dauerhaft schön sein können, daß ein frischgewaschenes Gesicht und die bequemsten Kleidungsstücke Sie durch ein ganzes Leben tragen, ist naiv.

Ich fürchte, daß die Medien sehr viel zur Vorstellung von Schönheit ohne jede Mühe beitragen. Wir sehen Filme, in denen eine Frau früh am Morgen erwacht; ihre Haare sind zwar zerzaust, aber höchst reizvoll, ihr Gesicht taufrisch und strahlend, ihre Wimpern lang und dunkel – scheinbar ohne eine Spur von Wimperntusche – und die Lippen rosig. Man erwartet von uns, daß wir glauben, eine Frau würde in den ersten Minuten ihres Tageslaufs tatsächlich so aussehen.

Ich weiß, daß ich nicht so aussehe und Sie wahrscheinlich auch nicht. Aber uns wurde das Gefühl vermittelt, daß irgend etwas mit uns nicht stimmen könne, wenn wir Anstrengungen auf uns nehmen müssen, um unser bestes Aussehen zu erreichen. Viele Frauen lehnen sich verständlicherweise gegen diesen Mythos auf. Sie sagen sich, daß sie sich der Mode und dem Diktat der Schönheit nicht beugen werden, daß das alles unmöglich, frivol und der Mühe nicht wert sei. Sie geben auf. Sie ziehen alle möglichen altmodischen Sachen an und sehen im Lippenstift eine politische Waffe. Obwohl ich diese Reaktion verstehe, glaube ich doch, daß sie einen Fehler begehen. Mit einer positiven Einstellung ist Schönheit für jede Frau erreichbar.

Scheuen Sie sich nicht, sich die nötige Zeit zu nehmen, um sich Ihrem Äußeren zu widmen: Das ist wichtig für Ihr Selbstwertgefühl und beeinflußt daher die Meinung der Umwelt über Sie. Ich meine nicht, daß Stunden für das Make-up, für Einkäufe oder beim Friseur verbracht werden müssen, um schön zu sein. Ich kenne viele Frauen, die nur kurze Zeit für ihre Schönheitspflege aufwenden, was ihnen ganz ausgezeichnet bekommt. In diesem Buch werden Sie Einzelheiten über meine Schönheitsroutine erfahren – mit Sicherheit ist sie weder kompliziert noch zeitraubend. Doch niemand erlangt eine solche Routine ohne jede Anstrengung.

Ich hoffe, ich habe Sie von der Notwendigkeit überzeugt, Ihre Schönheit ernst zu nehmen. Ich hoffe, daß Sie – vielleicht mit Hilfe dieses Buches – entdecken, was an Ihnen schön ist. Und dann hoffe ich, daß Sie sich auch den Anstrengungen unterziehen, die die wahre Schönheit nun einmal verlangt.

19

Schließlich, bevor ich allzu ernst und gewichtig werde, lassen Sie mich daran erinnern, daß das Streben nach Schönheit eine der großen Annehmlichkeiten ist, die es mit sich bringt, Frau zu sein. Es sollte Ihnen Vergnügen und Freude bereiten. Wenn Sie einen neuen Hut probieren oder auch einen Eyeliner, so sehen Sie sich selbst in einem neuen Licht. Sich selbst ein bißchen besser zu kennen, gibt Ihnen Selbstsicherheit und sogar Macht. Auf Schönheit hinzuarbeiten sollte beides bringen: Freude und Erfüllung.

Selbstsicherheit

1959 drehte ich einen Film mit dem Titel »Die Dame und der Killer«. George Cukor führte Regie, und ich war begierig, mit ihm zusammenzuarbeiten, denn er hatte durchaus den Ruf, ein »Frauen-Regisseur« zu sein. Alle Welt sagte von ihm, er habe einen ganz besonderen Instinkt, aus einer Frau alles herauszuholen, und ein Auge für Schönheit. Ich rechnete damit, daß er viel Aufhebens um Kostüme und Make-up machen würde, und er war in dieser Hinsicht auch sehr anspruchsvoll. Doch nach und nach bekam ich mit, daß die Seele der Schönheit für ihn anderswo lag. Eines Tages, als er gerade erläuterte, wie die Attraktivität einer Rolle noch besser herausgearbeitet werden könne, sagte er etwas, was ich nicht vergessen habe: »Schönheit ohne Selbstsicherheit ist nicht so attraktiv wie Häßlichkeit mit Selbstsicherheit. Wenn Sie selbstsicher sind, sind Sie schön.«

Seither habe ich Cukors Worte immer wieder auf Parties, bei Dreharbeiten und auf der Straße bestätigt gefunden: Eine Frau ohne Selbstsicherheit wird nie auf eine Weise schön sein, die andere Menschen anzieht. Ich kann Ihnen auch nicht genau sagen, warum das so ist — aber es ist so. Vielleicht liegt es daran, daß wir bei anderen Bestätigung suchen, weil wir uns alle bis zu einem gewissen Grad unsicher fühlen. Das trifft auf eine Frau, die schön sein will, ebenso zu wie auf einen Politiker, der Menschen den Weg zeigen möchte. Wenn eine Frau von ihren Reizen überzeugt erscheint, glauben wir ihr und fühlen uns zu ihr hingezogen.

Selbstsicherheit ist schwer zu definieren, aber wenn wir ihr begegnen, erkennen wir sie alle. Mitunter ist es eine Frau, die stolz die Straße hinuntergeht und unsere Aufmerksamkeit erregt, obwohl sie gar nicht besonders schön ist. Mitunter ist es ein Mann, der – obwohl berühmt und bedeutend – aufrichtig liebenswürdig zu seiner Umgebung ist. Meiner Meinung nach impliziert Selbstsicherheit eine Balance zwischen Mut und Selbstkontrolle. Echte Selbstsicherheit ist stets durch Aufrichtigkeit und Einfachheit gekennzeichnet. Versuchen Sie stets, Ihr bestes Ich zu sein.

Selbstsicherheit können Sie aufbauen, indem Sie sich besser kennenlernen. Dabei geht es allerdings nicht nur darum, Ihre Stärken auszumachen. Sie müssen sich ebensogut über Ihre Schwächen klarwerden. Selbstsicherheit erwächst nicht aus der Perfektion; das steht außer Frage. Aber wenn wir unsere Schwächen kennen, können wir sie kontrollieren – nicht umgekehrt.

Selbstsicherheit kommt mit der Erfahrung. Sie agieren auf eine bestimmte Art und haben damit Erfolg; beim nächsten Mal wissen Sie genau, wie Sie sich verhalten müssen. Ich habe festgestellt, daß das in vielen Fällen zutrifft. Bei meinem ersten Interview oder meinem ersten Auftritt in einer Fernseh-Talkshow war ich alles andere als selbstsicher, aber ich versuchte so

zu tun, als sei ich absolut ruhig und kontrolliert, und das hat mir sehr geholfen. Beim nächsten Mal war ich dann wirklich selbstsicher, auch wenn noch immer nervös. Ich hatte das alles schon einmal mitgemacht und wußte, was zu tun war.

Um selbstsicher zu sein, müssen wir – soweit es die Schönheit betrifft – akzeptieren, daß die Art, wie wir aussehen und uns fühlen, in unserer eigenen Verantwortlichkeit liegt. Das mag in einer Welt schwerfallen, die uns heutzutage dazu ermutigt, die Schuld für unsere Probleme anderen in die Schuhe zu schieben – unseren Eltern, unseren Freunden, unserem Beruf. Aber bevor Sie sich nicht dazu entschließen, eine positive Einstellung Ihrem Äußeren gegenüber einzunehmen, gibt es nur wenig Hoffnung auf Erfolg. Dann können Sie nie selbstsicher sein, weil Sie nicht glauben, daß die Sache in Ihren Händen liegt. Aber wenn Sie erst einmal davon überzeugt sind, daß Sie Grund zur Selbstsicherheit haben, liegt es bei Ihnen, wirklich schön zu sein.

Das Streben nach Schönheit

Disziplin und Schönheit

Disziplin ist auf so vielen Gebieten des Lebens der Schlüssel zum Erfolg. Wenn Sie keine Disziplin aufbringen, wird es Ihnen schwerfallen, schön zu sein. Daran werde ich stets durch die Frauen erinnert, denen ich im Verlauf meiner Karriere begegnet bin und die als schön gelten. Sie nehmen vielleicht an, daß Filmstars und andere Berühmtheiten ihr Aussehen ohne jede Anstrengung erreichen, aber täuschen Sie sich da nicht! Es ist sehr einfach zu meinen, jeder könne schön sein, wenn er nur über die teuersten Produkte und versierte Helfer verfügt. Glauben Sie mir, fast keine Schauspielerin, die Sie auf der Leinwand sehen, und kaum eine der schönen Frauen, denen Sie auf der Straße begegnen, verläßt sich nur auf Experten. Diese können zwar durchaus ihre Schönheit zur Geltung bringen, aber nichts erfinden, was nicht da ist. Was die schöne von der durchschnittlichen Frau unterscheidet, ist die Disziplin.

Doch diese harsche Regel wird von zwei tröstlichen Faktoren gemildert: Erstens ist die Disziplin ein großer Stabilisator. Hat eine schöne, junge Frau keine Disziplin, so wird sie ihre Schönheit im Laufe der Jahre verlieren. Ist eine unscheinbare Frau diszipliniert, wird sie zweifellos mit der Zeit schöner.

Der zweite tröstliche Faktor besteht darin, daß Disziplin einfacher wird, je mehr Sie sie entwickeln. Ich werde häufig zu Mittag- oder Abendessen eingeladen, wo jede Menge köstlicher Gerichte serviert wird. Früher empfand ich es als schwierig, etwas abzulehnen. Aber inzwischen bin ich so daran gewöhnt, mich zunächst zu fragen, ob ich wirklich Hunger habe oder nicht, daß es keine Pein mehr für mich bedeutet, zu einem Dessert oder einem Extra-Happen nein zu sagen. Ähnliches gilt auch für gymnastische Übungen, Kleiderkäufe und vieles andere.

Ich weiß, daß Sie mir nicht glauben, wenn ich Ihnen sage, daß das ganz einfach ist. Sich selbst zu etwas zu zwingen, von dem man nicht überzeugt ist, bedeutet ständigen Kampf. Bei gymnastischen Übungen geht es mir zum Beispiel manchmal so, daß ich jede Aktivität hinausschiebe, bis ich fast krank vor Schuldgefühlen bin. Und dann, im letzten Augenblick, bevor mir vor Verzweiflung übel ist, gebe ich mir selbst eine Art geistiger Backpfeife und sage: »Gut, Mädchen, jetzt solltest du aber wirklich anfangen, sonst ist alles verloren!« Und wenn ich erst einmal angefangen habe, ist alles in Ordnung. Die Befriedigung, die sich schließlich einstellt, macht die vorherige Pein mehr als nur wett.

Ich muß an ein Paar denken, das ich eines Sonntagmorgens in der Schweiz beobachtet habe, in Bürgenstock, wo ich ein Haus besitze. Die beiden Menschen gingen Arm in Arm. Wahrscheinlich waren sie auf dem Weg zur Kirche. Sie bewegten sich langsam; der Mann war vom Alter gebeugt. Sie trugen offensichtlich ihre beste Kleidung, so adrett sahen sie aus; der Mann hatte sogar eine Blume am Revers. Bei ihrem Anblick dachte ich bei mir: »Das ist lebenslange Disziplin.« Für mich waren die beiden beneidenswert, denn es war offensichtlich, daß die Sorgfalt, die sie den Details ihres Lebens widmeten, ihnen großes Vergnügen bereitete.

Die tägliche Aufmerksamkeit gegenüber der Schönheitspflege ist eine Seite der Disziplin. Eine andere ist die Aufmerksamkeit gegenüber neuen Erkenntnissen auf dem Gebiet der Ernährung, der Haarpflege, des Make-ups und der Mode. Dies ist zwar weniger wichtig als die tägliche Routine, aber es hat eine wohltuende Wirkung. Selbst wenn Sie nur im Wartezimmer eines Arztes eine Zeitschrift aufschlagen, dort etwas über eine neue Wimperntusche oder ein unbekanntes Rezept lesen und beschließen, es auszuprobieren, ist das nützlich. Sie brauchen kein Fachmann für die neuesten Entwicklungen auf dem Schönheitssektor zu sein, aber ein offener Geist und heilsame Neugier halten Sie auf dem laufenden.

Mir macht es Spaß, Bücher und Zeitschriften zu lesen, neue Vorschläge zu befolgen und neue Produkte auszuprobieren. Das ist eine Art Spiel für mich. Ich ändere meine Standardroutine zwar nicht schnell und übereilt, aber Experimente bereiten mir Vergnügen. Dann und wann entdecke ich dabei eine neue Technik, die mich überzeugt und die ich für mich übernehme. Aber der größte Vorteil der Beschäftigung mit neuen Schönheits- und Kosmetikideen liegt für mich in der Anregung. Wenn Sie sich einmal deprimiert, unattraktiv oder gelangweilt fühlen, ist die Lektüre eines Buches oder einer Zeitschrift, die Sie dazu ermuntert, etwas für sich zu tun, sehr nützlich.

Ich gebe Ihnen einige Ratschläge für die Haarpflege und das Make-up. Alle verlangen Disziplin. Selbstverständlich kann Sie niemand zwingen, Ihre Eigenarten zu ändern, und Sie sollten meine Vorstellungen auch nicht übernehmen, wenn sie für Sie nicht geeignet sind. Doch eines möchte ich noch betonen, bevor ich beginne. Eine Entschuldigung, die Sie nie dafür angeben sollten, daß Sie sich vernachlässigen, ist Zeitmangel. Mitunter sagen wir uns, daß wir viel zu beschäftigt sind, um dies oder das zu tun – aber das ist nichts anderes als eine lahme Ausrede. Die einzige Zeit, in der eine Frau wirklich zu beschäftigt sein könnte, sich um sich selbst zu kümmern, ist die, in der sie sich um ein Baby kümmern muß. Sonst können Sie immer Zeit erübrigen. Ich weiß, daß das problematisch ist. Wenn Sie eine Familie haben, einen Beruf und andere Verpflichtungen, dann gehört Ihre Zeit nicht Ihnen allein. Es ist für mich nicht einfacher, diese Dinge zu erledigen, als es für Sie ist. Aber ich stehe dann eben eine Stunde früher auf, reiße mich vom Tisch los und zwinge mich dazu, mich ganz auf mein Ziel zu konzentrieren und die Beschwernisse zu mißachten. Machen Sie sich klar, was Sie vom Leben erwarten und wie Sie Ihre Zeit nutzen wollen, und lassen Sie es nicht zu, daß eine wohlfeile Ausrede Faulheit oder mangelnden Willen vernebelt.

Jetzt gibt es für Sie keine Entschuldigung mehr, nicht schön zu sein – dafür haben Sie aber meine aufrichtige Ermutigung, sich fortzuentwickeln.

Die Haare – ein wesentliches Accessoire

In dem Film »Madame Sans-Gêne«, den ich 1960 gedreht habe, begann ich als französische Wäscherin und endete als Herzogin. Als Wäscherin trug ich mein Haar wild und zerzaust. Das machte es mir einfacher, mit der Leidenschaft und dem Schwung zu agieren, den die Rolle verlangte. Es war eine Frisur, die große Gesten verlangte und die schwungvolle Bewegung langer Röcke durch den Staub. Als Herzogin war mein Haar gebändigt und wohlfrisiert. Auch meine Gesten, mein Ausdruck waren nun feiner, kultivierter, zurückhaltender. Jede meiner Bewegungen war so kontrolliert wie mein Haar.

Als Schauspielerin war ich immer wieder beeindruckt davon, wie Accessoires – Kostüm, Make-up, Frisur – dazu beitragen können, die Substanz einer Rolle hervorzukehren. Ihr Haar kann für Sie dasselbe tun – es kann ein Schönheits-Accessoire sein, das Ihnen hilft, die Rolle, die das Leben nun einmal von Ihnen verlangt, mit größerer Effektivität und Leichtigkeit zu spielen. Selbst wenn Sie keine Schauspielerin sind, sollten Sie sich bewußt sein, wie Ihr wichtigstes natürliches Accessoire nicht nur Ihr Aussehen, sondern auch Ihre Gemütsverfassung beeinflussen kann – bis zu einem gewissen Grad sogar Ihre Einstellung zum Leben überhaupt.

Den praktischen Aspekten der Haarpflege wird oft die meiste Aufmerksamkeit gewidmet. Ich glaube hingegen, daß der größte Wert Ihres Haares darin liegt, daß Sie es dazu benutzen können, sich selbst auszudrücken und das Image der Persönlichkeit herauszukehren, die Sie sein möchten. Manche Frauen werden ihre Haare stets lang tragen. Wenn es ihnen weich in den Nacken fällt, vermittelt es ihnen ein romantisches Gefühl. Anderen Frauen und ihrer Einstellung zum Leben steht hingegen eher kurzgeschnittenes, knabenhaftes Haar.

Als meine Schwester Maria jung war, konnte ich stets sagen, wann sie sich neu verliebt hatte. Sie färbte ihre Haare dann immer in einer neuen Farbe. Wie die meisten Mädchen fand auch sie, daß jeder Mann in ihr etwas anderes zum Vorschein brachte. Das wurde fast zu einem scherzhaften Spiel zwischen uns. Wie auch immer Ihre Persönlichkeit und Ihre Phantasien beschaffen sein mögen, befassen Sie sich zunächst mit den Realitäten und Fakten, bevor Sie Ihre Träume und Vorstellungen ins Spiel kommen lassen. Ihre Haare sind eines der wandlungsfähigsten Accessoires, die Sie besitzen: Sie können ihre Farbe leicht verändern, ihre Länge, ihren Stil. Und es ist übrigens das einzige Accessoire, das Sie jederzeit tragen.

Wählen Sie die richtige Frisur

Eine gute, passende Frisur ist für gewöhnlich das Ergebnis von Versuchen und Irrtümern, und oft genug sind diese Irrtümer schmerzlich, weil es Monate dauern kann, bis sie korrigiert werden können. Aber wir Frauen sind zu all diesen riskanten Unternehmungen aus gutem

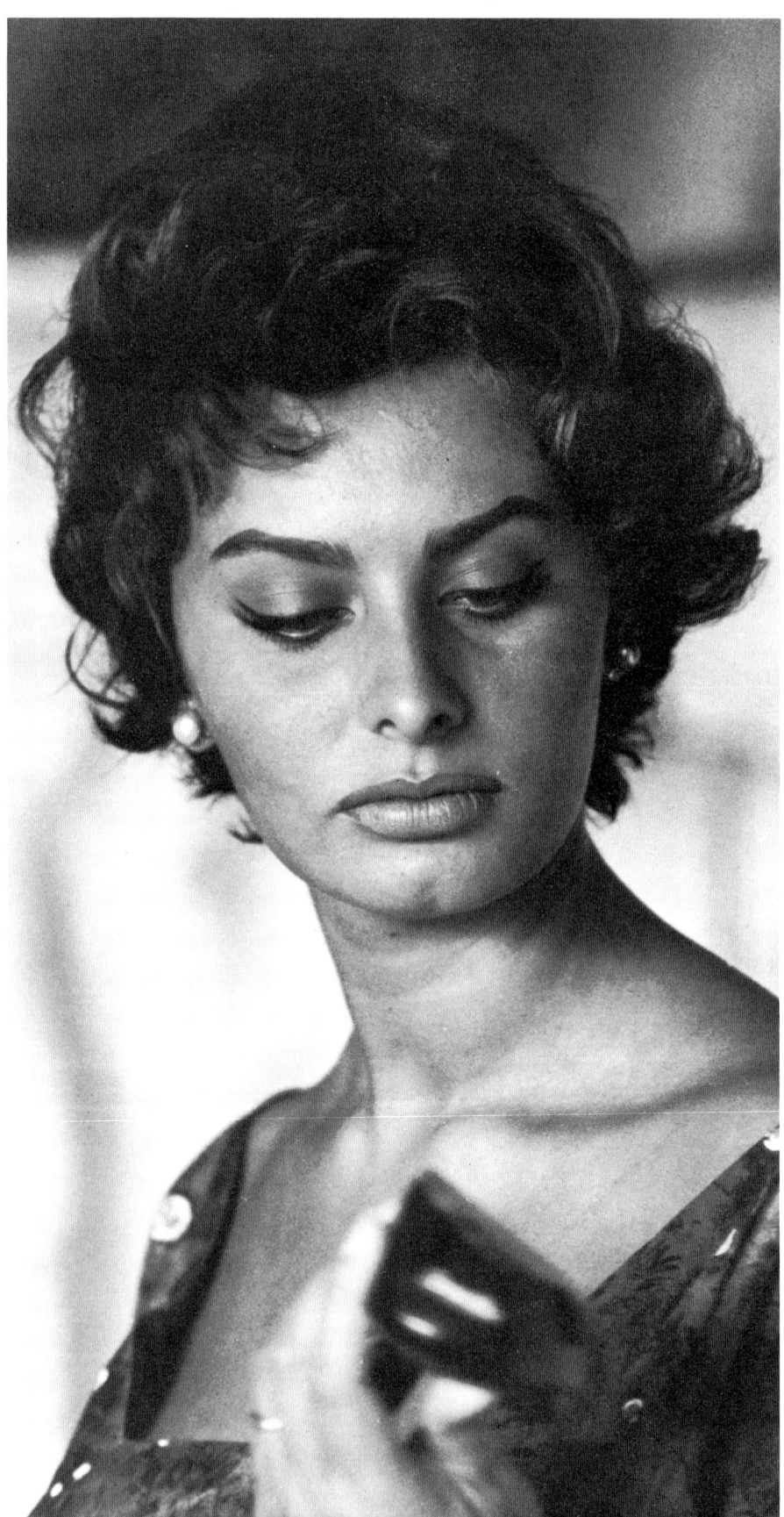

Im Verlauf meiner Filmkarriere
hatte ich viele verschiedene
Frisuren. Ich stellte fest, daß jede von ihnen unterschiedliche
Aspekte meines Aussehens
und meiner Persönlichkeit betonte.

Grund genötigt: Die richtige Frisur kann eine unscheinbare Frau schön machen, und eine schöne Frau unvergeßlich. Es ist wie eine Lotterie: Jedesmal, wenn Sie sich für eine völlig neue Frisur entscheiden, haben Sie die Chance, das große Los zu ziehen. Angesichts der aufregenden Möglichkeiten, aber auch der potentiellen Gefahren, halte ich es für sinnvoll, zunächst ein paar Fakten kennenzulernen und den Versuch zu unternehmen, Ihre eigene persönliche Situation einigermaßen objektiv zu erkunden, bevor Sie Ihren nächsten folgenschweren Entschluß beim Friseur fassen.

Zunächst einmal halte ich viele der gängigen »Regeln« in puncto Frisuren für allzu einschränkend. Da heißt es zum Beispiel, daß Frauen mit rundem Gesicht keinen Pony tragen sollten oder daß man mit feinem Haar darauf verzichten sollte, es lang zu tragen. Ich jedoch habe eine ganze Reihe Frauen mit feinem und dennoch langem Haar gesehen. Sie sahen wundervoll aus. Ähnlich viele »Experten« werden Ihnen raten, sich die Haare kurz schneiden zu lassen, wenn Sie Ihren dreißigsten Geburtstag erst einmal hinter sich haben. Sie vertreten die Ansicht, langes Haar lasse das Gesicht länger erscheinen und mache es älter. Für mich ist das ein ganz altmodischer Mythos. Es gibt ältere Frauen mit wundervollen langen Haaren. Es wäre eine Sünde, sie schneiden zu lassen. Heutzutage ist Raum für jedes Aussehen, aber viele der »Ratschläge« hinken der Zeit hinterher.

Auch die starren Vorschriften, gewisse, nicht ganz vollkommene Merkmale zu vertuschen, können höchst hinderlich sein. In vielen Fällen sollten die ungewöhnlichen Züge einer Frau eher hervorgehoben als versteckt werden. Ich habe gelesen, daß Frauen mit kräftigen Gesichtszügen eine möglichst komplizierte Frisur tragen sollten. Diese würde das Gesicht dann in die richtigen Proportionen bringen. Ich habe kräftige, ausgeprägte Züge und finde, daß ich mit einer einfachen Frisur wesentlich besser aussehe. Wenn ich in Filmrollen dazu gezwungen war, eine komplizierte Frisur zu tragen, war jedermann der Meinung, daß sie mir keineswegs schmeichelte.

Eine der wichtigsten Eigenschaften einer Frisur ist die Bequemlichkeit. Ich mag eine Frisur, die mich nicht »stört«, die ich während meines Tageslaufs kaum merke. Es macht ausgesprochen nervös, wenn man dauernd eine Haarsträhne zurückschieben oder eine Hochfrisur glätten muß. Sie sollten in der Lage sein, sich zwar dann und wann das Haar zu kämmen, es ansonsten aber zu »vergessen«. Eine praktische, bequeme Frisur hat auch einen psychologischen Aspekt. Wenn Sie mit Ihrem Aussehen zufrieden sind, fühlen Sie sich wohl. Wir können uns vermutlich alle an Zeiten erinnern, in denen wir uns für eine Frisur entschlossen hatten, die sich dann als absoluter Fehlgriff erwies. Es hat den Anschein, als würden derartige Frisuren stets unmöglich aussehen – zu lockig, zu glatt oder sonstwie fehlerhaft. Man ist irgendwie abhängig: Man muß seinen Tag und damit letztendlich das Leben so planen, daß man wichtige Dinge nur dann erledigt, wenn die Haare gut aussehen. Ein regnerischer Tag läßt Ihr Herz sinken, weil Sie genau wissen, daß Sie aussehen werden wie ein Pudel, wenn Ihr Haar erst einmal kurze Zeit der Feuchtigkeit ausgesetzt ist. So kann man sich einfach nicht wohlfühlen. Sie sollten sich für eine Frisur entscheiden, mit der Sie sich unbeschwert fühlen – unabhängig vom Wetter, der Tageszeit oder der Windstärke.

Die Mode ist ein weiterer Faktor, der uns dazu bringen kann, eine falsche Frisur zu wählen. Es ist schon komisch mitanzusehen, wie sich der Stil über die Jahre verändert. In jeder neuen

Saison gibt es einen neuen »Look«, den jede modebewußte Frau einfach mitmachen »muß«. Ist gerade ein kurzgeschnittener, jungenhafter Pagenkopf Mode, so sind es wenige Monate später garantiert lange, romantische Locken, die als letzter Schrei propagiert werden. Ich frage mich dann immer, was eigentlich mit den pagenköpfigen Mädchen geschieht. Suchen sie sich ein Versteck, bis ihre kurzen Haare nachgewachsen sind?

Häufig entdecke ich in Zeitschriften modische Frisuren, die mir so gefallen, daß ich sie gern einmal ausprobieren würde. Meist sind es dann Frisuren, die sich total von meinem üblichen einfachen Stil unterscheiden. Dann und wann unterliege ich diesen Versuchungen und wage eine neue Frisur. Aber regelmäßig kehre ich dann wieder zu meiner früheren Frisur zurück, die ich für bequem, aber auch für schmeichelhaft halte. Immer wieder versuchen Leute, mich dazu zu überreden, meinen Haarstil zu ändern. »O Sophia«, sagen sie dann, »Sie tragen diese Frisur doch nun schon lange genug. Warum versuchen Sie es denn nicht einmal mit einer lockigen Kurzhaarfrisur oder einer neuen Tönung?« Ich weiß, daß sie das in bester Absicht sagen, aber ich weigere mich stets. Ich halte eine Veränderung nur um der Veränderung willen für sinnlos. Wenn Sie heute Greta Garbo sehen, werden Sie feststellen, daß sie wunderbar aussieht. Älter, sicher, aber immer noch wunderschön. Und sie trägt ihre Haare genauso, wie sie sie vor vierzig Jahren getragen hat. Was sollte sie für einen Grund haben, das zu ändern? Wenn Sie mit der Frisur zufrieden sind, die Sie haben, dann bleiben Sie dabei. Experimentieren Sie zwar hin und wieder ruhig einmal, aber wenn das Experiment sich nicht auszahlt, kehren Sie zu Ihrem gewohnten Stil zurück.

Eine Frisur für Ihr Aussehen und Ihre Lebensart

Bevor Sie sich für eine Frisur entscheiden, sollten Sie zwei Dinge in Betracht ziehen: Ihr persönliches Aussehen und Ihren Lebensstil. Eine Frau, die die perfekte Frisur für ihr Aussehen und ihren Lebensstil gefunden hat, ist für mich Liza Minnelli. Sie hat diese einmalige kurze Fransenfrisur, die zu ihrem Markenzeichen geworden ist. Das sieht so hübsch und »richtig« aus, daß man sie sich gar nicht mit einer anderen Frisur vorstellen kann. Eine Frau, die so aktiv ist, die mit so viel Energie auf der Bühne steht, braucht darüber hinaus eine Frisur, die leicht zu pflegen ist.

Was nun Ihr eigenes Aussehen anbelangt, so geht es darum, eine Frisur zu finden, die sowohl das Beste aus Ihrem persönlichen Haartyp macht, als auch Ihrem Gesicht schmeichelt. Die richtige Haartracht kann so viel für Ihr allgemeines Aussehen tun, daß es sich lohnt, die Frisur zu finden, die das Beste aus Ihnen macht. Und die finden Sie nur durch Experimente.

Wenn Sie einen neuen Schnitt wählen, so ziehen Sie Ihren speziellen Haartyp in ernsthafte Betrachtung. Haben Sie sehr lockiges Haar, so sollten Sie das ausnutzen: Wählen Sie keine Frisur, für die Sie Ihre Haare erst glätten lassen müssen, damit sie gut aussieht. Ich erinnere mich ans Ende der sechziger Jahre, als alle Welt unbedingt lange, glatte Haare haben wollte. Frauen mit lockigem Haar gingen regelmäßig zum Glätten. Doch meiner Meinung nach weiß die Natur schon, was sie macht, wenn sie Ihnen Haare gibt. Wenn ich jene Frauen, die sich die Haare künstlich glätten ließen, heute mit ihren Locken ums Gesicht sehe, finde ich sie wesentlich hübscher. Ihre Locken schmeicheln ihnen auf eine Art, wie es die glatten Haare nie

Dieser jungenhafte Haarschnitt paßte zu meiner Rolle als junges Mädchen in dem Film »Hochzeit auf italienisch«. Gegen Ende des Films war ich eine Frau von fünfunddreißig und trug eine andere Frisur.

Ich bevorzuge stets eine einfache Frisur – auch zu formellen Gelegenheiten.

getan haben. Wenn Ihre Haare glatt wie Bandnudeln sind, ist es leichter, eine grundsätzliche Veränderung zu bewirken. Sie können sich eine Dauerwelle legen lassen. Dabei sollten Sie allerdings nicht vergessen, daß eine Dauerwelle die Struktur Ihres Haares verändert. Und ich denke, daß Sie – genau wie die Frauen in den sechziger Jahren, die ihre Haare glätten ließen – feststellen werden, daß ursprünglich glattes Haar nicht besonders gut zu Ihrem Gesicht paßt, wenn es zu einem Kräuselkopf dauergewellt wurde.

Vergessen Sie auch nicht, Ihre Figur und Ihre Gesamterscheinung in Betracht zu ziehen. Wollen Sie eine Frisur wirklich beurteilen können, so ist ein lebensgroßer Spiegel unerläßlich. Wenn Sie nicht besonders groß sind, werden Sie es bestimmt nicht gern haben, daß Ihre Figur durch eine voluminöse Frisur überwältigt wird. Und wenn Sie hochgewachsen sind, kann eine knappe, enganliegende Frisur Ihren Kopf zu klein und unproportioniert erscheinen lassen. Denken Sie stets daran, daß eine Frisur nicht nur Ihr Gesicht beeinflußt, sondern Ihre gesamte Erscheinung.

Und nun zu meiner Bemerkung, daß auch Ihr Lebensstil ein Faktor bei der Entscheidung für eine neue Frisur ist. Haben Sie kleine Kinder, so verläuft Ihr Tag wahrscheinlich recht hektisch. Es wäre daher nicht besonders ratsam, eine Frisur zu wählen, die größere Aufmerksamkeit und Pflege verlangt. Stehen Sie im Beruf, so ist ein gewisses adrettes, distinguiertes Aussehen vonnöten. Mit einer einfachen, »sachlichen« Frisur können Sie es erreichen. Wenn Sie über Ihre Lebensumstände nachdenken, vergessen Sie auch das Klima nicht, in dem Sie leben. Je nachdem, ob Sie nun an einem klimatisch überwiegend trockenen oder feuchten Ort wohnen, kann das durchaus Auswirkungen darauf haben, welche Frisur für Sie und Ihren Haartyp optimal ist.

Frauen, die häufig gesellschaftliche Verpflichtungen haben und viel ausgehen, fragen sich mitunter, ob sie sich nicht für eine kunstvollere Frisur entscheiden sollten, die besser zu ihrer Abendgarderobe paßt. Ich halte diese Vorstellung für ziemlich veraltet. Einer solchen Frau würde ich den Rat geben, sich für die am besten zu ihrem Aussehen und ihrem normalen Tagesablauf passende Frisur zu entscheiden und sie dann – wenn die Gelegenheit es verlangt – mit Schmuck oder Bändern aufzuputzen. Einige der hübschesten Abendfrisuren sind ganz einfach geschnitten. Eine Blume oder ein Schmuckstück erregen Aufmerksamkeit.

Schließlich möchte ich, ganz die praktische Sophia, auf die Kosten hinweisen. Manche Frisuren, besonders Kurzhaarschnitte, erfordern ziemlich häufige Friseurbesuche. Auf die Dauer kann das recht teuer werden, und Sie werden feststellen, daß Sie um die Spitzen herum ziemlich strubbelig aussehen, weil Sie den fälligen Besuch beim Coiffeur haben ausfallen lassen. Seien Sie in bezug auf Ihre finanziellen Mittel also realistisch. Ein guter Friseur sollte in der Lage sein, Ihnen von vornherein zu sagen, wie häufig Sie seinen Salon aufsuchen müssen. Dann können Sie sich ausrechnen, wie kostspielig Sie der neue Haarschnitt kommen wird.

Hier bin ich als sinnliche Blondine in »Die Dame und der Killer« aus dem Jahre 1960 zu sehen.

Wann man sich nicht eine neue Frisur zulegen sollte

Die Wahl einer neuen Frisur kann für eine Frau ein emotionales Erlebnis sein. Es ist durchaus problematisch, ganz ruhig und gelassen zu bleiben, wenn Sie im Begriff sind, sehr viel besser oder – was Gott behüten möge! – wesentlich unvorteilhafter auszusehen als bisher. Die wohl unvermeidliche Spannung, die mit einer neuen Frisur zusammenhängt, ist aber nur eine Sache. Manche Frauen machen jedoch den Fehler, eine depressive Phase oder gar eine emotionelle Krise als Motivation für eine neue Frisur zu nutzen. Mitunter geht das ja auch durchaus gut: Sie stellen fest, daß die neue Frisur Ihnen gut steht, und der Prozeß, sie zu erlangen, lenkt Sie von Ihrer ursprünglichen Krise ab. Doch allzuoft endet eine derartige Impulsivität durchaus tragisch. Stürmen Sie also nicht aus einer augenblicklichen Laune heraus sofort los, um sich eine neue Frisur machen zu lassen. Verzichten Sie auf eine Dauerwelle, nur weil die Waschmaschine ihren Geist aufgegeben hat. Verwandeln Sie sich nicht in eine Blondine, wenn Sie Ihren Job verloren haben. Es ist durchaus möglich, daß Sie Ihre Hast bereuen, wenn Sie sich erst einmal beruhigt haben, und es dauert lange, bis der Urzustand wiederhergestellt ist.

Um ganz ehrlich zu sein, muß ich Ihnen gestehen, daß ich mich keineswegs immer an meine eigenen Ratschläge halte. Habe ich das Gefühl, in einer Krise zu stecken, greife ich zur Schere und schneide mir die Ponyfransen. Sorgenvoll und bekümmert schneide ich vor mich hin, aber je kürzer der Pony wird, desto größere Sorgen mache ich mir. Dieser Schaden hält sich wenigstens in gewissen Grenzen: Ich habe es gelernt, notfalls auch mit einem verschnittenen Pony zu leben. Sollten Sie aber den mächtigen Drang verspüren, einen Friseur aufzusuchen, um ein gänzlich neuer Mensch zu werden, so befolgen Sie zunächst meinen Rat und zählen Sie bis zehn.

Ihr Friseur

Es lohnt sich durchaus, sich die Mühe zu machen, den richtigen Friseur zu finden, weil das große Auswirkungen auf Ihr Aussehen haben kann. Sie werden vielleicht einen soliden Salon am Ort finden, in dem man bereit ist, sich Ihrer Haare und Ihrer besonderen Wünsche anzunehmen. Lassen Sie sich nicht von Salons verleiten, die gerade groß in Mode sind. Machen Sie sich klar, was Sie wollen – es sind allein die Ergebnisse, die zählen. Mein Friseur ist Alexandre in Paris. Ich fühle mich bei ihm wohl, und mir gefällt die Art und Weise, wie er mein Haar behandelt.

Haben Sie einen Friseur gefunden, mit dem Sie es versuchen wollen, halte ich es für eine gute Idee, mit ihm zunächst einmal einen Termin für eine Beratung zu vereinbaren. Sagen Sie ihm unumwunden, daß Sie erst einmal nur eine Beratung wollen. Sie wird nur wenige Minuten der Zeit des Coiffeurs beanspruchen, versetzt Sie aber in die Lage, beurteilen zu können, ob er wirklich das Bestmögliche für Ihr Haar tun wird. Darüber hinaus: Wenn Sie erst einmal mit dem Umhang um die Schultern auf einem Frisierstuhl sitzen, könnten Sie durchaus feststellen, daß die Zivilcourage Sie verlassen hat. Will man nun an Ihnen etwas Drastisches ausprobieren, so haben Sie weniger Widerstandskraft. Statten Sie jedoch dem Salon zunächst einen Besuch ab, sind Sie wesentlich rationalerer Stimmung. Sie haben darüber hinaus den Vorteil, nach Hause gehen und das Ganze noch einmal gründlich überdenken zu können.

Haben Sie dann einen Coiffeur gefunden und sich auch für eine neue Frisur entschieden, sollten Sie ein paar wichtige Fragen stellen. Wenden Sie sich damit an den Friseur, als sei er ein Lehrer. Wie kompliziert wird es sein, die neue Frisur instand zu halten? Müssen die Haare jeden Abend aufgedreht werden? Wenn ja – paßt das in Ihren persönlichen Stundenplan? Können Sie mit der Frisur zu Hause auch allein fertig werden?

Ich gestehe, daß es mir nur wenig Spaß macht, meine Zeit in einem Frisiersalon zu verbringen; mir gefällt die Umgebung dort nicht. Manche Frauen gehen hin, um sich zu entspannen, aber ich entspanne mich wesentlich lieber zu Hause: Eine Frisur darf keineswegs in eine neue Form von Sklaverei ausarten, und für mich ist es sehr wichtig, mein Haar allein frisieren zu können.

Und das ist meine tägliche Haarpflege: Nach dem Aufstehen bürste ich meine Haare sehr sorgfältig. Dann befeuchte ich die Spitzen mit Wasser, wobei ich lediglich meine Fingerspitzen benutze, und drehe mein Haar auf ein paar Wickler. Danach besprühe ich das Ganze mit Eau de Cologne. Das ist ein Trick, der Zeit spart, weil der Alkohol das Haar schneller trocknen läßt, aber auch dem Haar einen angenehmen Duft gibt. Nachdem ich meine Haare aufgedreht habe, lege ich Make-up auf, erledige dies und das und ziehe mich an. Inzwischen ist das Haar trocken und kann ausgebürstet werden.

Diese kurze Zeitspanne des Aufwickelns gibt meinem Haar einen hübschen, natürlichen Schwung. Ich mag kein Haar, das vor Haarspray stocksteif ist und aussieht wie ein Helm. Meine Haarpflege ist unkompliziert und bequem. Es macht mir Spaß, mich selbst zu frisieren, und ich riskiere das Selbstlob zu sagen, daß ich mein Handwerk ganz gut verstehe. Selbstverständlich gibt es Tage, an denen ich zu Hause bei den Kindern bleibe oder einen Hut als »Tarnung« trage – an solchen Tagen stelle ich mit meinen Haaren fast gar nichts an. Ich bürste sie lediglich – und fertig. Wahrscheinlich habe ich es Alexandre zu verdanken: Er hat mir einen so perfekten Schnitt gemacht, daß ich auch solche Tage gut überstehe.

Farbe und Tönung

Beim Thema Haarfarbe muß ich daran denken, daß ich als junges Mädchen, wie die meisten jungen Frauen, nie zufrieden mit meinem Aussehen war. Ich wechselte meine Haarfarbe fast täglich – wenigstens kommt mir das heute so vor. An einem Tag war ich eine Rothaarige, am nächsten eine Blondine und am dritten schwarzhaarig. Im Alter von neunzehn Jahren drehte ich 1954 den Film »Wie herrlich, eine Frau zu sein« mit Charles Boyer und Marcello Mastroianni. Während der Filmarbeiten bleichte ich mein Haar nahezu jeden zweiten Tag. Ich begann den Film als Brünette und beendete ihn als Blondine. Glücklicherweise war es ein Schwarzweiß-Film, und ich glaube nicht, daß es irgend jemand bemerkt hat. Dann und wann lieferten mir berufliche Verpflichtungen die Ausrede für einen schnellen Wechsel. Ebenfalls im Jahre 1954 trat ich in »Die Frau vom Fluß« als Brunette auf und schon wenige Wochen in »Schade, daß du eine Kanaille bist« als Blondine. Ich bin überzeugt, daß es keinen Farbton gibt, der nicht schon auf meinem Haar gewesen ist.

Als Nachtklubsängerin in »Die Puppe des Gangsters« (1975) war ich rothaarig.

Selbstverständlich war das der Überschwang der Jugend, und selbst jetzt, wenn ich daran denke, kommen mir die ständigen Experimente irgendwie bezaubernd vor. Heute hat mein Haar einen Ton, der nur eine Spur heller ist als meine Naturfarbe. Der hellere Ton belebt mein Gesicht, und er gefällt mir. Wenn ich in Paris bin, tönt Alexandre meine Haare, aber sonst kann ich das auch selbst erledigen. Sollten Sie dunkles Haar haben und es aufhellen wollen, so rate ich Ihnen zu sparsamen rötlichen oder hellbraunen Glanzlichtern, da blonde Töne zu hart und unecht wirken.

Wenn Sie die Absicht haben, Ihre Haarfarbe zu wechseln, überlegen Sie es sich gründlich, bevor Sie etwas unternehmen. Es gibt viele unbedenkliche und schonende Tönungspräparate, die Sie anwenden können, aber eine neue Farbe verändert die Beschaffenheit Ihres Haares. Sie werden lernen müssen, es anders als gewohnt zu behandeln. Vielleicht noch wichtiger ist, daß Sie ganz sicher sein müssen, daß die neue Farbe auch zu Ihnen paßt. Ich halte es häufig für einen Fehler, von dunklem Haar zu einer wesentlich helleren Farbe zu wechseln. Oft stimmt die natürliche Tönung des Teints nicht mit einer so drastischen Veränderung überein. Ebenso kann eine Blondine mit sehr heller Haut feststellen, daß eine dunkle Haarfarbe an ihr unecht wirkt. Es ist sehr schwer, zutreffende Regeln für das aufzustellen, was zu erwarten ist, da jede Frau individuelle Farbtöne für Haut und Haar aufweist. Daher empfehle ich Ihnen, wenn Sie sich entschließen sollten, Ihre Haarfarbe zu wechseln, zunächst einen Fachmann aufzusuchen. Eine Möglichkeit, einen Haarfarbenwechsel auszuprobieren, bietet das Aufsetzen einer Perücke bei einem Kaufhausbesuch: Ignorieren Sie die Frisur, beurteilen Sie lediglich die Wirkung, die die Farbe auf Ihren Teint hat.

Eine andere Art, wie Sie das Aussehen Ihres Haares auf fast dramatische Weise verändern können, ist eine Dauerwelle. Ich kenne viele Frauen, die mit einer Dauerwelle wundervoll aussehen. Meine eigenen Erfahrungen sind da nicht ganz so positiv. Nachdem ich in Zeitschriften all diese herrlichen Fotos von Frauen mit wundervollen Locken und offensichtlich belebender »Spannkraft« im Haar gesehen hatte, kam ich zu der Überzeugung, daß eine Dauerwelle für mein feines Haar genau das Richtige sein könnte. Was ich allerdings nicht wußte, war die Tatsache, daß man das Haar nach einer Dauerwelle ganz anders pflegen muß. Die Haarspitzen wurden ziemlich trocken und spröde. Ich mußte mich an eine neue Art der Pflege und des Einlegens gewöhnen. Und so wurde mein Haar langsam zu einer Art von Monstrum, das ich hätscheln mußte, damit es sich so verhielt, wie ich es von ihm erwartete. Ich war erleichtert, als die Dauerwelle endlich herauswuchs. Ich glaube nicht, daß ich mir jemals wieder eine Dauerwelle machen lassen werde. Mit dem Bericht meiner Erfahrungen will ich Sie keineswegs von Dauerwellen abhalten, ich will Ihnen lediglich sagen, auf wieviel zusätzliche Pflege Sie vorbereitet sein müssen, sollten Sie sich zur Dauerwelle entschließen.

Haarwäsche und Sonderbehandlungen

Das Waschen ist der Eckpfeiler der Haarpflege. Es ist die häufigste Aufmerksamkeit, die Sie Ihrem Haar angedeihen lassen, und ich halte es für sehr wichtig, es oft und gründlich zu tun. Völlig unabhängig davon, was für eine Frisur Sie auch tragen – es gibt keinerlei Rechtfertigung, Ihre Haare anders als absolut sauber zu halten.

Ich nehme an, daß mein Haar durchschnittlich leicht fettet, und es ist – wie schon gesagt – von feiner Struktur. Ich wasche es dreimal in der Woche. Ich achte darauf, ein mildes, schonendes Shampoo zu verwenden, bei dem ich sicher sein kann, daß es meine Haare nicht schädigt. Ich empfehle Ihnen, verschiedene Shampoos auszuprobieren, bis Sie eines gefunden haben, das Ihr Haar gesund, glänzend und in guter Verfassung hält. Außerdem halte ich für angebracht, das Shampoo gelegentlich zu wechseln. Es kommt mir so vor, als würde jedes Shampoo nach ein paar Monaten der Anwendung seine Wirkungskraft verlieren. Dann ist es Zeit, für gewisse Zeit zu einem anderen überzugehen.

Waschen Sie Ihr Haar äußerst sorgfältig. Es sollte wirklich naß sein, bevor Sie eine kleine Menge Shampoo auf die Handfläche geben, dem Haarwaschmittel etwas Wasser beifügen, so daß es leicht verdünnt ist, und es dann auf die Haare geben. Massieren Sie das Shampoo sehr vorsichtig in die Kopfhaut ein – Ihre Haare können brechen, wenn Sie es rubbeln wie einen alten Mop und nicht wie empfindliche Haarsträhnen.

Ein Friseur erzählte mir, daß er von vielen Kundinnen gefragt würde, welches Shampoo in seinem Salon benutzt wird, weil die Frauen festgestellt hatten, daß ihre Haare nach einer Behandlung bei ihm viel sauberer waren. Aber das läge keineswegs am Shampoo, sagte er. Es läge daran, daß im Salon sorgfältiger gewaschen wird, als es die Frauen zu Hause tun. Er vertrat die Meinung, daß die Frauen ihre Haare gründlicher waschen und sorgfältiger einschäumen sollten, besonders das Haar direkt an der Kopfhaut. Selbstverständlich wissen Sie, daß es unerläßlich ist, die Haare gründlich auszuspülen. Nach dem Waschen benutze ich einen milden Festiger oder eine Frisiercreme, die es mir erlaubt, meine Haare zu kämmen, ohne daß sie brechen, und die das Frisieren erleichtert. Sie sollten eine Weile probieren, bis Sie den optimalen Festiger für Ihr Haar gefunden haben. Manche Präparate haben die Eigenschaft, die Haare schlaff oder fettig zu machen.

Sollten Sie feststellen, daß Ihr Haar im Winter durch die größere Luftfeuchtigkeit zu duftig wird, so können Sie ihm durch einen stärkeren Festiger mehr Halt geben. Es hilft auch, wenn Sie zum Kämmen einen grobgezahnten Aluminiumkamm anstelle Ihres gewohnten aus Plastik benutzen. Aber achten Sie darauf, daß die Enden der Zinken glatt und abgerundet sind, damit das Haar nicht etwa gespalten wird. Nasses Haar hat die mißliche Neigung, leicht zu brechen, Viele sonst sehr bedachtsame Frauen verwandeln sich nach dem Haarewaschen in wahre »Reißwölfe«. Wenn Sie aber an einer Verknotung zerren, wird das Haar mit Sicherheit brechen. Ich denke, es ist besser, das Haar nicht zu bürsten, solange es noch naß ist, sondern es lediglich sorgfältig zu kämmen. Bürsten Sie es, wenn es trocken ist.

Dann und wann werden Sie nicht umhinkommen, eine Kurpackung zu machen. Vielleicht liegt es an meiner italienischen Abstammung, daß ich Olivenöl für die beste Haarkur halte, aber falls Ihnen das nicht zusagen sollte – es sind eine ganze Reihe Öl-Präparate auf dem Markt. Eine Ölbehandlung ist besonders vorteilhaft, wenn Sie sich oft in der Sonne aufhalten. Sie bewahrt Ihr Haar vor dem Austrocknen, während es gleichzeitig gestärkt wird. Kämmen Sie das Mittel einfach in Ihr Haar – Sie werden es unter Umständen vielleicht etwas anwärmen wollen, wenn Sie nicht gleich darauf in die Sonne gehen – und lassen Sie es ein paar Stunden einwirken. Danach waschen Sie Ihre Haare zwei- oder dreimal, um das Öl und den Geruch vollständig herauszubekommen, aber Ihrem Haar wird es einen besonderen Glanz verleihen.

Die Haut und ihre Pflege

Als ich mich in London aufhielt, um den Film »Die Gräfin von Hongkong« zu drehen, besuchte ich ein Barbra-Streisand-Konzert. Ich finde, daß sie eine herrliche Stimme hat, und bin ein großer Fan von ihr. Nach dem Auftritt ging ich hinter die Bühne, um sie zu beglückwünschen. Das erste, was ich an ihr bemerkte, war ihre wundervolle Haut – absolut strahlend und schimmernd. Ich konnte einfach nicht widerstehen, sie zu berühren, und als ich meine Hand an ihre Wange legte, fühlte ich eine sammetweiche Haut wie die meines Babys Edoardo.

Selbst wenn Sie keine so vollkommene Haut haben sollten, können Sie doch sehr viel tun, um sie zu verbessern. Es ist so befriedigend, viel Sorgfalt auf die Pflege der Haut zu verwenden, weil sie so schnell reagiert. Außerdem ist Hautpflege heute eine Investition für morgen, weil eine Frau mit gesunder, schöner Haut immer hübsch aussieht – ganz egal, wie alt sie sein mag.

Ich habe Glück mit meiner Haut; sie ist das, was man als »normal« bezeichnet, weder trocken noch fettig. Als Teenager hatte ich eine leicht fettige Nase, und ich mußte darauf achten, sie besonders sauber zu halten, damit sie nicht glänzte. Um ganz ehrlich zu sein: Ich halte leicht fettige Haut bei einem Teenager fast für einen Segen, weil man schon in jungen Jahren lernen muß, auf seine Haut zu achten. Frauen mit trockener Haut haben, wenn sie jung sind, oft den herrlichsten Teint, und das verwöhnt. Sie machen sich nur selten klar, daß ihr schöner Teint eine vergängliche Sache ist und daß nur ständige Pflege mit Feuchtigkeitsspendern ihn in gutem Zustand hält. Ein zweiter positiver Aspekt leicht fettiger Haut ist der, daß der leichte Fettfilm die Fältchenbildung und den Alterungsprozeß Ihres Gesichts aufhält.

Der Tatsache, daß sich die Haut mit der Zeit verändert, muß man Rechnung tragen, denn wenn Sie sich dieses Wandels nicht bewußt sind, könnten Sie unter Umständen die falschen Maßnahmen ergreifen. Der häufigste Fehler einer Frau, die als junges Mädchen fettige Haut besaß, besteht darin, stark wirkende Reinigungswasser und Adstringente zu benutzen – selbst dann noch, wenn das Problem der öligen Haut längst verschwunden ist. Diese Frauen schaden damit ihrer Haut sehr.

Die Haut – ein Spiegel der Gesundheit

Es ist erstaunlich, wie schnell Ihr Gesundheitszustand an Ihrer Haut ablesbar ist. So werden Sie zum Beispiel kurz vor einer Ohnmacht schneeweiß, und jeder, der Sie ansieht, weiß, daß etwas nicht stimmt. Andererseits schimmert und leuchtet die Haut einer schwangeren Frau. Ich weiß, daß das mit dem Hormonhaushalt zusammenhängt, aber ich bin auch sicher, daß viele Frauen ihrer Gesundheit mehr Beachtung schenken, wenn sie ein Kind erwarten. Und das zeigt sich an ihrer Haut.

Mit Edoardo im Jahre 1974.

Ihre Haut kann einfach nicht im Bestzustand sein, wenn Ihr Körper heruntergewirtschaftet ist, wenn Sie keinen Sport treiben, wenn Sie zuviel trinken und rauchen, wenn Ihre Ernährung unausgewogen ist. Alle diese Untugenden zeichnen sich irgendwann in Ihrem Gesicht ab. Unglücklicherweise dauert es eine Weile, bis Sie entdecken, daß sich Ihre Haut verschlechtert. Es gibt Menschen, die zum Beispiel keinen Zusammenhang zwischen ungesunder Haut und schlechter Ernährung sehen. Es ist ja auch so einfach zu glauben, daß man lediglich ein bißchen mehr Make-up aufzulegen braucht oder seine bisherigen Make-up-Gepflogenheiten ändern muß. Aber kein Make-up kann die Tatsache verschleiern, daß man ein ungesundes Leben führt.

Gymnastik und sportliche Betätigung sind der beste Weg, Ihrer Haut zu nützen. Wenn Sie »beweglich« genug sind, Ihren Herzschlag zu beschleunigen und damit Ihre Blutzirkulation, helfen Sie Ihrem Körper, die Haut von innen her zu reinigen. Denn das Blut wäscht Unreinheiten aus der Haut, aber nur dann, wenn Ihr Kreislauf nicht zu träge ist. Sportliche Übungen bringen Farbe ins Gesicht – das ist das Blut, das eine »Gesichtspackung« von innen macht. Und diese positive Wirkung hält an – lange, nachdem Sie Ihre sportliche Betätigung abgeschlossen haben.

Es steht außer Frage, daß Alkohol und Nikotin schlecht für die Haut sind. Beides führt dem Körper unsaubere Stoffe zu, die sich schließlich im Gesicht bemerkbar machen. Die Haut wird schlaff, unrein, zu trocken, schuppig und zeigt eine Färbung. Rauchen schädigt aber nicht nur die Gesundheit, es macht auf rein mechanische Weise auch die Haut runzlig, weil man beim Rauchen die Lippen um die Zigarette schürzt. Im Laufe der Jahre bilden sich winzige Falten an der Ober- und Unterlippe, in denen sich Farbreste des Lippenstifts festsetzen. Selbst wenn Sie keinen Lippenstift benutzen, sind die Fältchen sichtbar.

Für meine Haut ist das Pokerspiel Gift. Ich liebe es geradezu, zu pokern, aber wenn ich es tue, bleibe ich unvernünftig lange auf, bin versucht zu rauchen und Dinge zu essen, die ich im normalen Tagesablauf verschmähen würde. Für manche Menschen bedeutet das Fernsehen eine ähnliche Versuchung: Rauchen und Knabbern vor dem Fernsehschirm geht für sie Hand in Hand. Aber wenn Sie sich dessen bewußt sind, können sie diesen Gefahren entgehen.

Selbstverständlich wird keine Frau nur zum Wohle ihrer Haut ihren Lebensstil völlig ändern. Mir geht es lediglich darum, Sie darauf hinzuweisen, daß diese Mißbräuche Ihre Haut tatsächlich schädigen. Sie dürfen nicht erwarten, den Verheerungen der Zeit zu entgehen, wenn Sie es sind, die die Verheerungen anrichtet.

Wasser und Ihre Haut

Es wird leicht vergessen, wie wichtig Wasser für die Schönheit des Teints ist. Wasser ist eine lebenswichtige Komponente für die Haut. Verliert sie an Feuchtigkeit, spannt sie sich und wird trocken. Man fühlt sich, als hätte man ein Kleid an, das eine Nummer zu klein ist. Aber wenn die Haut genug Feuchtigkeit erhält, bleibt sie glatt und elastisch.

Wärme, besonders die Wärme beheizter Räume, ist der Feind glatter, gesunder Haut, weil sie ihr Feuchtigkeit entzieht und die Austrocknung den Alterungsprozeß beschleunigt. Sicherlich führen Sie Ihrem Gesicht Feuchtigkeit in Form von Cremes und Lotions zu, aber ich plädiere nachdrücklich dafür, für zusätzliche Luftfeuchtigkeit zu sorgen. Das läßt sich am einfachsten mit Wasserbehältern bewerkstelligen, die man in der Nähe der Heizquellen aufstellt, oder durch eine Menge Grünpflanzen. Der beste und erfolgversprechendste Weg jedoch besteht darin, sich Luftfeuchtigkeitsregler anzuschaffen, damit die Luft überall in der Wohnung oder dem Haus angereichert wird. Sollten Sie aus finanziellen Gründen darauf verzichten müssen, solche Geräte für alle Zimmer zu erwerben, so besorgen Sie sich zumindest eines für Ihr Schlafzimmer.

Ich lernte diese Geräte kennen, als Carlo junior noch ein Baby war. Da Kinder in den ersten Lebensmonaten anfällig gegen Infektionen der Atemwege sind, riet mir der Arzt, einen Luftfeuchtigkeitsregler anzuschaffen. Er erklärte mir, daß sich die Atemwege gegen bakterielle Angriffe nicht zur Wehr setzen können, wenn sie trocken sind. Aber Feuchtigkeit hilft dem Körper, dieser Gefahr zu begegnen. Ich sagte mir, was gut für Carlo ist, kann für mich nicht schlecht sein, und schaffte ein solches Gerät auch für mein Schlafzimmer an. Schon bald stellte ich fest, daß meine Haut sich glättete. Außerdem war es eine Vorbeugungsmaßnahme gegen Erkältungen. Wenn Sie den ganzen Tag in einem Büro verbringen, könnte es angebracht sein, auch dort Luftbefeuchter anzubringen. Sollten Sie die Investition scheuen, stellen Sie einfach ein paar Grünpflanzen in den Raum.

Ebenso, wie Sie dafür sorgen können, daß der Haut äußerlich mehr Feuchtigkeit zugeführt wird, können Sie ihr Aussehen und ihr Befinden dadurch verbessern, daß Sie mehr Wasser trinken. Die Flüssigkeit, die durch Ihren Körper zirkuliert, hält die Haut sauber, indem sie Unreinheiten wegschwemmt. Wenn man genug Wasser trinkt – etwa acht Glas am Tag – trägt man dazu bei, daß die Haut sauber und frisch bleibt. Bei dieser Flüssigkeitsmenge braucht es sich keineswegs um pures Wasser zu handeln. Man kann auch Fruchtsäfte, Mineralwasser, auch Tee oder Kaffee zu sich nehmen (was allerdings nicht heißt, daß Sie acht Tassen Kaffee am Tag trinken sollten!). Ich habe eine Freundin, die in allen möglichen Arten von Kräutertees schwelgt. Sie trinkt Kamillentee, um ihre Nerven zu beruhigen, Pfefferminztee, um die Verdauung zu fördern und Hagebuttentee mit Vitamin C, um Erkältungen abzuwehren. Ich weiß zwar nicht, ob alle diese Mittelchen wirklich ihren Zweck erfüllen, aber sie hat eine wundervolle Haut, und ich bin sicher, das rührt von all dieser Flüssigkeit her. Ich halte es mehr mit großen Mengen von Mineralwasser, die ich mit einer Zitronenscheibe geschmacklich anreichere. Meine Großmutter hat mir häufig ein Glas heißes, gesüßtes Wasser mit einem Stück Zitronenschale zubereitet, das sie *canarino* nannte – wegen der kanarienvogelgelben Farbe. Ich kann es nur empfehlen.

Das Reinigen und Befeuchten der Haut

Nun komme ich zum erfreulichen Teil der Hautpflege: dem Reinigungsritual. Das sollte ein wesentlicher Bestandteil Ihres Tagesablaufs sein; nicht nur, weil es Sie besser aussehen läßt, sondern auch, weil es sich nun mal um ein Ritual handelt, eine Art Zeremonie, die sowohl befriedigend als auch entspannend wirkt, Sie heiter und gelassener macht. Es gibt Ihnen auch die Möglichkeit, Ihre Gedanken schweifen zu lassen und Ihren Geist zu erfrischen. Schon das Auftragen von Gesichtscreme beruhigt, baut Spannungen ab, läßt Sorgen verschwinden.

DIE HAUT

Sie sollten Ihr Gesicht wenigstens zweimal am Tag gründlich reinigen: am Morgen nach dem Aufstehen und abends, wenn Sie zu Bett gehen. Der einzige wirkliche Unterschied zwischen beiden Reinigungen besteht in der Qualität der Feuchtigkeitspräparate, die Sie danach auftragen. Nachts benötigen Sie eine Nährcreme, während Sie tagsüber wahrscheinlich Make-up tragen und daher eine leichte Tagescreme benötigen.

Mir ist bekannt, daß es kontroverse Ansichten über die beste Art der Gesichtsreinigung gibt: Manche Frauen schwören auf Reinigungscremes, während andere überzeugte Anhänger von Wasser und Seife sind. Solange Sie peinlich darauf achten, daß die Haut wirklich sauber ist, macht es meiner Meinung nach keinen Unterschied, welche Methode Sie anwenden. Ich kenne Frauen mit herrlicher Haut, die sich beider bedienen.

Für mein Gesicht benutze ich Reinigungscreme. In Europa ist das Wasser sehr hart und trocknet die Haut aus. Daher entferne ich die Creme mit Abschminktüchern. Ob Sie nun Reinigungscreme oder irgendein anderes Präparat benutzen, stets sollten Sie darauf achten, daß es mit leicht kreisenden Bewegungen der Fingerspitzen aufgetragen wird. Wenn Sie die Präparate mit der Handfläche einreiben, zerren Sie an der Haut. Und das kann im Endeffekt deren Elastizität zerstören.

An manchen Tagen fülle ich nach der morgendlichen Reinigung meines Gesichts das Handwaschbecken mit Wasser und füge ein paar Eiswürfel dazu. Dann tauche ich mein Gesicht ins kalte Wasser. Das zieht die Poren zusammen, und ich empfinde es als sehr wohltuend für meine Haut. Es macht mich richtig wach, die Augen werden klar und strahlend. Natürlich sollten Sie darauf achten, daß Sie kein allzu kaltes Wasser (und auch kein extrem heißes) für Ihr Gesicht benutzen, wenn Sie empfindliche Haut haben. Derartige Temperaturschwankungen können die winzigen Adern in Ihrem Gesicht platzen lassen, und dann bekommen Sie rote Stellen, die sich nur schwer beseitigen lassen.

Viele Menschen stellen morgens nach dem Aufwachen fest, daß ihre Augenlider geschwollen sind. Das rührt von der Flüssigkeit her, die sich über Nacht im Gewebe ansammelt. Die Schwellungen gehen nach etwa einer Stunde zurück, aber wenn man mit dem Make-up nicht so lange warten will oder kann, sollte man es mit zwei milchgetränkten Wattebäuschen versuchen, die man für die Dauer von etwa zehn Minuten auf die Augen legt. Diese Behandlung wird schnell dazu beitragen, daß die Schwellung verschwindet. Übrigens erfüllt eine Gurkenscheibe auf jedem Auge denselben Zweck.

Nachdem ich mein Gesicht gesäubert habe, trage ich ein wenig Vitamin-A-Creme unter den Augen auf. Ich habe festgestellt, daß das die beste Creme für mich ist. Viele andere, die ich ausprobierte, haben sich als zu fettig für meine Haut erwiesen. Vitamin-A-Creme beeinträchtigt auch die Augen nicht und fördert auch keinerlei allergische Reaktionen. Diese Creme benutze ich lediglich für die untere Augenpartie, wo die Haut besonders empfindlich ist und zur Trockenheit neigt – sonst nirgendwo.

Weil ich keine trockene Haut habe und weil die Reinigungscreme, die ich anwende, nicht austrocknet, verzichte ich auf eine Feuchtigkeitscreme. Sollten Sie aber eine benutzen, vergessen Sie nicht, daß es die Aufgabe eines Feuchtigkeitspräparates ist, die Feuchtigkeit der Haut zu bewahren. Daher ist es nützlich, das Gesicht ein wenig anzufeuchten, bevor man eine Creme aufträgt. Viele Frauen benutzen zu diesem Zweck spezielle Sprayflaschen mit Mineral-

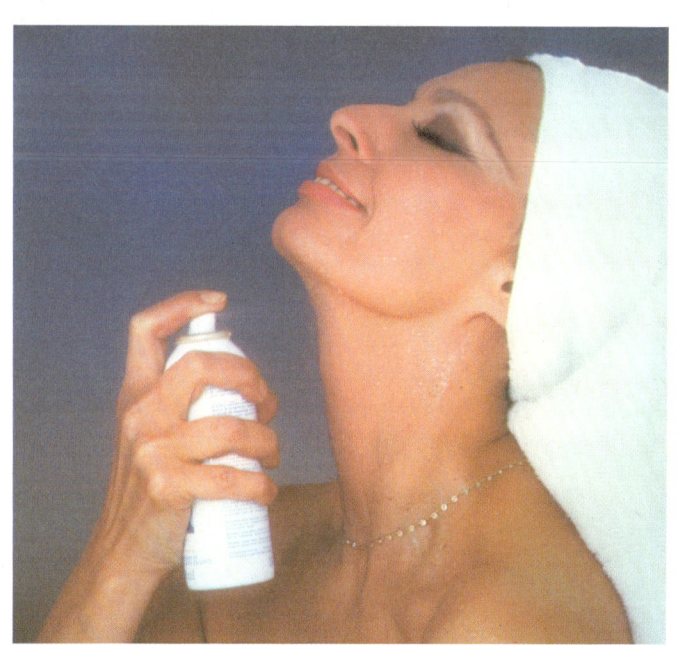

Eine Gesichtsmaske ist eine spezielle Behandlung: Sie entfernt abgestorbene Hautpartikel und hinterläßt den Teint sauber und glatt.

Die Anwendung eines Wassersprays erfrischt und kräftigt die Haut nicht nur – sie hilft auch Feuchtigkeit bewahren, bevor das Make-up aufgetragen wird.

wasser. Und da die Haut stark fetthaltige Cremes nicht absorbiert, haben sie keinerlei Vorteil gegenüber einer fettarmen Creme. Darüber hinaus besteht die Gefahr, daß die fettige Creme die Poren verstopft.

Beim abendlichen Reinigungsritual sollte man besonders darauf achten, daß alle Spuren von Augen-Make-up gründlich entfernt werden. Wenn Tusche auf den Wimpern zurückbleibt, trocknet sie aus und macht die Wimpern spröde. Außerdem könnten Sie Schmutzflekken auf Ihrem Kopfkissen finden und mit starken Ringen unter den Augen erwachen, wenn Sie das Augen-Make-up nicht sorgfältig genug entfernen. Jede Art reinen Babyöls oder Vaseline ist hervorragend geeignet, Make-up von den Augen zu entfernen. Es besteht eigentlich kein Grund, viel Geld für Spezialcremes auszugeben. Achten Sie nur darauf, die feine, empfindliche Haut unter den Augen nicht zu zerren, wenn Sie das Öl entfernen.

Ihre tägliche Schönheitspflege

Hautpflege heißt mehr, als sich nur um das Gesicht zu kümmern. Hände, Füße und Ellbogen haben ebenso Pflege nötig wie die Haut des Körpers. Ich bin immer wieder beeindruckt, wenn ich glatte, weiche Füße mit lackierten Zehennägeln in Sandalen sehe oder wundervoll gepflegte Hände. Das sind die Details der Schönheitspflege, die den entscheidenden Unterschied ausmachen können.

Sie müssen den leicht rauhen Stellen des Körpers regelmäßig Aufmerksamkeit widmen, und das verlangt Disziplin. Es ist fast deprimierend mit anzusehen, wie schnell das Erreichte nach wochenlanger Pflege von Fingernägeln und Nagelbett oder sogar monatelangem Behandeln der Füße mit Bimsstein wieder verschwindet, wenn man mit den Bemühungen nachläßt. Regelmäßige Pflege ist unerläßlich.

Die beste Art und Weise, eine regelmäßige Pflege zu gewährleisten, sehe ich in der Einrichtung einer höchstpersönlichen Schönheitsfarm bei sich zu Hause. Es gibt Frauen, die sowohl das Geld als auch die Zeit haben, einen Schönheitssalon zu besuchen, und das ist wundervoll. Andererseits ist es nur ein kurzfristiges Erlebnis und hat keinen Zweck, wenn Sie zu Hause nicht mit der Pflege fortfahren. Ich war noch nie in einem Schönheitssalon, denn ich bin sicher, daß man mich erkennen würde. Und dann wäre es schwierig für mich, die absolute Entspannung zu finden, die zu einem solchen Besuch nun einmal gehört.

Der heikelste Aspekt bei der Einrichtung einer solchen Schönheitsfarm im eigenen Heim ist es, auch die nötige Zeit dafür zu finden. Sie haben andere Aufgaben und Verpflichtungen, die Ihre Aufmerksamkeit beanspruchen. Dennoch ist es wichtig, daß Sie einmal in der Woche genügend Zeit finden, sich zu pflegen. Ein guter Termin für die Schönheitspflege ist vielleicht der Tag, an dem der Rest der Familie vor dem Fernseher sitzt, um eine Lieblingssendung anzusehen. Sie müssen allerdings deutlich machen, daß Sie während dieser Zeit nicht gestört werden wollen. Entwickeln Sie bitte keine Schuldgefühle, wenn Sie das tun. Im Gegenteil – es gehört zu den Aufgaben einer Frau und Mutter, der Familie zu zeigen, daß man als Frau die Verpflichtung hat, sich zu pflegen, und daß es für Sie ein Vergnügen ist, das zu tun.

Hier einige Dinge, die Sie für Ihr Schönheitsbad brauchen werden. Suchen Sie sie rechtzeitig zusammen, damit Sie nicht tropfnaß aus dem Bad laufen müssen:

Für das Bad hergerichtet (in »Arabeske«, 1966)

Badeöl oder Badesalz
Parfümierte Seife
Körperpuder
Körperbürste
Bimsstein
Gesichtsmaske
Körperlotion
Rasierapparat und/oder Bleichcreme
Transistorradio

Und jetzt meine Vorschläge für einen wunderbaren, entspannenden Abend in Ihrem häuslichen Schönheitssalon. Beginnen Sie mit ein paar Streckübungen, wie ich sie auf den Seiten 128–138 vorschlage, um den Körper zu lockern und sich zu entspannen. Suchen Sie sich irgendeine sanfte, beruhigende Musik im Radio, lassen Sie Wasser in die Wanne einlaufen und fügen Sie Badeöl oder Badesalz hinzu. Nutzen Sie die Zeit, bis die Wanne voll ist, indem Sie ein kurzes Gesichtsdampfbad über dem Waschbecken machen – mit einem Handtuch als »Dampffänger« über dem Kopf. Tragen Sie dann eine Gesichtsmaske auf. Steigen Sie in die Wanne und entspannen Sie sich, indem Sie an angenehme Dinge denken. Reiben Sie Füße und Fersen mit einem Bimsstein ab – für den Rest des Körpers benutzen Sie eine Körperbürste. Reinigen Sie Ihre Nägel mit einer Nagelbürste und schieben Sie die Nagelhaut mit einem Waschlappen zurück. Rasieren Sie Beine und Achselhöhlen. Gehen Sie nach Ihrem genüßlichen Bad kurz unter die kalte Dusche, wenn Sie das mögen, und spülen Sie damit die Gesichtsmaske ab. Sie können das aber auch über dem Waschbecken tun, nachdem Sie sich abgetrocknet haben. Trocknen Sie sich mit einem flauschigen, weichen Badetuch ab und tragen Sie, während Ihr Körper nach feucht ist, Lotion auf dem ganzen Körper auf und bestäuben Sie sich mit Körperpuder. Danach ist es Zeit für die Hand- und Fußpflege.

Das Bad

Ich liebe es, ein Bad zu nehmen und dabei Badeöl, parfümierte Seife und parfümierten Puder zu benutzen. Ein sehr angenehmer Effekt, meine eigene Serie von Coty zu haben, ist der, daß ich alle diese Präparate jetzt mit einem passenden Duft zur Verfügung habe, meinem eigenen »Sophia«-Parfum. Wenn ich sie alle beim Bad anwende, intensiviere ich den Parfümduft. Und da ich ihn sehr liebe, gefällt mir das außerordentlich gut.

Das Bad ist der Dreh- und Angelpunkt der Schönheitsroutine. Es entspannt und bereitet die Haut auf die Nachbehandlung vor. Aber baden Sie nie zu heiß. Im heißen Wasser »aufzuweichen« ist ausgesprochen schlecht für den Körper. Wenn die Temperatur zu hoch ist, können Sie sogar ohnmächtig werden. Die ideale Badetemperatur liegt wenige Grade über der eigenen Körperwärme.

Ein Teil des Badevergnügens liegt darin, dem Wasser etwas hinzuzufügen, was gut riecht und der Haut guttut. Wenn Sie im Winter Ihrem Bad etwas Milch zusetzen, macht das die Haut glatter und läßt Sie sich wie Kleopatra fühlen. Normale Frischmilch zu diesem Zweck zu benutzen, kommt mir wie Verschwendung vor – eine Tasse Milchpulver erfüllt den gleichen

Zweck und ist nicht so teuer. Im Sommer ist es angenehm, das Badewasser mit ein paar zerdrückten Pfefferminzblättern anzureichern. Sie werden sich dadurch erfrischt fühlen. Eine Mischung aus Majoran und Pfefferminz kann Nervosität dämpfen, habe ich gelesen. Wenn Sie sich einen Sonnenbrand geholt haben, fügen Sie Ihrem Bad ein wenig Apfelmostessig zu. Das wird Ihre Haut beruhigen.

Nachdem Sie sich im Bad völlig entspannt haben, können Sie an die Arbeit gehen. Rubbeln Sie Ihre Fersen und Ellenbogen, solange die Haut noch weich ist, mit einem Bimsstein ab. Ich habe mit Erstaunen festgestellt, wie weich die Füße werden, wenn man sie auf diese Weise regelmäßig behandelt. Früher einmal waren meine Füße so rauh, daß sie mir fast die Strümpfe zerrissen hätten. Aber inzwischen, nach beständiger Pflege, sind sie so weich wie die meiner Kinder. Ellenbogen und Knie bedürfen dieser Behandlung auch. Man kann sie leicht mit Bimsstein abreiben, während man noch in der Wanne sitzt, aber das, was sie wirklich geschmeidig macht, ist sorgfältiges Cremen nach dem Bad.

Ich verwende gern eine Bürste für die Reinigung und Pflege meines Körpers. Allerdings muß es eine sehr weiche Bürste sein, sonst wird die Haut gereizt. Sie haben sicher schon von Zellulitis gehört, dieser eigenartigen »Orangenhaut«, die bei Durchblutungsstörungen auftritt. Wenn die betreffenden Körperpartien gebürstet werden, wird dadurch der Kreislauf angeregt. Manchmal hilft das, schaden kann es jedenfalls nicht.

In Abständen von etwa zwei Wochen mache ich ein Bodypeeling. Dafür verwende ich eine Creme, die die verhornten Zellen der Oberhaut entfernt. Ich habe festgestellt, daß meine Haut dadurch wesentlich glatter und weicher geworden ist. Führen Sie die Schälkur dann und wann durch, bis Ihre Haut den Idealzustand erreicht hat.

Achten Sie darauf, nach dem Bad die Körperlotion möglichst sorgfältig einzumassieren. Sie wird wesentlich besser absorbiert, wenn der Körper noch warm ist und die Poren offen sind.

Gesichtsmasken und -packungen

Eine Gesichtspackung ist eine ganz besondere Behandlung. Es werden viele verschiedene Arten angeboten, die Sie für die verschiedensten Zwecke anwenden können. Ich benutzte früher einmal eine Maske, die ich auftrug, bevor ich ausging. Sie gab meiner Haut eine rosige Tönung, die weniger Make-up nötig machte. Ich weiß nicht, ob irgendeine Gesichtsmaske Ihren Teint dauerhaft verbessern kann, aber Sie tragen mit dieser Behandlung doch dazu bei, Ihre Haut zu reinigen und ihr einen frischen, rosigen Schimmer zu verleihen.

Bevor Sie eine Gesichtsmaske auftragen, sollten Sie darauf achten, daß Ihre Haut absolut sauber ist. Sie können Ihr Gesicht mit einem Dampfbad reinigen, aber auch mittels einer der Ihnen gewohnten Methoden. Mitunter benutze ich ein Facepeel, eine Creme, die die abgestorbenen Zellen der Oberhaut entfernt. Aber ich würde danach nie eine andere Maske auftragen, denn diese Doppelbehandlung könnte meine Haut reizen. Eine aus der Mode gekommene Art der Gesichtsreinigung ist die Benutzung von Maismehl. Dafür mischt man gelbes Maismehl mit einer Reinigungscreme und macht daraus eine Paste. Massieren Sie diese Paste in die Hautpartien ein, die zum Fetten neigen – üblicherweise sind das Nase, Kinn und Stirn. Spülen Sie die Paste danach wieder gründlich ab und tragen Sie ein Adstringent

auf. Die gleiche Prozedur können Sie mit einer Mischung aus Seesalz und Mineralwasser probieren. Beide Behandlungen wirken wie ein Facepeel und entfernen abgestorbene Zellen und glätten Ihren Teint.

Ist Ihre Haut erst einmal gereinigt, können Sie eine Maske auftragen. Es sind so viele verschiedene Produkte am Markt, daß Sie problemlos eins finden werden, das für Sie geeignet ist. Sie können sich aber auch selbst eine Gesichtsmaske mixen, indem Sie Hafermehl mit Wasser zu einer Paste verrühren. Tragen Sie das Gemisch dünn auf Ihrem Gesicht auf, aber sparen Sie die Augenpartie aus. Ist die Maske getrocknet, wird sie mit einem Gesichtstuch abgewaschen. Neigt Ihre Haut zur Trockenheit, können Sie sich eine Maske aus Milchpulver und Wasser zubereiten. Ihr Teint wird nach dieser Behandlung sauber und glatt sein.

Handpflege

Regelmäßiges Cremen ist die beste Pflege für Ihre Hände, selbst wenn Sie sonst nicht viel für sie tun. Bei mir zu Hause steht neben jedem Waschbecken, neben jeder Spüle, eine Dose Handcreme. Nach jedem Waschen, solange die Haut noch feucht ist, creme ich meine Hände ein und trage damit Sorge, daß sie glatt und weich bleiben. Darüber hinaus bin ich eine Anhängerin von Gummihandschuhen, insbesondere für den Abwasch. Ich habe allerdings auch herausgefunden, daß Gummihandschuhe einen Nachteil haben: In der Annahme, die Hände seien geschützt, neigt man dazu, heißeres Wasser zu benutzen, als ratsam ist. Auf die Dauer ist zu heißes Wasser aber für die Hände schädlich. Bleiben Sie ruhig bei Ihren Gummihandschuhen – textilgefütterte sind die besten –, aber Vorsicht bei zu heißem Wasser. »Plantschen« Sie ohne Gummihandschuhe in Seifenwasser herum, so legen Sie zunächst Ihre Ringe ab. Unter dem Schmuck könnten sich sonst Seifenreste ansammeln, die die Haut reizen.

Ich habe noch nie genügend Geduld aufgebracht, mir die Hände professionell maniküren zu lassen. Ich ziehe es vor, mich um meine Hände selbst zu kümmern. Gewöhnlich feile ich mir die Nägel, bevor ich ins Bad steige. Nachdem das Wasser meine Nagelhaut weicher gemacht hat, schiebe ich sie vorsichtig mit einem Waschlappen zurück und massiere ein wenig Creme ein.

Ebenso regelmäßig benutze ich Nagelpflegecreme, und ich kann Ihnen nur empfehlen, sich zwei oder drei kleine Dosen oder Tuben davon anzuschaffen und sie in Ihrer Handtasche, im Auto, neben dem Telefon bereitzuhalten – überall dort, wo Sie dann und wann einmal ein paar Minuten Zeit finden, die Creme in Nägel und Nagelhaut einzumassieren. Die Beschaffenheit Ihrer Nägel wird sich merklich verbessern. Ich habe sehr brüchige Nägel, und die Anwendung dieser Cremes hat bei mir gute Resultate gezeigt.

Ich lackiere mir die Nägel nicht häufig, weil mir das natürliche Aussehen besser gefällt. Wenn Sie Lack benutzen, vergessen Sie nicht, daß helle Farben Ihre Hände länger und anmutiger wirken lassen als dunklere Rottöne. Ein kleiner empfehlenswerter Kniff besteht darin, einen Tropfen roten Lacks, der Ihnen gefällt, in eine Flasche farblosen Lacks zu geben. Das verleiht ihm einen feinen, rosa Hauch.

Hier noch ein paar Handpflegetips:

> Sollte Ihnen nach dem Schneiden von Zwiebeln der Geruch, der Ihren Fingern anhaftet unangenehm sein, so reiben Sie sie mit ein wenig Apfelmostessig ab und waschen sie dann. Sie werden sehen, daß der Geruch schnell verschwunden ist. Benutzen Sie beim Wählen einer Telefonnummer einen Stift. Das schont Ihre Nägel.

Sehr gern habe ich im Garten meiner Villa in Marino gearbeitet, aber ich verabscheute es ebenso, schützende Gartenhandschuhe zu tragen, wie ich es scheußlich fand, daß meine Hände schmutzig wurden. Ich fand heraus, da
nicht unter die Nägel dringen kann, wenn man vor der Arbeit die Finger in ein Stück Seife krallt.
In der kalten Winterluft ist es sehr gut möglich, daß die Haut der Hände rissig wird. Machen Sie es sich daher zur Gewohnheit, während der kalten Jahreszeit stets Handschuhe zu tragen. Cremen Sie die Hände ein, bevor Sie in die Handschuhe schlüpfen – wenn der Frühling kommt, sind Ihre Hände glatt und schön.

Fußpflege

Für mich sind Füße eine erogene Zone. Ich mag es sehr, wenn man mir die Füße reibt, und ich finde es entspannend, sie über ein Rundholz zu rollen, wenn ich lese oder fernsehe. Die Medizin des Ostens ist der Meinung, die Füße seien besonders wichtig, weil alle Energien unseres Körpers dort enden, und die Orientalen empfehlen, sich morgens nach dem Aufwachen die Füße zu massieren.

Nachdem Sie Ihre Füße mit Bimsstein behandelt und sorgfältig eingecremt haben, sollten Sie sich an die Pediküre machen. Ich erledige das in der Badewanne, es sei denn, ich will die Nägel lackieren. Dann und wann lackiere ich meine Zehennägel ganz gern, aber stets nur farblos. Rote Zehennägel sind zu grell für mich. Ich finde, daß sie bei manchen Frauen gut aussehen, aber mir gefällt solche »Farbenpracht« an meinen Füßen nicht, eher ein farbloser Lack. Er zeigt, daß man gepflegt ist, aber er ist nicht aufdringlich.

Man sollte nicht vergessen, daß Füße im Laufe des Tages anschwellen. Es ist durchaus möglich, daß Sie abends Schuhe brauchen, die eine halbe oder sogar eine ganze Nummer größer sind als die am Morgen. Daher ist es ratsam, Schuhe am späten Nachmittag zu kaufen. Auch im Flugzeug können die Füße anschwellen, und wenn Ihre Schuhe so eng sind, daß Sie sie ausziehen, müssen Sie die Maschine barfuß verlassen! Geschwollene Füße in zu engen Strümpfen können zu eingewachsenen Nägeln führen. Achten Sie also darauf, daß Ihre Strümpfe nicht zu prall um den großen Zeh herum sitzen und immer noch ein bißchen Spielraum bleibt.

Körperhaare

Es gibt eine Reihe von Methoden, lästige Körperhaare zu entfernen, aber ich habe nie zu etwas anderem gegriffen als zum Rasierapparat. Ich erledige das in der Badewanne, benutze stets eine frische Klinge und achte darauf, die Haut danach gründlich zu befeuchten. Es ist ratsam, sich abends zu rasieren, da morgens die Haut durch Gewebeflüssigkeit angeschwollen ist und durchaus die Gefahr besteht, daß man sich schneidet. Sollte das dennoch einmal passieren, so folgen Sie einem Rat der Herren der Schöpfung: Nehmen Sie einen Alaunstift, um die Blutung zu stillen. Das ist besser, als diese winzigen Wattepflästerchen, die man doch immer abzunehmen vergißt.

53

Das Bleichen meiner Armhaare ist ein anderer Bestandteil meiner häuslichen Schönheits-pflege. Eigentlich bin ich gar nicht sehr behaart, aber mir gefallen nun einmal weiche, glatte Arme. Zum Bleichen benutze ich eine Lösung zehnprozentigen Wasserstoffsuperoxids mit einem blonden Haarfärbepulver. Ich trage die Lösung auf meine Arme auf und lasse sie etwa zehn Minuten einwirken. Dann wasche ich sie ab. Die Mixtur hellt nicht nur meine Armhaare auf, so daß sie praktisch unsichtbar werden, sie glättet auch die Haut, indem sie die Ober-schicht abgestorbener Hautpartikel mit entfernt. Danach sind meine Arme hübsch und glatt. Ich mache das etwa einmal im Monat, aber Ihr persönlicher Zeitplan hängt davon ab, wie dunkel Ihre Haare sind und wie schnell sie wachsen.

Alternde Haut

Eines der größten Probleme, die wir Frauen mit unserer Haut haben, ist es, sie jugendfrisch zu erhalten. Es scheint das erklärte Ziel jeder Creme, jedes Make-up-Pinsels und jedes Adstrin-gents zu sein, uns aussehen zu lassen, als hätten wir uns gerade in eine nagelneue Hülle gewickelt – frisch von unserem Schöpfer. Ja, die Haut eines Kindes zu haben – noch besser die eines Babies! Wahrscheinlich ist das ganz natürlich, aber manchmal glaube ich doch, daß wir von unserem Trachten nach einer Babyhaut geradezu besessen sind. Es ist jedoch unmöglich, eine junge Haut zu haben – es sei denn, man ist wirklich jung.

Das Gesicht ist Ausdruck des Charakters, und das sollte man bei allem Streben nach schöner Haut nicht vergessen. In der Jugend ist das Gesicht noch nicht ausgereift, es ist in ihm wenig mehr zu sehen als die Glätte, die ihm von der Natur mitgegeben worden ist. Aber mit der Zeit werden wir verantwortlich für unser Gesicht – nicht nur mit der Pflege, die wir ihm angedeihen lassen, sondern auch – und das ist wesentlich wichtiger! – bei dem, was es über unser Naturell aussagt. Langeweile, Mißmut, Unzufriedenheit, schlechte Laune, Gereiztheit – all das zeigt sich im Gesicht. Und nach gewisser Zeit werden diese Zeichen unauslöschlich. Gelassenheit, Humor, Liebenswürdigkeit und Toleranz markieren Ihr Gesicht aber ebenso und werden Ihnen eine zeitlose Schönheit verleihen.

Damit klopfe ich keine Sprüche. Es ist die Wahrheit. Betrachten Sie einmal die reiferen Frauen ihrer Bekanntschaft, und Sie werden es selbst feststellen. Es kommt ein Zeitpunkt im Leben, an dem man im Gesicht einer Frau keine Fältchen mehr bemerkt, sondern nur ihren Charakter. Das Temperament beginnt nach dem zwanzigsten Geburtstag das Gesicht zu formen, und im Alter von etwa fünfzig Jahren verdankt ein Gesicht seinem Besitzer wesentlich mehr als der Natur. Also – hören Sie auf, Ihre Falten zu zählen und verzweifelt die Hände zu ringen. Seien Sie realistisch in bezug auf das, was Sie für Ihre Haut tun können, aber schließen Sie nie irgendwelche Kompromisse, wenn es darum geht, ihre Gemütsverfassung zu verbes-sern.

Haben wir erst einmal eingesehen, daß der Charakter der wichtigere Teil der Schönheit ist, gibt es dennoch keinen Grund, nicht alles zu versuchen, was unsere physischen Gaben steigern könnte. Und es gibt durchaus Wege, den Alterungsprozeß der Haut zumindest zu verzögern.

Übertriebenes Grimassieren führt zu Fältchen und Runzeln im Gesicht, die mit ein wenig

Stirnrunzeln ist eine Angewohnheit, die wir häufig gar nicht wahrnehmen: Hier bin ich bei den Dreharbeiten zu »So etwas von Frau« (1959) dabei ertappt worden.

Selbstkontrolle durchaus vermieden werden können. Viele Frauen runzeln ständig die Stirn, ohne daß es ihnen überhaupt bewußt wird. Mit der Zeit wird das Runzeln zur mißlichen Angewohnheit, und schließlich bilden sich im Gesicht tiefe Falten. Ich habe eine Freundin, die den ganzen Tag schreibend und allein am Schreibtisch verbringt. Sie war es, die mir von ihrer einmaligen Lösung dieses Problems erzählte. Sie heftet ein kleines Stück Klebestreifen zwischen die Brauen. Jedesmal, wenn sie beginnt, die Stirn zu runzeln, spürt sie ein feines Ziehen, das sie daran erinnert, ihr Gesicht schnell wieder zu entspannen.

Bemühen Sie sich auch darum, Ihr Gesicht beim Schlaf nicht allzu tief im Kopfkissen zu vergraben, und gewöhnen Sie sich ja nicht an, mit dem Gesicht nach unten zu schlafen. Selbstverständlich drehen Sie sich im Schlaf, also achten Sie darauf, daß Ihr Kopfkissen weich ist – vorzugsweise daunengefüllt. Ein Schaumstoffkissen gibt weniger nach, und nachdem Sie eine Nacht darauf verbracht haben, werden Sie höchstwahrscheinlich mit dem Aussehen einer schrumpeligen Backpflaume erwachen.

Haben Sie das Glück, in einem sonnigen Klima zu leben, werden Sie wahrscheinlich feststellen, daß Sie häufig blinzeln. Aber es dauert dann nicht allzulange, bis sich durch die Angewohnheit Falten rund um die Augen bilden. Zum Glück ist dem leicht vorzubeugen. Sie brauchen lediglich darauf zu achten, daß Sie stets eine Sonnenbrille dabei haben, um Ihre Augen zu schützen. Es kann durchaus hilfreich sein, mehr als nur eine zu besitzen. Tragen Sie eine in Ihrer Handtasche und eine andere zum Beispiel im Auto. Denken Sie daran, daß die Wintersonne Sie genauso blendet wie die des Sommers. Also lassen Sie Ihre Sonnenbrille im Winter nicht zu Hause.

Diese kleinen Tricks sind es nicht wert, daraus eine Weltanschauung zu machen, aber wenn Sie sie sich dennoch zu eigen machen, werden Sie vorzeitige Fältchen verhindern. Diese kleine Mühe macht sich bezahlt.

Bräune

Die Mode, unbedingt braun aussehen zu wollen, begann, als ich ein junges Mädchen war. Meine Schwester Maria und ich waren stets erpicht darauf, ein paar freie Minuten in der Sonne verbringen zu können. So hofften wir, jenes bronzefarbene Aussehen zu bekommen, das uns ein Kennzeichen der Filmstars und reichen Müßiggänger zu sein schien. Eines Tages fiel uns eine Höhensonne in die Hände. Mächtig aufgeregt stellten wir sie an in der Erwartung eines herrlichen braunen Teints. Was für ein Danaergeschenk! Auf der Gebrauchsanweisung stand, daß drei Minuten die obere Grenze sei, aber wir konnten nicht glauben, daß diese kurze Zeitspanne ausreichen würde, uns wirklich braun werden zu lassen. Und so blieben wir so lange unter der Lampe, wie wir es für richtig hielten. Danach fuhren wir mit unserer Mutter, die nichts von unserem Bräunungsabenteuer ahnte, im Auto fort. Wir saßen hinten, sie am Steuer. Es war vielleicht eine halbe Stunde vergangen, seit wir die Höhensonne ausgeschaltet hatten, und wir warteten begierig darauf, daß sich unsere Bräune zeigte. Schließlich begannen wir rosa zu werden. Ein paar Kilometer weiter waren wir rot und nach einigen weiteren Kilometern litten wir Höllenqualen. Unsere Gesichter schwollen an und zeigten die Farbe gekochter Hummer. Alles, woran wir denken konnten, war, wie wir das unserer Mutter

Wenn ich einen goldbraunen Teint wie hier habe, fühle ich mich stets ausgesprochen wohl.

begreiflich machen konnten – bis sie sich zufällig umblickte und unseren Zustand entdeckte. Trotz dieser schmerzlichen Erfahrung macht es mir großen Spaß, braun zu werden, und ich halte mich gern in der Sonne auf. Ich finde, daß meine Haut sehr attraktiv aussieht, wenn sie eine goldbraune Tönung hat. Aber heutzutage hört man so häufig, wie schädlich Sonne für die Haut ist, daher finde ich, man sollte sehr behutsam vorgehen. Zunächst einmal müssen Sie Ihren Hauttyp feststellen. Glücklicherweise habe ich eine Haut, die nahezu problemlos braun wird. Ich brauche nicht stundenlang in der Sonne zu sitzen, um eine hübsche Färbung zu bekommen. Außerdem neigt meine Haut weder zum Sonnenbrand noch zum Austrocknen. Aber für die Frauen, die eine helle Haut besitzen, ist das Braunwerden eine ganz andere Sache.

Die Dreharbeiten für »Die Frau vom Fluß« fanden in der Nähe der Pomündung an der Adria statt. Das Wetter war traumhaft und sonnig. Da gab es eine Produktionsassistentin, die mit der wundervollen blassen Porzellanhaut des Nordens ausgestattet war. Jedermann riet ihr, sich bei ihrer empfindlichen Haut nur im Schatten aufzuhalten. Aber als sie sah, wie wir anderen uns alle in der Sonne aalten, wollte sie nicht hören. Am zweiten Tag der Dreharbeiten sah sie dann prompt so aus wie eine knallrote Paprikaschote. Und am nächsten Tag hing ihr die Haut in Fetzen. Es tat direkt weh, sie anzusehen. Ich habe dieses Mädchen nicht vergessen, weil ihr Sonnenbrand ein leuchtendes Beispiel dafür war, die verschiedenen Hauttypen auf die Sonne reagieren. Diese Unterschiede außer acht zu lassen, wäre nur Ihr Schaden.

Ist die Haut erst einmal verbrannt, sieht das nicht nur absolut unschön aus, sondern sie ist auch wirklich geschädigt – wie bei einer Versengung durch Feuer. Und wenn sich das wiederholt, verliert die Haut schließlich die Fähigkeit zur Regeneration. Deshalb haben Frauen, die in sehr sonnigen Gegenden leben, oft eine zähe, fast ledrige Haut.

Wenn Sie also braun werden wollen, sorgen Sie vor allem dafür, daß Sie sich nie einen Sonnenbrand holen. Heute gibt es so viele Produkte, mit denen man sich vor einem Sonnenbrand schützen kann, daß Sie in der Lage sein sollten, soviel Zeit, wie Sie wollen, in der Sonne zu verbringen, ohne sich zu verbrennen. Aber es besteht durchaus kein Anlaß, sich schwarz brennen zu lassen – ein bißchen braune Tönung ist gerade richtig. Die meisten Frauen mit empfindlicher Haut sehen blaß und rosig angehaucht übrigens viel besser aus als mit jeder anderen Hauttönung, die ihnen die Sonne geben kann. Halten Sie sich in der Sonne auf, sollten Sie Ihren empfindlichen Teint schützen und die Gesundheit Ihrer Haut dadurch bewahren, daß Sie stets eine Sonnenschutzcreme mit extrem hohem Schutzfaktor benutzen.

Bevor wir das Thema Bräune verlassen, möchte ich noch etwas zu diesen »Bräunungstabletten« sagen, von denen auch Sie sicherlich schon gehört haben. Sie werden Karotintabletten genannt und aus einem Extrakt hergestellt, der aus Mohrrüben gewonnen wird. Die Werbung behauptet, daß sie bräunen, aber in Wirklichkeit geben sie der Haut lediglich eine eigenartige Orangefarbe. Ich habe Leute gesehen, die sie das ganze Jahr über nehmen und stets so aussehen wie gekochte Mohrrüben. Die Tabletten sind absolut nutzlos: Niemand würde beim Anblick der Leute, die sie schlucken, auf den Gedanken kommen, sie hätten sich in der Sonne aufgehalten. Wenn Sie eine wirklich natürliche Bräune bekommen wollen, nehmen Sie keine Zuflucht zu Tabletten oder Bräunungscremes. Verlassen Sie sich nur auf die Sonne.

Die Kunst des Make-ups

Am Schminktisch hat jede Frau die Chance, eine Künstlerin zu sein, und Kunst »vervollständigt das, was die Natur unfertig zurückgelassen hat« – wie Aristoteles sagte. Als Make-up-Künstlerin müssen Sie sich immer vor Augen halten, daß jedes Werk – jedes Gesicht – einmalig ist. Wenn Sie versuchen, sich selbst zu maskieren, um sich einem Ideal anzunähern, begehen Sie einen großen Fehler. Sie sollten statt dessen Ihr Gesicht ganz individuell herrichten, so daß jeder, der Sie sieht, sowohl Freude über die Entdeckung wie Freude über die Schönheit empfindet.

Betrachten Sie die Unregelmäßigkeiten Ihrer Züge als das, was sie wirklich sind – Schätze. Versuchen Sie nicht, sie zu entstellen. Dunklere Make-up-Streifen entlang Ihrer Nase werden diese nicht wirklich schmaler aussehen lassen, und Linien, die Sie über die Augenwinkel hinausziehen, werden die Augen nicht vergrößern. Konzentrieren Sie sich lieber darauf, Ihre extremen Züge »weicher« zu machen, so daß sie für reizvolle Eigentümlichkeiten angesehen werden. Denken Sie daran, daß ein Gesicht mit unregelmäßigen Zügen der Spiegel eines Naturells voller Charme sein kann. Und nicht nur das – ein solches Gesicht bleibt auch länger in der Erinnerung haften. Meryl Streeps Nase gibt ihrem Gesicht Kraft und Dramatik; ohne sie würde etwas fehlen. Beim Anblick dieses ausdrucksstarken Gesichts ist man davon überzeugt, eine Frau von Selbstbewußtsein und Charakter vor sich zu haben.

Gesichter im Wandel der Mode

Wenn Sie – wie ich – eine ausgeprägte Nase oder irgendein anderes Merkmal haben, das Sie für nicht ganz vollkommen halten, gibt es aber noch einen anderen Grund, damit Frieden zu schließen und es lieben zu lernen. Immerhin kann es in Mode kommen – und dann wird auch die Umwelt es lieben.

Es war einmal – als die Filmemacher versuchten, mich zu einer Verkürzung meiner Nase zu überreden –, da waren kleine Nasen große Mode. Die feinen, zierlichen Nasen von Grace Kelly und Audrey Hepburn waren das Maß aller Nasen. Aber die Zeiten ändern sich. Heute wird eine kräftige Nase häufig als Vorzug angesehen. Heutzutage würde mir niemand vorschlagen, mir ein Stück meiner Nase abschneiden zu lassen, bevor ich mit der Filmarbeit beginne. Meryl Streep, Barbra Streisand und viele andere Frauen mit kräftigen Nasen werden jetzt für schön gehalten.

Es gab eine Zeit, in der sich alle Frauen einen winzigen Mund wünschten. Notfalls wurden die Lippen mit Grundierung abgedeckt und dann mit dem Pinsel ganz schmal geschminkt. Heute ist dagegen der großzügige, »sinnliche« Mund in Mode.

Erinnern Sie sich noch an die Zeit der dünnen, präzisen Augenbrauen? Manche Schauspie-

Hier bin ich, noch nicht einmal zwanzig Jahre alt, bei den Dreharbeiten zu »Die Frau vom Fluß«. Damals waren gezupfte Augenbrauen ein ausgesprochenes »Muß«.

lerinnen, und mit ihnen viele andere Frauen, zupften sich ihre Brauen aus, so daß sie die modische Linie über ihren Augen malen konnten. Unglücklicherweise stellten viele dieser Frauen später fest, daß ihre Brauen nicht mehr nachwuchsen. Sie müssen die Bögen für immer nachzeichnen. Die Konsequenz daraus: Sie sollten die Kraft aufbringen, Ihre Eigenheiten zu schätzen – wie letzten Endes alle Welt es Ihnen gleichtun wird.

Lernen Sie Ihr Gesicht kennen

Bevor Sie zu Ihren Pinseln greifen, möchte ich Ihnen etwas äußerst Wichtiges über das Make-up sagen: Nur Sie selbst können die Wirkung einer bestimmten Schminktechnik beurteilen. Es ist absolut bedeutungslos, wenn Ihnen jemand rät, Lidschatten mit sanften Strichen von unten nach oben aufzutragen, oder wenn man Ihnen sagt, Eyeliner müsse so oder so mit dünnem Strich oberhalb Ihrer Wimpern aufgetragen werden. Denn Ihr Gesicht, Ihr Augenschnitt, Ihr Wimpernwuchs verlangen vielleicht eine ganz andere Technik. Ich erinnere mich daran, daß ich einmal eine Freundin dabei beobachtete, wie sie sich die Härchen am oberen Augenbrauenbogen zupfte. Ich sagte ihr, ich hätte gehört, daß man immer nur am unteren Bogen zupfen sollte. Nun, sie erwiderte, das habe sie auch gehört. Aber sie bevorzuge nun einmal ihre Art, denn sie fände, daß ihre Brauen so einfach besser aussähen. Da beginnt man sich doch zu fragen, wer eigentlich diese Regeln erfindet und warum.

Im Laufe meiner Filmkarriere haben sich die verschiedensten Maskenbildner und Maskenbildnerinnen Hunderte von Stunden mit meinem Gesicht beschäftigt. Ich habe viel von ihnen gelernt! Aber inzwischen lasse ich es nicht mehr zu. Ich bestehe darauf, mich selbst herzurichten, weil ich davon überzeugt bin, daß niemand mein Gesicht so gut kennt wie ich.

Mit der Zeit habe ich festgestellt, daß jeder der Make-up-Künstler andere Vorstellungen davon hatte, wie ich auszusehen hätte. Manchmal war das sehr erfreulich, manchmal nicht. Problematisch wurde es dann, wenn ihre Bemühungen mir das Gefühl vermittelten, ein ganz anderer Mensch zu sein. Dann fühlte ich mich höchst unbehaglich, und das war an meinem Gesicht abzulesen. Ich kam mir vor wie eine Schwindlerin und benahm mich mit der Unsicherheit eines Menschen, der dabei ist, bei einem Verbrechen ertappt zu werden. Das ist eine unangenehme Situation für eine Schauspielerin, die doch entspannt und voller Selbstvertrauen sein sollte, um ihre Arbeit effektiv erledigen zu können. Daher mache ich das jetzt alles selbst und sehe mehr oder weniger aus wie ich selbst und nicht wie jemand anderes.

Obwohl es sehr wichtig ist, daß Sie Ihr ganz persönliches Aussehen entwickeln, sollten Sie dennoch nicht unflexibel in Ihrer Make-up-Routine erstarren. Mitunter halten wir an gewissen Techniken fest, die nicht mehr wirkungsvoll oder längst aus der Mode sind. Wenn ich meine Augen auch jetzt noch stark schminken würde, sähe ich aus wie eine Frau, die es seit Ende der fünfziger Jahre versäumt hat, in den Spiegel zu schauen.

Eine ausgezeichnete Möglichkeit, neue Praktiken kennenzulernen und dann gegebenenfalls zu übernehmen, besteht darin, in Kaufhäuser zu gehen und zu experimentieren. Werden neue Produkte eingeführt, sind oft auch Kosmetikerinnen anwesend, die sie an Ihnen demonstrieren. Einige Kaufhäuser verfügen auch ständig über Fachberater, die Ihnen zeigen, wie Make-up angewandt wird. Hätte ich durch meine Arbeit nicht so viel über Make-up gelernt, würde ich dieses Angebot mit Sicherheit nutzen. Aber halten Sie sich bei Ihrem Einkauf an das, was Sie wirklich brauchen – sonst kommen Sie mit einem Jahresbedarf an Kosmetika nach Hause, die Sie nie benutzen!

Das richtige Licht

Bevor Sie mit Ihrem Make-up beginnen, sorgen Sie dafür, daß Sie an Ihrem »Arbeitsplatz« auch das richtige Licht haben. Wenn Sie sich für den Tag schminken wollen, sollten Sie das am besten auch bei Tageslicht tun. Tageslicht ist sehr hart, und wenn Sie sich bei künstlichem Licht für den Tag herrichten, wird Ihr Make-up zu auffällig wirken. Vielleicht begegnen Sie dann und wann einer Frau auf dem Weg zur Arbeit, die zwar sehr nett angezogen ist, aber zwei allzu sichtbare rosa Kleckse auf den Wangen hat. Das ist ein deutliches Zeichen dafür, daß sie sich bei unzulänglicher Beleuchtung, wahrscheinlich unter dem fluoreszierenden Licht des Badezimmers, geschminkt hat. Wenn Sie sich jedoch bei Tageslicht zurechtmachen, werden Sie auch unter fast allen anderen Lichtbedingungen gut aussehen. Aus diesem Grund bemühe ich mich, bei Reisen einen Schminkspiegel nicht zu vergessen. Mit seiner Hilfe kann ich mich dann an einem Fenster herrichten und bin nicht auf irgendein schummriges Bad angewiesen. Wenn Sie den ganzen Tag an einem Arbeitsplatz mit fluoreszierendem Licht verbringen, ist es vielleicht ein ganz guter Rat, einen Taschenspiegel in der Schreibtischschublade aufzubewahren. So können Sie Ihr Make-up überprüfen und sehen, ob die Farbtöne stimmen. Denken Sie auch daran, daß künstliches Licht die Farben von Lippenstift und Rouge verändern kann. Haben diese einen Stich ins Blaue oder Braune, können sie unangenehm düster wirken, während sie bei Tageslicht sehr hübsch aussehen.

Fast überall auf der Welt sind die Lichtbedingungen im Winter anders als im Sommer, und Sie werden sich mit Ihrem Make-up darauf einstellen müssen. Unter dem blassen Winterlicht wird Ihr Gesicht wahrscheinlich ein bißchen mehr Farbe vertragen können. Im Sommer ist das Licht wärmer, und Sie haben vermutlich auch mehr natürliche Farbe, so daß Sie weniger Farbe auf Wangen und Augen auftragen müssen.

Tages-Make-up

Meine Make-up-Gewohnheiten sind ziemlich einfach. Wenn ich bei meiner Familie zu Hause bin, beschränke ich mich auf das absolute Minimum, um die Haut atmen zu lassen. Ich benutze lediglich eine Feuchtigkeitscreme und etwas Rouge für die Wangen. Wenn ich allerdings das Haus verlasse, sieht mein Make-up für den Tag so aus:

Zunächst kommt die Grundierung. Der Zweck einer Grundierung besteht jedoch nicht darin, eine leere Maske zu schaffen, sondern den Hautfarbton an- und winzige Unzulänglichkeiten auszugleichen. Zeigt mein Gesicht natürliche Bräune, hat die Sonne also bereits die Grundierung besorgt, so lasse ich sie völlig aus. Aber wenn ich blaß bin, halte ich eine Grundierung für notwendig. Ein Hauch von Grundierung ist das beste. Bei zunehmendem Alter ist es sogar besser, noch weniger Grundierung aufzutragen, selbst wenn Sie versucht sein sollten, die Menge zu steigern. Viele Frauen begehen den Fehler, ihre Jahre hinter einer

Nachdem ich die Grundierung aufgetragen habe, verreibe ich sie stets mit einem Schwamm und bestäube mein Gesicht dann mit ein wenig Puder, um ihm den Glanz zu nehmen.

Hier mache ich das gleiche – allerdings viele Jahre zuvor. Ich habe früh herausgefunden, daß Gesichtspuder am besten mit einem großen weichen Pinsel aufgetragen wird, weil man so die besten Ergebnisse erzielt.

dicken Make-up-Schicht verbergen zu wollen. Aber die Natur besteht auf der Wahrheit! Wenn Sie zuviel Grundierung anwenden, wird sie sich in Fältchen und Linien festsetzen und sie so mehr betonen als verdecken.

Ich halte es für eine veraltete Vorstellung, die Grundierung gleichmäßig auf dem ganzen Gesicht zu verteilen. Es ist wesentlich wirksamer, sie lediglich dort aufzutragen, wo sie wirklich nötig ist. Bei den meisten Frauen sind das Nase, Kinn und vielleicht auch die Stirn. Es geht darum, jede erhöhte Farbtönung so herunterzu»spielen«, daß sie sich der allgemeinen Farbgebung des Gesichts anpaßt. So ist zum Beispiel die Nase häufig ein wenig kräftiger gefärbt als der Rest des Gesichtes, und die Grundierung gleicht das aus.

Die richtige Grundierung zu finden, ist wichtig für den Erfolg Ihres Make-ups. Beim Kauf der Grundierung probieren Sie den Farbton nicht auf dem Handrücken aus, wie das allgemein üblich, aber falsch ist. Auf dem Handrücken ist die Struktur und die Farbe der Haut anders als im Gesicht. Tragen Sie statt dessen eine Fingerspitze auf Ihre Wange auf. Sie können auch einen anderen Farbton daneben verwenden, um die Farbwirkung zu vergleichen. Achten Sie aber auch auf die Lichtverhältnisse im Geschäft. Sind sie zu sanft oder zu hart, hat das Einfluß auf das Aussehen und die Farbe der Grundierung.

Die meisten Grundierungspräparate in Flaschen trocknen meine Haut zu sehr aus. Ich benutze meine eigene Mischung, eine Creme aus der Tube und einen sehr dunklen Make-up-Stift. Ich streiche mit dem Make-up-Stift über meine Handfläche, drücke einen Klacks Cremegrundierung darauf und vermische beides, bis ich den richtigen Farbton habe. Dann nehme ich einen Schwamm und verteile die Mischung von innen nach außen auf meinem Gesicht. Sollten Sie übrigens, wie so viele Frauen, feine Gesichtshärchen haben, so ist eine feuchtigkeitsangereicherte Grundierung, die leicht schimmert, für Sie günstiger als eine mit einem matten Finish. Tragen Sie die Grundierung in Richtung der Stirnhaare auf, also von unten nach oben, dann liegt sie glatter an der Haut. Wenn Sie die Konsistenz Ihrer Grundierung gern ein wenig verdünnen wollen, so vermischen Sie sie auf Ihrer Handfläche mit einer kleinen Menge Ihrer Feuchtigkeitscreme.

Nachdem ich die Grundierung aufgetragen habe, benutze ich stets einen sauberen Make-up-Schwamm, um sie zu verreiben. Dabei wird der Überschuß der Grundierung wieder entfernt. Es bleibt gerade genug, um meinem Teint einen schimmernden Glanz zu verleihen. Diese Methode macht die Grundierung transparent und läßt sie natürlich erscheinen.

Schließlich bestäube ich mein Gesicht mit ein wenig Puder. So erreiche ich, daß sich die Grundierung »setzt« und zuviel Glanz vermieden wird. Dann bin ich fertig und kann mich den Augen widmen.

Die Augen

Es heißt, daß die Augen das wirkungsvollste Werkzeug eines Schauspielers sind, weil sie unmittelbar und emotional auf ein Publikum einwirken. Wenn Sie sich große Schauspielerinnen und Schauspieler betrachten, werden Sie bemerken, daß die meisten von ihnen einen höchst intensiven Augenausdruck haben. Richard Burton war das beste Beispiel für einen Menschen, der einen mit den Augen in seinen Bann ziehen konnte.

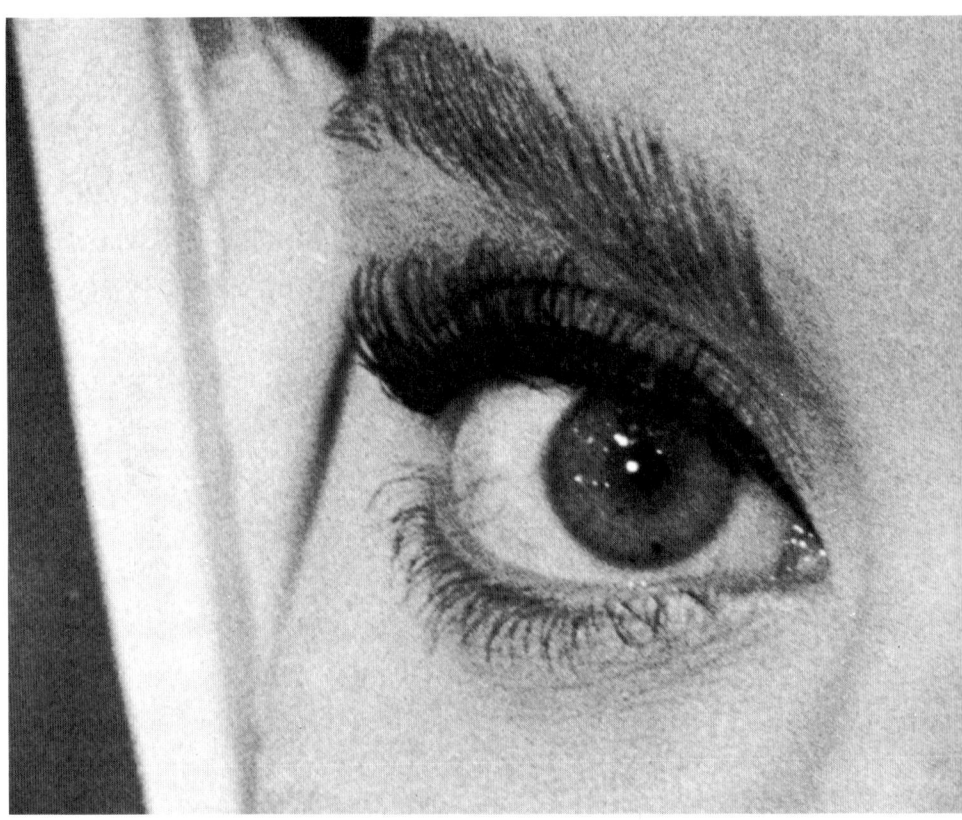

Weil die Augen so wirkungsvoll sein können, bin ich der Meinung, daß sie beim Make-up auch die größte Aufmerksamkeit verdienen. Aber Aufmerksamkeit hat nichts mit Übertreibung zu tun. Wenn ich heute alte Fotos von mir mit diesem wahrhaft dramatischen Augen-Make-up betrachte, gefallen sie mir überhaupt nicht, obwohl ich damals daran gewöhnt war. Aber vielleicht spielte ich meine Augen damals auch nur hoch, um die allgemeine Aufmerksamkeit von meiner Nase abzulenken, die für zu groß gehalten wurde.

Die Übertreibungen beim Augen-Make-up begannen Mitte der fünfziger Jahre mit Audrey Hepburn. Sie besaß wunderschöne große, gazellenähnliche Augen, die sie mit einem kräftigen Make-up zusätzlich betonte. Sie war so beliebt, daß alle Welt wie sie aussehen wollte. Und so wurde es Mode, kräftige Augen-Make-ups aufzutragen. Und als dann 1963 der Film »Cleopatra« herauskam, waren die Menschen so bezaubert von Elisabeth Taylors exotischen, schwarzumrandeten Augen, daß überbetonte Augen fast alltäglich wurden. Ich bin froh darüber, daß sich der Geschmack inzwischen gewandelt hat und heutzutage ein sanfteres, natürlicheres Aussehen Mode ist. Für die meisten Frauen ist es weit schmeichelhafter.

Die größte Herausforderung beim Herrichten meiner Augen bestand für mich darin, ein Make-up zu finden, das auch hielt. Wie die meisten Frauen habe ich Augenlider, die zum Fetten neigen. Die meisten Make-up-Präparate, die ich auf meine Lider auftrug, bildeten sehr schnell Fältchen und verwischten. Schließlich stellte ich fest, daß flüssiges Make-up besser hielt, und ich benutze es jetzt sowohl als Lidschatten wie auch als Eyeliner. Ich bevorzuge einen dunkelbraunen, fast schwarzen Farbton, den ich allerdings dann und wann variiere, indem ich ihn mit Wasser verdünne. Verdünnt und mit einem mittelgroßen Pinsel aufgetra-

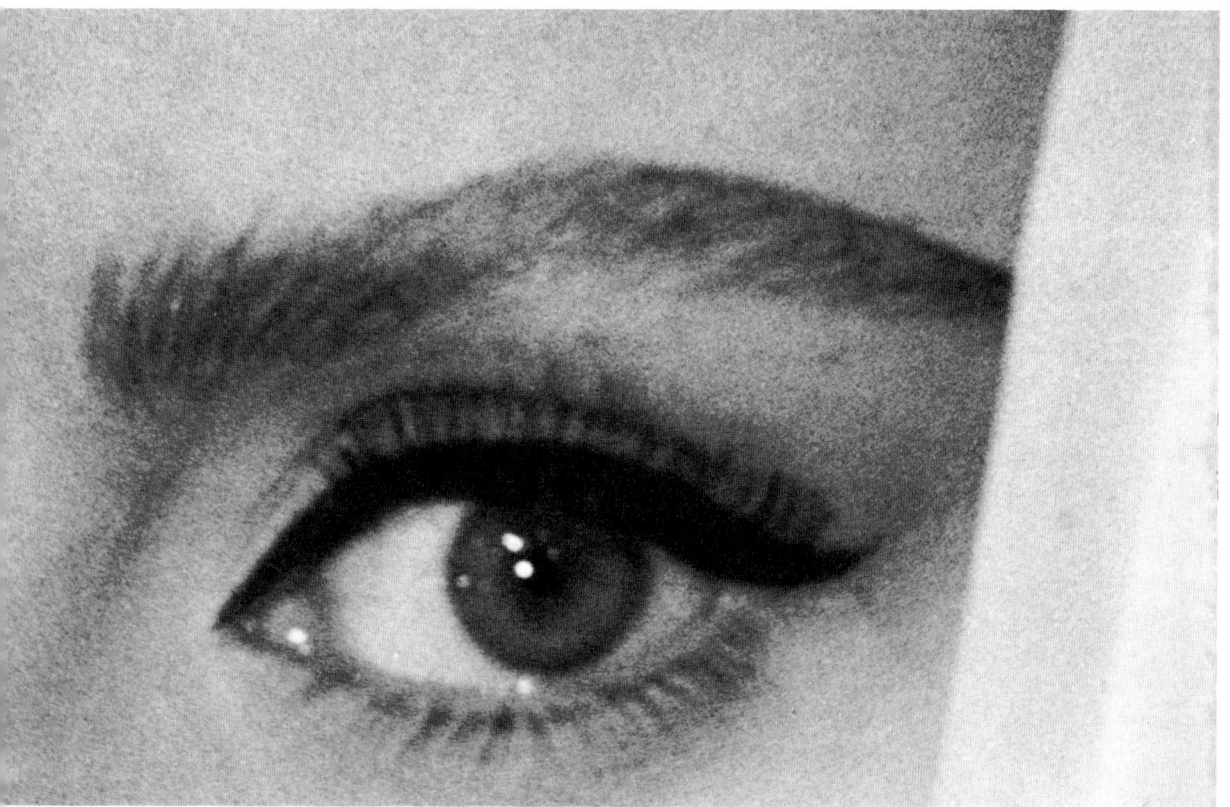

Die Augen einer Schauspielerin sind ihre direkteste Verbindung mit dem Publikum.

gen, erfüllt dieses flüssige Augen-Make-up die Funktion eines Lidschattens. Lasse ich es dagegen unverdünnt und benutze einen feinen Pinsel, so ergibt es einen Eyeliner, den ich direkt über und unter meinen Wimpern auftrage.

Ich habe bei Make-up-Experten gelernt, meine Augenlider zu schminken. Jede Frau muß selbst herausfinden, welche Technik für sie die beste ist. Meine Augen sind am wirkungsvollsten, wenn ich eine dunkle, neutrale Farbe anwende, die ich von den Wimpern aufwärts und auslaufend im Ton verteile.

Sollten Sie übrigens ein helles Abdeckpräparat benutzen, das Sie unter den Augen auftragen, wie ich das gelegentlich tue, seien Sie überaus vorsichtig in bezug auf die Farbe. Ist sie zu blaß, geraten Sie in Gefahr, wie ein Waschbär auszusehen! Der Farbton muß genau stimmen – nur eine Spur heller als die Grundierungsfarbe. Achten Sie auch darauf, wie Sie mit dem Abdeckpräparat umgehen. Die Haut unter Ihren Augen ist die empfindlichste Ihres Gesichts, und es handelt sich um eine Partie, die das Alter am ehesten verrät. Das Gewebe ist sehr dünn und ständig in Bewegung, da Sie blinzeln, lächeln, die Stirn runzeln und lachen. Behandeln Sie die Haut äußerst sanft und klopfen Sie den Abdecker nur mit den Fingerspitzen ein. Ich halte es im übrigen nicht für ratsam, einen Abdeckstift zu benutzen, denn dieser zerrt die Haut zu sehr. Halten Sie sich statt dessen lieber an eine Creme, die Sie so sorgsam verstreichen, daß sie praktisch in Ihrer Grundierung »aufgeht«. Sollten Sie gewisse Probleme damit haben, den Abdecker natürlich aussehen zu lassen, so tragen Sie ihn unterhalb der Ringe unter Ihren Augen auf statt direkt unter den Augen. Das ist häufig wirkungsvoller.

Um zu den Augen zurückzukehren: Nachdem ich Lidschatten und Eyeliner aufgetragen habe, ist es Zeit für die Wimperntusche, die ich reichlich anwende. Schwarze Wimpern verleihen meinen Augen große Intensität. Das gefällt mir. Sollten Sie blond sein und sehr helle Wimpern und Brauen besitzen, werden Sie vermutlich braune Wimperntusche benutzen, aber die meisten Frauen sehen mit Schwarz besser aus. Ich trage Mascara in mehreren Schichten auf, die ich jeweils ordentlich trocknen lasse und ausbürste, damit die Wimpern nicht zu Stacheln zusammenkleben. Für diesen Zweck gibt es spezielle kleine Kämmchen zu kaufen.

Wenn Sie Wimperntusche benutzen, die in einem Stift mit einer kleinen Bürstenspirale steckt, werden Sie vielleicht feststellen, daß die beim ersten Gebrauch allzu feucht und dick ist und sich nur schwer auftragen läßt. Eine Freundin erzählte mir, wie sie dieses Problem löst. Sie läßt neugekaufte Mascara eine Weile liegen, bevor sie sie benutzt. So trocknet die Tusche ein bißchen aus und läßt sich wesentlich besser anwenden.

Brauen sind der Rahmen der Augen. Um sie in die richtige Form zu bringen, bediene ich mich eines Stifts, mit dem ich mich eng an die natürliche Linie halte. Habe ich das Verlangen, ein bißchen unternehmungslustiger auszusehen, mache ich mehr von dem Stift Gebrauch; fühle ich mich heiter und gelassen, so reicht ein federleichter Strich völlig aus. Ich mache zarte Striche mit einem braunen Stift, die wie winzige Haare wirken. Es sieht absolut nicht gut aus, sich dicke Balken über die Augen zu malen – es wirkt zu niederdrückend –, aber zarte Striche können schwachwüchsigen Brauen mehr »Halt« geben. Ebenso lassen sich mit dem Stift kleine Korrekturen in der Liniengebung anbringen. Sollten Ihre Brauen leicht »struppig« wirken, so kann vielleicht ein bißchen Lippengloss, das sie mit einer alten Zahnbrüste auftragen, dazu dienen, sie besser in Form zu halten.

Das Make-up unter der Brille

Eine Brillenträgerin braucht schon etwas Übung, um ihre Augen optimal schminken zu können. Sind Sie weitsichtig wie ich, so vergrößern die Gläser Ihre Augen, und Sie müssen in der Farbgebung zurückhaltender sein. Halten Sie Ihr Make-up sanft und gedämpft und versuchen Sie, harte Linien zu vermeiden. Wenn Sie Eyeliner verwenden, sollte der Strich ein bißchen verwischt wirken und sehr natürlich aussehen. Verzichten Sie auf auffällige, helle Farbtöne – zurückhaltende, neutrale sind die besten. Versuchen Sie auch einmal, ein wenig von Ihrem Wangenrouge sanft auf die Lider zu verteilen – es kann sehr gut aussehen. Sie müssen allerdings darauf achten, Ihre Wimpern sorgfältig zu bürsten, bevor Sie eine neue Schicht Mascara auftragen, weil jede Verklebung, jedes Klümpchen durch die Brille vergrößert wird. Auch Ihre Augenbrauen sollten ordentlich in Form gezupft sein – ich benutze stets Lippenbalsam, um meine Brauen zu richten.

Eine kurzsichtige Frau muß hingegen umgekehrt an die Sache herangehen. Da die Gläser ihre Augen verkleinern, muß sie sie besonders betonen. Dabei kann Eyeliner sehr hilfreich sein. Greifen Sie dabei zu einem neutralen Farbton, auch beim Lidschatten. Sie können es

Wenn Sie Ihre Augenbrauen nachzeichnen, trachten Sie danach, allzu kräftige Linien zu vermeiden. Ich mache winzige Striche mit einem Pinsel und folge dabei gewissenhaft der natürlichen Formgebung.

sich leisten, mehr Lidschatten zu verwenden als eine weitsichtige Frau. Und es gefällt Ihnen vielleicht auch, einen etwas auffälligeren Farbton für die Lider zu wählen, um Ihre Augen zu unterstreichen. Sind Ihre Brauen sehr hell, so benutzen Sie einen Stift, um sie kräftiger erscheinen zu lassen, aber greifen Sie dabei zu keiner allzu dunklen Farbe – das kann nur eigenartig aussehen. Wenn Ihre Brauen außergewöhnlich blaß sind, denken Sie unter Umständen daran, sie sich färben zu lassen. Aber versuchen Sie nie, das allein zu bewerkstelligen – es ist zu gefährlich. Suchen Sie sich einen Schönheitssalon, der das für Sie tut.

Eine Brillenträgerin sollte ihr Wangenrouge erst dann auftragen, wenn sie die Brille aufgesetzt hat. Denn unter den Gläsern könnte die Farbe ganz anders und ungünstig ausfallen. Nachdem Sie sich fertig geschminkt haben, überprüfen Sie noch einmal alles, um ganz sicher zu gehen, daß Farben und Aufmachung auch stimmen.

Die roten Töne

Sind Grundierung und Augen fertig, ist es Zeit für das Rot: die Lippen und die Wangen. Rot bedeutet Leidenschaft und Feuer. Ich liebe es, rot zu tragen, und bin überzeugt, daß diese Farbe für das Gesicht ebenso gut ist wie für das Gemüt. Vielleicht liegt es auch nur an der Verbindung zwischen rot und Blut, die uns an Leidenschaft und Kühnheit denken läßt. Aber was immer auch der Grund sein mag – es stimmt mit Sicherheit. Wenn es also um Lippen und Wangen geht, haben Sie durchaus die Chance, ein bißchen Leidenschaft zum Ausdruck zu bringen – mit gebotener Zurückhaltung, versteht sich.

Bei meinen Lippen habe ich herausgefunden, daß die Leidenschaft, die ich zum Ausdruck bringe, ein glimmendes Feuer und keine lodernden Flammen sein sollte. Ich darf keine emphatischen hellen oder dunklen Rottöne tragen, denn dann würde alle Welt in meinem Gesicht nur noch den Mund sehen. Die Lippenstiftfarbe, die zu Ihnen paßt, hängt ganz von Ihrem Hautton ab. Wenn ich für meine Lippen, die bereits dunkel sind, einen Stift benutze, der auch nur eine Spur von Purpur an sich hat, so wirkt das ausgesprochen übertrieben.

Meinen idealen Lippenstift habe ich vor ungefähr zwanzig Jahren entdeckt. Es ist eine Kombination von rosa und beige, die irgendwie leicht und – meiner Meinung nach – auf meinen Lippen einfach perfekt aussieht. Glücklicherweise paßt sie auch zu den meisten meiner Kleidungsstücke. Ich habe mich in diesen Lippenstift buchstäblich verliebt und trage ihn ständig. Doch dann, vor etwa sieben Jahren, brauchte ich mal wieder Nachschub und mußte feststellen, daß ich mit geborgter Zeit gelebt hatte: Meine Lippenstiftfarbe wurde nicht mehr hergestellt. Zum Glück hatte ich eine Freundin, die bei der Herstellerfirma arbeitete. Sie sammelte alle am Lager noch vorhandenen Lippenstifte meiner Farbe ein und gab sie mir. Ich kann Ihnen nicht sagen, was ich tun werde, wenn sie aufgebraucht sind, aber ich bin sicher, daß die Lösung dieses Problems mir jede Menge Findigkeit und Flexibilität abverlangen wird. Inzwischen bewahre ich sie an einem kühlen Ort und lichtgeschützt auf, damit sie so lange wie möglich halten.

Mitunter muß ich meinen Lippenstift wechseln, weil ich ein Kleidungsstück anziehe, das sich in der Farbe mit dem Stift beißt. Sie sollten so umsichtig sein, den Farbton Ihres Lippenstifts dem Ihrer Kleidung anzugleichen. Im Prinzip vertrete ich zwar die Ansicht, daß

Auch bei den Lippen folge ich der natürlichen Liniengebung, für die Konturen nehme ich einen Farbton, der eine Spur heller ist.

Da ich mein Gesicht besser kenne als jeder Make-up-Experte, ziehe ich vor, mich selber zu schminken.

man nicht allzuviel Gehabe darum machen sollte, ob Kleidung und Make-up auch hundertprozentig übereinstimmen, aber es gibt da ein paar Farben – manche Rot- und Orangetöne – die wirklich nicht miteinander harmonieren. Aber die meisten Frauen haben eine Farbpalette für Make-up und Kleidung, so daß sich dieses Problem meist von selbst löst.

Ich trage Lippenrouge auf konventionelle Weise auf: mit dem Lippenstift. Ich benutze keinen Lippenpinsel, aber ich zeichne die Konturen manchmal mit einem Stift nach, der eine Spur heller ist als der Lippenstift selbst. Dabei halte ich mich an die natürliche Linie meiner

Lippen – ob ich nun den Konturenstift benutze oder nicht. Sicher, mein Mund ist großzügig geschnitten, aber ich sehe keinen Grund dafür, meine Lippen künstlich zu verkleinern.

Die meisten Menschen stellen sich einen geschlossenen Mund vor, der weich und einladend wirkt, wenn sie an Lippenstift denken. Und genau das ist riskant, weil man darüber leicht vergessen kann, wie man aussieht, wenn man lächelt. Die meisten Frauen denken nicht daran, daß ihre Lippenstiftfarbe mit der ihrer Zähne harmonieren muß. Das mag vielleicht nach Erbsenzählerei klingen – bis Sie einmal eine Frau mit hellrotem Lippenstift und gelben Zähnen gesehen haben. Es gibt unendlich viele unterschiedliche Zahnfarben. Fragen Sie Ihren Zahnarzt, wenn Sie mir nicht glauben wollen. Weisen Ihre Zähne einen gelblichen Ton auf, so sollten Sie Lippenstifte vermeiden, deren Farben im dunklen Purpurbereich angesiedelt sind – greifen Sie zu den korallen- und orangeroten. Am einfachsten ist es, wenn Sie beim Kauf eines neuen Lippenstifts beim Ausprobieren lächeln. So werden Sie nicht nur eine genaue Vorstellung davon bekommen, wie der neue Farbton zu Ihren Zähnen paßt - Sie können auch die Verkäuferin hinter dem Ladentisch aufheitern!

Wenn Ich Ihnen nun erzähle, wie ich Farbe auf meine Wangen bringe, werden Sie noch besser verstehen, wie verzweifelt ich sein muß, wenn meine Lippenstiftvorräte aufgebraucht sind. Denn häufig genug benutze ich meinen Lippenstift als Wangenrouge. Mir gefällt es sehr, wenn meine Wangen einen leichten Schimmer haben. Daher nehme ich meinen Lippenstift und husche damit über die Wangenknochen. Das gibt mir genug Farbe und paßt zu meiner Grundierung, aber auch – natürlich! – zu meinem Lippenstift. Dann und wann mische ich einen anderen Farbton hinzu, um die Wangen heller oder dunkler erscheinen zu lassen. Wenn ich allerdings braun bin, sehe ich keinen Grund, überhaupt zusätzliche Farbe aufzutragen.

Mir ist bewußt, daß es viele Regeln dafür gibt, die richtige Farbe für die Wangen zu finden, die auch zum Ton der Haut paßt. Dennoch empfehle ich Ihnen, bei Ihrem nächsten Einkauf von Kosmetika all diese Regeln beiseite zu lassen und ein paar ganz neue Rottöne zu probieren, an die Sie nie zuvor gedacht haben – nur so zum Spaß. Ich habe die Erfahrung gemacht, daß die meisten Frauen sehr festgefahren sind in der Vorstellung, welchen Farbton ihre Wangen tragen sollten: Pink von sechzehn bis sechzig und darüber hinaus. Nie wird ein rosiger oder gelbbrauner Ton überhaupt in Betracht gezogen. Sie könnten aber durchaus überrascht feststellen, welchen »Aufschwung« ein neuer Farbton Ihrem Gesicht verleiht. Auf jeden Fall ist es den Versuch wert, und das Schlimmste, was Ihnen passieren kann, ist, daß Sie beim Verlassen des Geschäfts aussehen wie ein kleines Mädchen, das den Schminktisch seiner Mutter geplündert hat.

Generell haftet Puderrouge besser auf trockener und ein Gel besser auf leicht fettiger Haut. Manche der modernen Gele und Puder legen es darauf an, Ihnen ein Aussehen zu geben, als seien Sie gerade in der Sonne gewesen. Ich habe sie zwar noch nicht ausprobiert, aber eine Freundin sagte mir, daß sie sehr positiv wirken, wenn man sie genau auf den Stellen aufträgt, auf die auch die Sonne fallen würde: auf die Stirn, die Wangenknochen, entlang der Nase und am Kinn. Der Farbton sollte mit leichter Hand aufgetragen und gut verrieben werden. Meine Freundin hält sich an diese Technik, wenn sie in ein warmes Land auf Urlaub fährt. Die zusätzliche Farbe erspart ihr das bleiche Aussehen eines Neuankömmlings während der ersten beiden Urlaubstage.

Das Make-up für den Abend

Am Abend ändert sich einiges an den Regeln für das Make-up. Auch die innere Einstellung ist unterschiedlich: Einmal werden Sie beeindrucken wollen, ein anderes Mal verführerisch sein. Aber in jedem Fall wollen Sie so attraktiv wie möglich aussehen – ob nun für die Gästeschar einer Party oder den Menschen, der in Ihrem Leben am meisten zählt. Ich bin bei meinem Abend-Make-up verspielter, dramatischer oder amüsanter als am Tage. Ich bin zwar nie wirklich extrem, aber ich bin eher geneigt, einmal etwas Ungewöhnliches auszuprobieren. Lassen Sie Ihrer Phantasie freien Lauf, wenn Sie sich für den Abend herrichten; achten Sie jedoch darauf, daß Sie dabei nicht übers Ziel hinausschießen. Sie wollen doch nicht »unmöglich« aussehen – Sie wollen ganz besonders aussehen.

Die erste Überlegung, die Sie für Ihr Abend-Make-up anstellen sollten, gilt der Beleuchtung. Für mich ist das besonders wichtig, denn wenn ich in der Öffentlichkeit auftrete, sind da auch stets Fotografen. Daher muß ich auch mit meinem Make-up für den Abend sehr zurückhaltend sein. Blitzlichter sind so hart wie Tageslicht, und wenn mein Make-up zu kräftig ist, sehe ich hinterher auf den Fotos aus wie ein Clown. Aber in den meisten Fällen wird das Licht abends gedämpfter und schmeichelnder sein als das Tageslicht. Ob es sich nun um Kerzenschimmer handelt oder um die gedämpfte Beleuchtung in einem Restaurant oder bei einer Dinnerparty – es erlaubt Ihnen größere Freiheit, kräftigere Farben und extravagante Schnörkel anzuwenden. Sie können mehr Farbe auf die Wangen auftragen, einen dunkleren Lidschatten, mehr Mascara und mehr Lippenstift. Der Abend ist die einzige Tageszeit, zu der ich einen farbenfreudigeren Lidschatten benutze. Während des Tages halte ich mich an zurückhaltende, neutrale Töne, aber abends kann ich ein bißchen Farbe auf die Augen bringen – und es sieht gut aus.

Einer der Gründe, weshalb Ihr Make-up am Abend durchaus auffälliger sein sollte, ist, daß Sie dann auch Kleidung tragen, die anders ist als das, was Sie sich tagsüber anziehen. Wenn Sie zum Beispiel Schmuck anlegen, und sei das nur schlichter Modeschmuck, so muß Ihr Make-up damit dennoch Schritt halten können. Ihr Gesicht sollte nicht untergehen im Gefunkel Ihrer Ohrringe oder einer Kette. Ihr Gesicht muß aber auch mit einem eleganten Kleid harmonieren. Wenn eine Frau im Abendkleid ein Tages-Make-up trägt, wird es mit Sicherheit so aussehen, als würde sie das Kleid nur mal anprobieren und nicht wirklich tragen.

Das Abend-Make-up bietet die großartige Gelegenheit, einen Traum oder eine Wunschvorstellung zu realisieren. Es ermuntert uns alle dazu, zur Schauspielerin zu werden. Die Frau, die den Tag in einem Kostüm und mit nur einem Hauch von Wimperntusche und Lippenstift verbringt, kann sich am Abend in eine Abenteurerin mit brennenden Augen und rubinroten Lippen verwandeln. Die Krankenschwester kann zur Prinzessin werden, die pflichtbewußte Mutter eine Dame von Welt. Die Möglichkeiten sind nahezu unbegrenzt. Dieses Element der Phantasie ist für eine Frau sehr wichtig und sollte nicht ignoriert werden. Der Abend ist nicht die Zeit der Scheuen und Unauffälligen. Selbst wenn Sie in hochgeistigen Gesprächen nicht glänzen können, sollten Sie doch mit einem Make-up glänzen, das aller Welt mitteilt, daß Sie eine Frau mit Geheimnissen und Überraschungen sind.

Wenn Sie so sonnengebräunt sind, können Sie es sich leisten, weniger Make-up aufzulegen.

Mode und Stilgefühl

Versuchen Sie einmal, sich vorzustellen, was es für mich als Kind bedeutete, immer in abgelegten Kleidern und mit dem Spitznamen *stuzzicadente* (Zahnstocher) herumzulaufen und das Gefühl zu haben, das Leben bestenfalls von einem Fensterplatz aus betrachten zu können. Und dann, wie es scheint, ganz plötzlich, werden Sie von Journalisten belagert und arbeiten mit den bestaussehenden Männern Ihrer Zeit und führen ein Leben in erstaunlichem Luxus.

Wenn ich an das Kind zurückdenke, das ich gewesen bin, kommt mir mein Leben wie ein Märchen vor. Ich habe großes Glück gehabt. Wenn ich Ihnen meine Lebensumstände als Kind schildere, dann will ich auf keinen Fall Mitleid erregen – ich bin dankbar für die Erfahrung der Armut –, sondern ich will Ihnen verdeutlichen, was für eine Umstellung es für mich gewesen ist, mich plötzlich auf großen Parties wiederzufinden, berühmte Leute kennenzulernen und in eine Welt zu reisen, die mir wenige Jahre zuvor so fremd war wie das Leben auf dem Mond.

Wie Sie sich sicher vorstellen können, hatte ich eine Menge über Modedinge zu lernen. Wenn Ihnen der Kontrast zwischen meiner Jugendzeit und meinem frühen Erfolg bekannt ist, werden Sie mir zustimmen, daß ich die Welt kultivierter und ausgefeilter Mode als absolute Novizin betrat. Und alles, was ich mir aneignete, mußte ich durch Erfahrung und Beobachtung mühsam lernen. Ich bin noch immer keineswegs das, was man als ausgesprochene Modeexpertin bezeichnen könnte, aber ich kann auf harte und lange Erfahrungen verweisen. (Eine Frau, die in der Lage ist, Kleider von Dior in »Arabeske« und Kreationen von Balmain in »Die Millionärin« zu tragen und dabei nichts über Stilgefühl lernt, wäre in der Tat mehr als dumm!) Daher bin ich froh, Ihnen ein paar der Dinge zu vermitteln, die ich mir schwer erarbeiten mußte.

Zurück zur Einfachheit

Als Mädchen von zehn oder elf Jahren waren für mich der Inbegriff einer gutgekleideten Frau Rita Hayworth oder Dorothy Lamour in herrlichen Abendkleidern, glitzernd vor Juwelen und mit Pelzen behängt. In meinen Augen war das der Gipfel der Frauenschönheit. Als ich dann mit etwa vierzehn Jahren in Rom mit meiner Arbeit begann, sah ich mich der Realität gegenüber. Ich konnte mir ein Abendkleid ebensowenig leisten wie eine Flugreise. Ich hatte einfach kein Geld für feine Kleidung. Schmuck und Pelze waren etwas, wovon ich nur träumen konnte. Dennoch brauchte ich etwas Passendes zum Anziehen, um wichtige Leute kennenzulernen oder Vorstellungsgespräche zu führen. Und so fand ich gezwungenermaßen heraus, daß Einfachheit der Kern der Eleganz ist. Diese Lektion vergaß ich zwar eine Zeitlang,

nachdem ich Erfolg hatte, erinnerte mich später aber wieder daran und verhalte mich heute entsprechend. Ich halte das für eine der wichtigsten Lektionen, die eine Frau in puncto Mode lernen kann.

Damit ich in jenen frühen Tagen in Rom etwas anzuziehen hatte, was mich praktisch nichts kostete, aber den ganzen Tag bis in den Abend hinein und zu jeder Gelegenheit angebracht war, färbte ich meinen dunkelblauen Rock und meine weiße Bluse schwarz. Selbst mein Taschentuch wurde schwarz. Das war die einzige Lösung, die mir einfiel, um zu einer Garderobe zu kommen, die mich nichts kostete. Und es funktionierte. Ich konnte in meinen schwarzen Sachen überall hingehen, und die Schlichtheit meiner Erscheinung war sehr elegant. Selbst wenn ich von Frauen in teuren, farbigen Kleidern umgeben war, fühlte ich mich wohl in meinem schwarzen Aufzug. Vielleicht haben auch Sie schon festgestellt, daß eine Frau, die zu irgendeiner Gelegenheit eine Spur zu einfach angezogen ist, häufig ausgesprochen selbstsicher und entspannt wirkt. Das war mir nicht bewußt, als ich jung war – aber jetzt weiß ich es. Damals war es für mich die einzige Möglichkeit. Ich wußte nur, daß es sich für mich auszahlte.

Später, nachdem ich berühmt geworden war, legte ich meine einfachen, schwarzgefärbten Sachen ab und lebte die Wunschträume meiner Jugend aus. Ich kaufte mir wundervolle Abendkleider. Ich liebte Pelze, besonders langhaarige Pelze – Fuchs zum Beispiel. Und ich kaufte einen Cadillac in einem sehr hellen, blauen Farbton; für mich war es das, was es hieß, ein Star zu sein. Wenn man aus der Armut kommt, dauert es lange, bis man begreift, daß man seine Wohlhabenheit nicht zur Schau zu stellen braucht – selbst wenn man über genug Geld verfügt, sich all das kaufen zu können, was man sich wünscht. Es ist nicht nötig, Juwelen und Pelze zu tragen, um elegant und erfolgreich auszusehen.

Obwohl in meinem Fall der Sprung von der Armut zum Reichtum extrem kraß war, glaube ich, daß der Wert der Schlichtheit etwas ist, was jede Frau begreifen sollte. In den vergangenen fünfzehn Jahren habe ich festgestellt, daß das, was einfach und bequem ist, üblicherweise auch das Beste ist. Das ist kein Versuch der Selbstzucht. Es ist mehr die allmähliche Einsicht in das, was wirklich attraktiv ist.

Andere, mehr ins Detail gehende Dinge über Mode lernte ich von meinen Filmauftritten. Wenn Sie sich selbst auf der Leinwand sehen, sind Sie förmlich zur Erkenntnis gezwungen, was Ihnen steht und was nicht. Sie haben beständig das Image vor Augen, das die Umwelt von Ihnen hat. Die Kamera ist sehr kritisch – weit kritischer als das menschliche Auge –, und sie zeigt Ihre Fehlerpunkte unerbittlich auf. Wenn Sie nicht die richtigen Schuhe tragen, das passende Make-up oder die richtige Kleidung, fällt das sofort auf.

Nach all meinen mannigfaltigen Erfahrungen mit Kleidung bin ich zu dem Schluß gekommen, daß Eleganz und Stil die optimalen Modeziele sind. Sie sind die Maßstäbe, die Sie bei Ihrer Wahl leiten sollten, nämlich den Stil zu finden, der zu Ihnen persönlich paßt, dabei aber auch klassisch schön ist.

Ein Hauch vom »großen Leben« – als elegante, verwitwete Gräfin in »Lady L« mit David Niven (1965).

Eleganz

Für mich ist »Eleganz« in der Mode die klassische Tradition von zeitloser Schönheit und Anmut.

Falls Sie herausfinden wollen, ob diese Definition von Eleganz tatsächlich zutrifft, habe ich einen Vorschlag zu machen. Nehmen Sie eine alte Modezeitschrift zur Hand – sie kann zwei, zehn oder auch zwanzig Jahre alt sein. Wenn Sie durch die Seiten blättern, werden Ihnen viele der Kreationen eigenartig oder sogar komisch vorkommen. Sie werden Röcke entdecken, die so weit sind, als seien dafür ganze Stoffballen verarbeitet worden, überbetonte Schulterpar-

81

tien und extrem variierende Rocklängen. Aber Sie werden auch feststellen, daß manche Kleidungsstücke auf andere Weise hervorstechen. Sie wirken so elegant, als könnte das Modell jeden Moment dem Magazin entsteigen und auf die Straße treten. Diese Kleider folgen für gewöhnlich einer Art klassischer Linie. (Das Chanelkostüm ist das bekannteste Beispiel dafür.) Weil sie heute noch ebenso ins Auge stechen, wie schon vor vielen Jahren, sind sie wirklich elegant.

Vielleicht muß man eine gewisse Reife besitzen, um Eleganz in der Mode zu bevorzugen. Meine Nichte hatte es sich angewöhnt, eine Kleidung zu tragen, die ich ausgesprochen bizarr fand – sackförmige Hosen und eigenartige Oberteile, in denen sie aussah wie ein Bauer zur Erntezeit. Aber wenn ich sie irgendwann einmal darauf ansprach, reagierte sie gewöhnlich mit: »Und warum ziehst du dich an wie eine alte Frau?« Es ist wohl eine ganz natürliche Metamorphose. Ich habe ja auch nicht ganz plötzlich begonnen, mich wie eine »alte Frau« anzuziehen. Wenn man jung ist, will man alles ausprobieren. Man trägt Sachen, die schon wenige Monate später hoffnungslos aus der Mode sind. Man trägt jede nur erdenkliche Farbe und alle möglichen aufregenden Kombinationen. Man ist geradezu wild auf Experimente und für gewöhnlich zufrieden, mit den Wölfen zu heulen. Aber schließlich beginnt man doch, einen Stil zu finden, der einem steht. Und wenn man schließlich reifer geworden ist, und sicherlich gibt es einige sehr junge Frauen, die in Sachen Mode schon ziemlich reif sind, stellt man fest, daß ein zeitloser Look eigentlich das primäre Ziel der Mode ist. Zu diesem Zeitpunkt werden Sie Eleganz wirklich zu schätzen wissen.

Bei dem Gedanken an Zeitlosigkeit fällt mir sofort der eleganteste Mann überhaupt ein: Cary Grant. Er ist auf vielfältige Art ein Ideal der Eleganz. Hochgewachsen und schlank, bewegt er sich mit natürlicher Anmut. Natürlich gibt es nicht viele Männer, die ein Gesicht wie Cary Grant haben. Aber – soweit es die Mode anbelangt – kann ich Ihnen versichern, daß er noch genau die gleichen Sachen trägt wie im Jahre 1956, als ich ihn bei den Dreharbeiten zu »Stolz und Leidenschaft« kennenlernte. Nun gut, er mag sich inzwischen neue Anzüge oder Pullover zugelegt haben! Aber er war der erste Mann, den ich jemals in diesen ungefütterten Sommerjacketts sah und in diesem herrlichen Nadelstreifen-Look, den man heutzutage überall sieht. Seine Erscheinung hat eine zeitlose Qualität, die wirklich elegant ist.

Elegante Mode ist immer auch bequem. Der zu tiefe Ausschnitt, die zu enge Taille, der Hut, der so groß ist, daß er ständig in Gefahr schwebt, beim kleinsten Windstoß die Straße hinunterzurollen – sie sind nicht elegant. Anmut in der Bewegung ist ein wichtiges Merkmal der Eleganz. Und selbstverständlich sind Sie nicht anmutig, wenn Sie mit einem Ärmel kämpfen, der Ihnen von der Schulter zu rutschen droht, oder in einem Rock stecken, in dem Sie nicht laufen können. Als mustergültiges Beispiel von Eleganz und Bequemlichkeit erscheint mir die Kleidung, die Tony Asquith getragen hat, als er für den Film »Die Millionärin« Regie führte. Tony ist die Inkarnation eines kultivierten Mannes: redegewandt, gut erzogen, stets liebenswürdig und rücksichtsvoll. Es ist ein Vergnügen, mit ihm zu arbeiten. Als Regisseur war er den ganzen Tag auf den Beinen, und während der gesamten Drehzeit trug er den gleichen ausgeblichenen Jeansanzug. Es war schon ein merkwürdiger Kontrast – der Gentleman im Jeans-Look –, aber ich habe nie einen Mann so leger und doch elegant erlebt.

Jean Cocteau, der französische Dichter und Schriftsteller, sagte einmal: »Eleganz ist die

Mit Peter Sellers in »Die Millionärin« (1960).

Herausgeputzt für ein Werbefoto (1969)

Kunst, nicht zu verblüffen.« Das gilt für die Mode ebenso wie für alles andere auch. Grace Kelly war eine Frau, die eine gewisse hoheitsvolle Eleganz betonte, die nie durch ihre Kleidung überschattet wurde. Der Schmuck und die Pelze, die ich mir früher einmal gekauft habe, mögen luxuriös gewesen sein – elegant waren sie nicht immer. Eleganz spricht eine leise

Sprache. Sie hat mit Harmonie mehr zu tun als mit Sensation. Vielleicht war ich damals in meinem einfachen schwarzen Rock und Bluse mit dem schwarzgefärbten Taschentuch eleganter, als ich es je in einem Fuchspelz sein könnte. Aber das ist eine Lehre, die man erst mit der Zeit zu ziehen lernt, und sie zu begreifen ist eine der Freuden des Älterwerdens.

Stil

Stil ist der ganz persönliche Akzent, den Sie Ihrer Kleidung geben, um sich selbst auszudrücken.

Geht es bei der Eleganz um Harmonie, so geht es beim Stil um Individualität. Nehmen Sie zum Beispiel Elizabeth Taylor oder Barbra Streisand. Die Art, wie sie sich kleiden, kann nicht unbedingt als elegant im konventionellen Sinne bezeichnet werden. Und dennoch haben sie ein einmaliges Gespür dafür, wie sie aussehen wollen, und einen sehr persönlichen Stil, der über Mode an sich hinausgeht. Eine Frau mit Stil ist jemand, der das Beste wählt, was für ihn erhältlich ist; und der dann seinen eigenen, unverwechselbaren *touch* hinzufügt, um es einmalig zu machen. Wenn Sie über Stil verfügen, dann wissen Sie, wie man einen Trend, eine Mode für sich passend macht. Manche Frauen bedienen sich dazu eines Tuches, eines Huts, oder sie tragen einen Schmuck auf ungewöhnliche Art. Stil kann sowohl eine Laune als auch Spaß sein. Es kann alles sein, was Ihre Persönlichkeit ausdrückt. Mitunter kann ein elegantes Aussehen auch mit einem ausgeklügelten Nebeneinander erreicht werden: einer luxuriösen Bluse, die zu Jeans getragen wird, zum Beispiel.

Stil kann man nicht kaufen. Manche werden damit geboren, viele andere entwickeln ihn mit der Zeit. Auf jeden Fall hat er nichts mit großen Geldausgaben zu tun. Wir haben doch alle schon die Verkäuferin gesehen, die auf ihrem Weg ins Geschäft ihr reizendes Baumwollkleid mit einem wie zufällig befestigten Tuch und einem schicken Hut vervollständigt hat. Das ist Stil.

Ein paar Mode-Leitlinien

Stil und Eleganz sind beide so schwer zu definieren. Aber wir erkennen sie sofort, wenn wir sie sehen. Eine Sache ist jedoch entscheidend, wenn Sie Stil und Eleganz erlangen wollen: Aufmerksamkeit fürs Detail.

Ich schlage nicht etwa vor, daß Sie lange Stunden mit der

Eine klassische, zeitlose Ausstattung, die Sie zu allen Gelegenheiten tragen können.

Inspektion Ihrer Garderobe verbringen, um dann einkaufen zu gehen. Ich ermutige Sie im Gegenteil dazu, erst einmal gründlich nachzudenken, bevor Sie zur Tat schreiten. Überlegen Sie sorgfältig, bevor Sie etwas kaufen. Prüfen Sie die verschiedenen Kombinationsmöglichkeiten der Kleidungsstücke, die Sie bereits besitzen. Denken Sie über alles nach, was Sie anziehen. Sie brauchen die einzelnen Stücke nicht passend zueinander zu erwerben, müssen aber wissen, wie sie zusammen wirken. Mitunter ist hierbei Aufmerksamkeit fürs Detail vonnöten, daß Sie nämlich zum Beispiel einige Schmuckstücke ablegen, weil sie zu auffällig sind, oder daß Sie sich eine kleine Brosche ans Revers des Mantels stecken, um ihm mehr Farbe zu geben. Manchmal ist auch weniger Make-up angebracht, oder eine schlichtere Frisur. Ich habe eine Freundin, die ihre langen Haare gewöhnlich am Hinterkopf zusammenfaßt. Aber statt eines einfachen Gummibandes besitzt sie dafür eine ganze Sammlung bunter Bänder. Diese kleinen Dinge sind es, die den großen Unterschied ausmachen.

Wie wir alle nur allzu gut wissen, ist die Mode einem ständigen Wechsel unterworfen. Coco Chanel, dieses große Modegenie, sagte einmal: »Mode ist die Sache, die bald wieder aus der Mode ist.« Erinnern Sie sich noch an den Minirock oder den Folklore-Look? Etwas, was heute absolut *in* ist, kann schon morgen lächerlich aussehen. Aber wenn das so ist – wie kann man dann ein Aussehen zeitloser Eleganz erreichen? Sollte man die Modeströmungen total ignorieren?

Es gibt vier wichtige Überlegungen, die Sie anstellen sollten, bevor Sie etwas kaufen. Wenn Sie über jeden dieser Begriffe nachdenken und darüber, wie sie zu Ihrem persönlichen Lebensstil passen, dann sind Sie für den Einkauf besser gerüstet. Und mit der Zeit gelangen Sie zu fast unbewußten Leitlinien, die Sie davon abhalten werden, falsche Entscheidungen zu treffen. Ich sollte ruhig zugeben, daß Planen nicht meine Stärke ist, wenn es um meine Kleidung geht, aber ich bemühe mich immer, wenigstens eine Minute lang über die vier Punkte nachzudenken, bevor ich etwas kaufe. Und diese Punkte sind: Qualität, Lebensstil, Farbe und Persönlichkeit.

Qualität

Um ein elegantes Aussehen zu erreichen, müssen Sie ein Auge für Qualität entwickeln.

Qualität bedeutet nicht, daß ein Kleidungsstück teuer sein muß. Es bedeutet, daß der Stoff, der Schnitt, die Verarbeitung, die Farbe und der Stil Ihrer Kleidung so gut sein sollten, wie Sie es sich nur leisten können. Prüfen Sie also die Nähte und Säume, bevor Sie etwas kaufen; aber auch, ob das Muster paßt, und befühlen Sie den Stoff, ob er Ihnen zusagt. Kleidung, die schlecht fabriziert und von minderem Material ist, wird Ihnen nicht schmeicheln – egal wie teuer sie auch sein mag. Und – sie wird nicht halten. Sie sind sehr viel besser dran, wenn Sie Stücke von bester Qualität erwerben – nicht nur, weil sie länger halten, sondern auch, weil Sie sich darin beim Tragen jedesmal wohlfühlen. Ich habe mir einmal ein paar einfache schwarze Hosen gekauft, die mir recht teuer erschienen. Aber sie saßen so gut, daß ich ihnen nicht widerstehen konnte. Mit der Zeit wurden sie meine Lieblingshosen, denn jedesmal, wenn ich sie trug, fühlte ich mich hervorragend. Und sie waren jeden Pfennig wert, den ich dafür ausgegeben hatte, weil ich sie noch trug, als andere, billigere Stücke längst ausrangiert waren.

Heutzutage ist der Einfluß hervorragender Modeschöpfer überall auf der Welt spürbar. Die Hersteller scheinen schließlich doch eingesehen zu haben, daß preiswerte Mode nicht billig auszusehen braucht. Sie müssen nicht reich sein, um sich qualitativ gute Dinge leisten zu können. Natürlich sind manche Kleidungsstücke sündhaft teuer – wenn ich manchmal die Preise in den Modezeitschriften sehe, kann ich kaum glauben, daß es Leute gibt, die sich so etwas leisten können. Es ist eine Sache, eine Menge Geld für ein atemberaubendes Abendkleid auszugeben, aber wie soll man den horrenden Preis für eine einfache Bluse oder einen Pullover rechtfertigen? Dennoch können Sie, wenn Sie vorsichtig planen und einen geschulten Blick haben, Kleidung finden, die Ihnen für lange Zeit Eleganz und Stil verleiht.

Eine gute Gelegenheit, etwas über Eleganz zu erfahren, bietet sich, wenn Sie das teuerste Geschäft in Ihrer Gegend aufsuchen. Sollten auch nicht alle Kleidungsstücke erstklassig sein, die dort angeboten werden – viele sind es doch. Sie brauchen nichts zu kaufen, sehen Sie sich nur um. Und lassen Sie sich nicht von den Verkäuferinnen einschüchtern. Die sind dazu da, Ihnen zu helfen. Befühlen Sie die Stoffe, achten Sie auf die Farben und probieren Sie die Stücke an, die Ihnen gefallen. So ein Besuch wird viel dazu beitragen, Ihren Sinn für Güte zu schärfen.

Einer der größten Fehler beim Kleiderkauf liegt meiner Meinung nach darin, daß die Frauen die Sachen ein bißchen zu eng kaufen. Wenn Sie Haute Couture-Modelle betrachten oder einen Blick in Modezeitschriften werfen, werden Sie sehr schnell feststellen, daß die Mannequins selten Dinge tragen, die ihnen eng am Körper sitzen. Qualitätskleidung weist im Schnitt immer eine gewisse Großzügigkeit auf. Schließlich geht es auch darum, einen Stoff zur Wirkung zu bringen. Bei engen Kleidungsstücken kann der Stoff nicht »fließen«, und das ist ein Kennzeichen billiger Mode. Selbstverständlich gibt es auch Modelle, die vom Stil her einfach eng sitzen müssen. Aber wenn Sie das nächste Mal eine Hose, ein Kleid oder eine Bluse kaufen, achten Sie auf einen großzügigen Schnitt und versuchen Sie nicht, sich in eine Größe zu zwängen, die niemand beeindruckt außer der Kassiererin, die das Etikett sieht.

Lebensstil

Heutzutage führen wir Frauen ein ziemlich kompliziertes Leben. Wir halten uns zu Hause auf, wir arbeiten in Büros, wir erledigen Besorgungen mit dem Auto, wir kümmern uns um die Kinder, wir kochen – oft alles am selben Tag. Wir brauchen deshalb Kleidung, die bequem, unkompliziert und leicht zu tragen ist.

Setzen Sie Ihren Kleidungsetat für den Bereich ein, in dem Sie die meiste Zeit verbringen. Sind Sie ganztags berufstätig, so geben Sie Ihr Geld hauptsächlich für Berufskleidung aus. Manche Frauen gehen in die Falle, eine Menge Geld für formelle oder Abendgarderobe auszugeben, die sie nur wenige Stunden im Monat oder Jahr tragen. Das ist Wunschdenken. Wenn Sie nicht häufig formelle Kleidung benötigen, dann geben Sie auch nicht viel Geld dafür aus. Oder suchen Sie sich ein herrliches, vielseitiges Stück für den Abend, das zwar teuer ist, das Ihnen aber Jahr um Jahr gute Dienste leisten wird.

Ich kaufe Haute-Couture-Modelle, weil ich sie zu beruflichen Anlässen brauche. Zweimal im Jahr gehe ich los und wähle mir ein paar neue Stücke für meine Garderobe aus. Dabei

Mir gefallen Kleider, die der Bewegung viel Raum lassen.

konzentriere ich mich auf jene Modeschöpfer, die die Fähigkeit besitzen, Kleidung anzufertigen, die elegant und gleichzeitig lässig ist. Es ist durchaus schwierig, Stücke zu finden, die beiden Ansprüchen gerecht werden.

Völlig unabhängig davon, wo Sie Ihre Kleidung kaufen, lassen Sie mich Ihnen in Erinnerung rufen, daß Sie feste Vorstellungen von dem haben sollten, was Sie wirklich wollen. Mitunter machen wir unsere schlimmsten Einkaufsfehler auf Veranlassung eines Menschen, der unseren Geschmack nicht genau teilt. Ich erinnere mich daran, daß Balmain für mich ein wunderschönes rotes Kleid anfertigte, das ich himmlisch fand, solange es auf dem Bügel hing, das ich aber haßte, als ich es am Leib hatte. Es war eng, und ich verabscheue enge Kleider. Obwohl er und auch andere mir versicherten, wie hervorragend ich in dem Kleid aussähe, fühlte ich mich nie wohl darin und konnte mich nie dazu durchringen, es anzuziehen.

Verbringen Sie Ihren Tag zu Hause, sollten Sie den Löwenanteil Ihres Geldes für attraktive, lässige Kleidung verwenden. Schlüpfen Sie nicht einfach jeden Tag in Jeans, weil Sie »ja doch niemand zu Gesicht bekommt«. Das ist ausgesprochen demoralisierend. Jeans sind sehr hübsch – ich trage sie häufig –, aber sie werden leicht zur Uniform. Legen Sie Ihr Geld in ein paar einfachen aber stilvollen Sachen an, die Sie am Morgen gern tragen und den ganzen, geschäftigen Tag über anbehalten können. Kürzlich habe ich entdeckt, wie bequem und vielseitig Trainingsanzüge sein können. Ich besitze sie in vier lebhaften Farben. Wenn ich den ganzen Tag zu Hause bleibe und meinen diversen Beschäftigungen nachgehe, trage ich sie äußerst gern. Wie mit Jeans sollte man auch damit nicht übertreiben, aber sie sind an einem geschäftigen Morgen kaum zu schlagen, wenn Sie sich abhetzen müssen, um die Kinder zur Schule zu befördern.

Vergessen Sie auch nicht, sich abends für den Mann Ihres Lebens möglichst attraktiv zu machen – auch wenn Sie sich nur gemeinsam vor den Fernsehapparat setzen. Es mag verlockend sein, einfach in einen alten Bademantel zu schlüpfen, wenn man nach einem anstrengenden Tag nach Hause kommt. Wenn Sie es gern bequem haben, kaufen Sie sich einen eleganten Hausmantel. Sie werden sich darin soviel besser fühlen, daß Ihre Abende wesentlich angenehmer verlaufen. Als ich einmal im Fernen Osten war, entdeckte ich dort herrlichen Seidenstoff. Ich kaufte ein paar Meter und ließ mir Kaftane daraus anfertigen. Zu Hause trug ich sie fast pausenlos – ich habe sogar darin geschlafen. Da ich Sachen verabscheue, die allzu eng am Körper anliegen, hat mir die fließende Linie besonders gut gefallen. Das war eine wirklich gute Investition, weil ich sie sehr häufig anhatte und ich mir darin stets attraktiv vorkam – selbst wenn ich das Abendessen anrichtete. Ich halte es für sehr wichtig, ein paar Kleidungsstücke zu besitzen, die hübsch, aber auch bequem sind.

Farben

Die meisten Frauen stellen irgendwann fest, daß ihnen ein paar Farben wirklich gut stehen, und dann neigen sie dazu, sie immer wieder zu kaufen. Ich bin eine von ihnen. Ich halte das auch durchaus für gut. Aber wenn Sie auch dazu gehören, werden Sie – wie ich – mit der Zeit versucht sein, auch einmal etwas in einer anderen Farbe zu erstehen. Man wird es einfach müde, stets und ständig nur die gleichen Farbtöne vor Augen zu haben. Nun, es ist immer gut

Blue jeans, kombiniert mit einem schicken Hemd und Stiefeln, können sehr wirkungsvoll sein.

zu experimentieren, und vielleicht finden Sie für sich eine neue Farbe, die Ihnen gut steht. Aber lassen Sie sich nicht von Verkäufern in die Irre führen, die Ihnen Pink aufschwatzen, weil in diesem Jahr alles pink ist. Sie wissen selbst am besten, was gut für Sie ist.

Hier ein Tip, den Sie sich für den Fall merken sollten, daß Sie über die Farben neuer Kleidungsstücke zu entscheiden haben: Achten Sie darauf, beim Einkauf das richtige Make-up zu tragen. Manche Farbtöne sehen nicht sehr gut aus, wenn man nur einen Hauch von Make-up aufgelegt hat, sie können jedoch bei etwas kräftigeren Make-ups durchaus wirkungsvoll sein. Das stellte ich bei Filmarbeiten fest, da mußte ich manchmal Farbtöne tragen, von denen ich überzeugt war, sie würden absolut scheußlich an mir aussehen. Und wenn ich die Kostüme ohne Make-up anprobierte, sahen Sie auch schlimm genug aus. Aber hatte ich erst einmal Grundierung, Rouge und Augen-Make-up aufgelegt, wirkten sie ausgesprochen hübsch. Das trifft besonders für Töne aus der Rot-Skala zu. Der rote Pullover, den Sie ohne Make-up anprobieren, läßt Sie ausgesprochen fade und nichtssagend aussehen, aber unter einem zurechtgemachten Gesicht kann er umwerfend sein.

Wie Sie wissen, ist Schwarz eine meiner besten Farben. Ich helle meine schwarzen Kleider mit einem farbigen Tuch auf, aber ich fühle mich in Schwarz stets sicher und elegant. Als ich mich selbst auf der Leinwand betrachtete, fand ich heraus, daß mich auch Weiß und Rot ausgesprochen gut kleiden. Klare, kühne Farben scheinen mir am besten zu stehen.

Purpur ist die einzige Farbe, die ich nie trage – es sei denn als gelegentlichen Farbakzent. Es ist eine zu grelle Farbe für mich. Außerdem herrscht in Italien unter Schauspielern der Aberglauben, daß es Unglück bringt. Ich glaube zwar nicht wirklich daran, möchte das Schicksal aber auch nicht herausfordern. Ich erinnere mich, daß Vittorio de Sica Purpur verabscheute. Während der Dreharbeiten zu »Lady L« wohnte ich in Nizza im Hotel Negresco, das einen Salon besitzt, in dem alles mit purpurnem Samt ausgeschlagen ist. Als de Sica mich im Hotel besuchte, führte man ihn in den purpurnen Salon. Er geriet außer sich, und ich fand ihn schließlich am anderen Ende des Hotels, wo er sich von seinem Purpurschock erholte.

Wenn Sie unsicher sind in bezug auf die Wirkung von Farben, experimentieren Sie, aber holen Sie auch den Rat von Freunden ein. Manchmal ist es ziemlich schwer, selbst zu beurteilen, wie einem eine Farbe steht. Denken Sie daran, daß auch ein Wechsel Ihrer Haarfarbe die Farbe Ihrer Kleidung anders wirken läßt. Und mit zunehmendem Alter verändert sich auch Ihr Hautton: Das Dunkelblau, das Ihnen als Zwanzigjährige so blendend stand, kann ausgesprochen fade aussehen, wenn Sie vierzig sind.

Eines ist sicher: Neutrale, gedeckte Farben sind immer elegant. Darüber hinaus ist es für gewöhnlich sicherer, einfarbige Stoffe zu wählen als bedruckte. Farbige Drucke lassen sich schwieriger harmonisieren und wirken leicht ein bißchen billig, wenn sie nicht sehr geschmackvoll sind. Das ist zwar keine absolute Regel – man kann durchaus herrliche farbige Drucke entdecken –, aber man sollte es dennoch beherzigen.

Wenn Sie erst einmal die Farben entdeckt haben, die Ihnen stehen, bleiben Sie dabei. Natürlich werden Sie auch ein bißchen experimentieren und andere Töne als Farbtupfer ausprobieren wollen. Aber es ist wichtig zu wissen, welche Farbpalette zu Ihnen paßt, und danach Ihre Kleidung zu wählen. So sparen Sie beim Einkauf nicht nur Zeit, sondern vermeiden auch Fehlgriffe, und Sie werden feststellen, daß alles in Ihrer Kleidung harmonisiert.

*Die Farbe Weiß lernte ich lieben, nachdem ich mich darin auf der
Leinwand gesehen hatte – hier in »Die Dame und der Killer«.*

Selbstdarstellung

Die Kleidung ist eines der direktesten Mittel der Kommunikation. Wenn Sie eine Frau in Jeans, Tennisschuhen und T-Shirt sehen, wissen Sie bereits etwas über sie, ohne auch nur ein Wort mit ihr gewechselt zu haben. Und wenn Sie einer Frau im Schneiderkostüm begegnen, mit einem schicken Hut und Aktenköfferchen, stellen Sie auch bestimmte Vermutungen über sie an. Jane Fonda und Dolly Parton haben – jede für sich – ihre eigene Art, sich zu kleiden. Und selbst wenn Sie über keine von beiden etwas wissen, sondern ihnen nur auf der Straße begegnen, können Sie schon durch das Betrachten ihrer Kleidung gewisse Rückschlüsse ziehen.

Wir alle bedienen uns der Mode, um der Umwelt etwas über uns mitzuteilen. Und es ist wichtig herauszufinden, was Ihre persönliche Botschaft ist und ob sie auch zutreffend ist. Mitunter können Frauen ganz unbeabsichtigt provokativ oder abweisend durch ihre Kleidung wirken. So etwas wird aber nicht nur die Reaktion der Umwelt beeinflussen, sondern auch ihr Selbstvertrauen und ihr Selbst-Image. Ich habe auf einer Party einmal eine Frau erlebt, die ein flammend rotes Kleid trug, das bis zur Hüfe hinauf geschlitzt war. Ihr Dekolleté war atemberaubend. Das wäre alles gut und schön gewesen, wenn die Frau auf diese Wirkung auch ausgewesen wäre. Aber sie war es nicht. Sie verbrachte den ganzen Abend damit, sich zu fragen, wie sie denn mit den Reaktionen fertig werden sollte, die sie herausgefordert hatte, und sie fühlte sich höchst unbehaglich.

Seine Persönlichkeit zum Ausdruck zu bringen, sollte Spaß machen. Es gibt die Möglichkeit, kreativ und kapriziös zu sein. Es kann ein großes Vergnügen sein, die jeweiligen Stimmungen in der Kleidung auszuleben – mitunter unterstreichend, mitunter ausgleichend. Wenn Sie sich niedergeschlagen fühlen, kann ein fröhliches Kleid Sie dazu bringen, die Welt wieder heiterer zu sehen. Sind Sie romantischer Stimmung, so kann eine herrlich weiche Bluse oder ein fließendes Gewand Ihrer Einstellung ein Glanzlicht aufsetzen und Ihnen das Gefühl geben, Sie seien eine unwiderstehliche Herzensbrecherin. Ich hatte einmal ein Paar hellrote Kniestrümpfe, ein Geschenk von einer Freundin. Sie waren an den Seiten mit nautischen Symbolen bestickt. Jedesmal, wenn ich sie trug, fühlte ich mich heiter und beschwingt, weil sie so lustig wirkten.

Selbstdarstellung hat sehr viel mit Stilgefühl zu tun. Es ist Ihre persönliche Note, der Welt zu zeigen, was einmalig und unverwechselbar an Ihnen ist, bietet aber auch die Chance, Ihre Garderobe zu variieren. Vielleicht besitzen Sie ein Kleid in einer gedeckten Farbe, das Sie sehr lieben. Wenn Sie am Tag dazu ein Tuch um den Hals oder einen Ledergürtel tragen, fühlen Sie sich wohl und behaglich. Für den Abend können Sie Tuch und Gürtel durch eine Kette und Ohrringe ersetzen und sind in demselben bequemen Kleid perfekt für ein Abendessen auswärts gekleidet. Und ein anderes Mal, wenn Sie sich frei von Konventionen fühlen, können Sie auch zu einem auffallenden Armband oder Zigeunerohrringen greifen und sich immer noch wohlfühlen – wenn auch diesmal ein bißchen verwegen.

Die perfekte Garderobe

Die meisten Frauen hegen einen Traum, wenn es um ihre Garderobe geht. Darin öffnen sie einen Schrank – einen riesigen, vieltürigen Schrank – und Tausende von teuren Blusen, Pullovern, Jacken und Kleidern bieten sich ihren Augen dar. Jedes einzelne Stück ist exquisit und paßt perfekt. Statt nur zwei oder drei Lieblingsstücken haben sie gleich Tausende davon – selbstverständlich mit den dazu passenden Schuhen. Sie verfügen über so viele Kleidungsstücke, daß sie ihre Wahl nicht danach treffen müssen, was gerade sauber und gebügelt ist, sondern frei nach Lust und Laune. Ein enges, sexy Kleid für das Mittagessen mit einem alten Boyfriend. Ein gemusterter Baumwollpullover, um die Kinder von der Schule abzuholen. Ein seidener Kaftan mit glitzerndem Schmuck für den Abend daheim. Ich weiß, wie diese Frauen sich fühlen, denn ich hatte diesen Traum auch. Aber ich hatte auch die Möglichkeit, ihn auszuleben, und kann Ihnen über die Wirklichkeit berichten.

Wenn ich Ihnen lediglich einen einzigen Rat in puncto Mode geben dürfte, so wäre es der, den Traum vom unbegrenzten Kleiderschrank zu vergessen und sich statt dessen die Vorstellung von der kleinen, aber perfekten Garderobe zu eigen zu machen. Die meisten von uns sind einfach zu raffgierig, wenn es um Kleidung geht. Und das kann nur dazu führen, daß wir uns unablässig unbefriedigt fühlen. Wir glauben, um wirklich glücklich zu sein, dieses oder jenes Stück unbedingt haben zu müssen. Dabei wäre es weit besser, sich klarzumachen, daß es eine Begrenzung für das gibt, was man wirklich tragen kann. Entscheidend ist, was Sie tatsächlich brauchen. Und wenn Sie kaufen, dann nur das Beste.

Schaffen Sie sich eine Grundgarderobe von bestmöglicher Qualität, ersetzen Sie die Stücke, die abgetragen sind, und schwelgen Sie in Accessoires. Mit dieser Einstellung wird eine Frau stets elegant und kultiviert aussehen. Sie wird weniger Zeit in tiefer Verzweiflung vor ihrem Kleiderschrank verbringen und sowohl Mühen als auch Geld sparen. Geben Sie den Gedanken an mehr Kleidung auf und fangen Sie lieber an, über Ihre wenige, aber perfekte Garderobe nachzudenken.

Der Kleiderkauf

Ich muß gestehen, ich gehe nicht gern Kleider kaufen. Ich finde es aber schön, hübsche Sachen zum Anziehen zu haben – und ich brauche sie ja auch für meinen Beruf sowie für mein häusliches Leben –, und so bin ich sehr systematisch, was meine Einkäufe angeht. Wenn auch Sie nicht gern einkaufen gehen und wenn Sie nicht viel Zeit zu verschenken haben, ist es durchaus der Mühe wert, eine eigene »systematische« Methode zu entwickeln.

Früher habe ich Kleider ganz impulsiv gekauft. Mir gefiel irgend etwas in einem Geschäft, ich probierte es an, und wenn es mir auch noch stand, nahm ich es mit nach Hause. Doch in den meisten Fällen stellten sich diese Einkäufe als Fehler heraus. Die Sachen hingen in meinem Schrank, wurden nie getragen, und ich hatte immer ein schlechtes Gewissen, wenn ich sie sah. Eines Tages hatte ich eine Auseinandersetzung mit Carlo junior. Er wollte ein neues Spielzeug, das er in irgendeiner Werbung entdeckt hatte. Ich sagte, daß er nicht alles haben könne, was ihm gerade gefiel. Ich erklärte ihm, daß er bereits Unmengen von Spielzeug habe

95

und lernen müsse, mit dem auszukommen, was er bereits besaß. Als ich das nächste Mal in einem Geschäft den Impuls verspürte, etwas zu erstehen, mußte ich an meine Worte zu Carlo denken. Ich benahm mich wie ein Kind und griff nach allem, was mir gerade ins Auge stach. Ich machte mir klar, daß ich endlich eine realistischere Einstellung zu Einkäufen finden mußte. Es konnte nicht mehr so weitergehen mit den wahllosen Käufen, die mich zurückließen mit einem Schrank voller Kleidungsstücke, die ich nie anzog – genau wie ein Kind mit allzuviel Spielzeug.

Meine Methode ist, mit der Planung zu beginnen – die, wie ich schon zugestanden habe, nicht gerade meine Stärke ist. Aber was mir wirklich Spaß macht, noch bevor ich überhaupt daran denke, etwas zu kaufen, ist die Lektüre der Modezeitschriften. Selbst wenn ich nicht auf der Suche nach etwas bin, sehe ich mir überaus gern die Abbildungen an. Diese Phantasie und dieser Luxus... Bin ich mit dem Flugzeug unterwegs, reiße ich heimlich, wenn niemand zusieht, die Fotos heraus und nehme sie mit. Bei den meisten dieser Modebilder würde ich nie an einen Kauf denken, aber sie haben durchaus einen Einfluß auf meine spätere Wahl: Außerdem halten sie mich in der Modewelt auf dem laufenden.

Zunächst einmal sollte man vermeiden, ein Geschäft aufzusuchen, ohne vorher klare Vorstellungen von dem zu haben, was man eigentlich will. Dies wäre der falsche Weg, der dazu führte, Ihren Kleiderschrank mit Sachen zu füllen, die Sie nie tragen. Die Zeitschriften geben Ihnen Informationen über das, was angeboten wird und wo es zu haben ist. Selbst wenn Sie die Hälfte Ihrer Einkaufszeit zu Hause beim Durchblättern von Modezeitschriften verbringen sollten, bin ich doch der Meinung, daß diese Zeit gut genutzt ist.

Bevor Sie ein Geschäft betreten, sollten Sie erst einmal überprüfen, was Sie bereits besitzen. Es wäre eine glatte Verschwendung, sich in jeder Saison eine komplett neue Garderobe anzuschaffen. Selbst wenn Sie das nötige Geld dazu haben, was bei den meisten Leuten mit Sicherheit nicht der Fall ist, heißt das doch, daß Sie noch immer nicht den Stil gefunden haben, der Ihnen am besten steht. Wenn Sie sich für das für Sie richtige Kleidungsstück entscheiden, werden Sie auch feststellen, daß Sie es über Jahre hinaus tragen können.

Unterziehen Sie Ihre Garderobe einer sorgfältigen Prüfung. Suchen Sie jene Stücke heraus, die Sie besonders gern tragen. Denken Sie darüber nach, wie man neue Sachen mit alten kombinieren könnte. Überlegen Sie, welches Paar alte Hosen durch eine neue Bluse aufgemöbelt werden könnte. Bedenken Sie, ob eine neue Jacke genau das richtige wäre, um ein altes Kleid ganz aktuell aufzufrischen. Das kann durchaus der vergnügliche Teil der Mode sein. Es ist eine Herausforderung und verlangt Ihnen Phantasie und Vorstellungskraft ab.

Erst nachdem Sie all diese modischen Nachforschungen angestellt haben, sind Sie wirklich vorbereitet, ein Geschäft zu betreten, denn nun sollten Sie wissen, wonach Sie suchen. Sie werden keine Zeit mit ziellosem Herumwandern vergeuden. Sie wissen, was Sie wollen, und sind nicht versucht, unnütze und überflüssige Dinge zu kaufen.

Denken Sie bei Ihren Einkäufen an die Gesamtausstattung: Wenn Sie ein neues Kleid kaufen, sollten auch Schuhe, Tücher, Gürtel oder was Sie sonst noch haben, dazu passen. Und wenn Sie dennoch einem Stück absolut nicht widerstehen können, das Sie aus dem Impuls heraus erstehen, so achten Sie darauf, daß es mit Ihrer sonstigen Garderobe harmoniert und nicht etwa eine sinn- und nutzlose Laune bleibt. Das kann bedeuten, daß Sie zu der

Bluse, in die Sie sich gerade verliebt haben, auch eine passende Hose brauchen. Das mag zwar teuer sein, ist aber immer noch besser, als eine einzelne Bluse zu besitzen, die Sie zwar lieben, die aber zu nichts paßt.

Nachdem ich Ihnen jetzt lang und breit erzählt habe, wie praktisch ich im Hinblick auf Einkäufe zu sein versuche, muß ich gestehen, daß es vorkommt – meist, wenn ich mit einer Freundin unterwegs bin –, daß ich in einem Geschäft versucht bin, irgendein Einzelstück zu kaufen, das mir gerade gefällt. Aber jedesmal frage ich mich dann doch, ob ich es auch wirklich tragen werde und ob es zu den Sachen paßt, die ich bereits besitze. Lautet die Antwort in beiden Fällen ja, so kaufe ich es. Und ich stelle häufig fest, daß diese kleinen Einkäufe meine Garderobe ideal ergänzen. Nur ganz selten verliere ich mein Herz an eine Sache, die weder besonders stilvoll noch elegant ist. Vermutlich ist das so, als fühlte man sich zu einem Mann hingezogen, von dem man genau weiß, daß er für einen nicht gut ist. Aber dann und wann macht es eben Spaß, Warnungen in den Wind zu schlagen. Und mitunter bestätigen Ausnahmen die Regel.

Die elegante Uniform

Jede Frau erlebt irgendwann einmal die düstere Stunde, daß sie vor ihrem Schrank steht und verzweifelt zum Himmel schreit: »Ich habe nichts anzuziehen!« Nach meiner Erfahrung sind es meistens die Frauen, deren Kleiderschränke förmlich überquellen. Und was die Verzweiflung noch größer macht, sind Frustration und Schuldgefühle. Schließlich ist es doch auch ein Beweis dafür, daß sie nicht gerade weise eingekauft haben. Überdies vertrete ich die Ansicht, daß diese Frauen eine unheilvolle Vorliebe für einen bestimmten Kleidungstyp hegen. Alles, was sie kaufen, ähnelt sich in gewisser Weise. Und wenn es dann darauf ankommt, können sie sich nicht entscheiden, was sie anziehen sollen. Wenn auch Sie eine besondere Neigung für etwas haben, dann sollten Sie sich zunächst einmal dessen bewußt werden, um dann das Beste daraus zu machen.

Ich habe eine Vorliebe für Bequemlichkeit. Stil, Farbe und Angemessenheit zählen für mich zwar auch sehr viel, aber sie kommen erst nach dem Anspruch absoluter Bequemlichkeit. Mir geht es vor allem darum, meine Kleidung »vergessen« zu können, nachdem ich sie angezogen habe. Ich hasse ein Tuch, an dem man dauernd herumziehen muß, damit es richtig sitzt, oder einen Taillenbund, der kneift, oder einen Rock, der sich einem um die Beine wickelt. Aus meiner Vorliebe für Bequemlichkeit habe ich mit meinem Konzept der »eleganten Uniform« eine Tugend gemacht. Für mich ist das eine Ausstattung, die gut aussieht, einfach und bequem ist und zu jeder Tageszeit getragen werden kann. Vielleicht war der schwarzgefärbte Rock und die Bluse, die ich als junges Mädchen getragen habe, der Beginn einer lebenslangen Gewohnheit!

Das Beste an einer »eleganten Uniform« ist, daß sie es unnötig macht, am Morgen zu überlegen, was man anziehen soll, was eine schreckliche Zeitverschwendung wäre. Eine »elegante Uniform« erleichtert mir das Anziehen und vermittelt mir das Gefühl, gut auszusehen, weil sie mir einfach steht. Außerdem: Wenn ich mich in meiner Kleidung wohlfühle, läuft der ganze Tag viel besser.

Wenn die Kleidung gut ist, achtet man auf die Person, nicht auf die Sachen. Das ist eine grundsätzliche Lehre der Mode, und die »elegante Uniform« paßt mit Sicherheit da hinein. Aber Sie müssen sie sorgfältig auswählen: »elegant« ist dabei ebenso wichtig wie »Uniform«.

Meine Lieblings-Uniform beginnt mit einer gut geschnittenen schwarzen Hose. Ich probiere es manchmal auch mit anderen gedämpften Farben, aber Schwarz paßt zu allem und steht mir nun einmal am besten. Entdecke ich Hosen, die mir gut gefallen, kaufe ich gleich zwei oder drei Stück. Mit ihnen kombiniere ich ein Oberteil, das gerade zu meiner Stimmung paßt oder zu dem, was der Tag für mich bereithält. Ich kann eine farbenfrohe Seidenbluse ebenso tragen wie ein einfaches Baumwollhemd. Es ist sehr einfach, das Formelle der Ausstattung zu verändern, indem man Oberteil und Accessoires variiert.

Ich liebe Hosen. Ich halte sie für eine der großen Errungenschaften der modernen Frau. Das mag vielleicht frivol klingen, aber denken Sie doch einmal darüber nach. Hosen ermutigen uns eher dazu, ein aktives und erfolgsorientiertes Leben zu führen als unpraktische, aufwendige Kleidung, die uns ebenso einschränkt wie ein immer nur ans Haus gebundenes Leben. Dennoch darf man eine Sache nicht vergessen. Hosen müssen gut geschnitten sein und perfekt sitzen. Kleine Mängel, die mit einem Rock kaschiert werden können, werden durch Hosen noch betont.

Im Winter trage ich zu meiner »eleganten Uniform« Stiefel. Ich liebe Stiefel und trage sie fast ständig. Sie sind stilvoll und bequem, und sie halten meine Füße warm und trocken.

Farbenfrohe Tücher sind Akzente, die ich der Abwechslung halber gebrauche. Will ich ausgehen, werde ich mir vielleicht einen hübschen, bedruckten Schal um den Hals schlingen. Mit Stiefeln und einem schwarzen Trenchcoat bin ich dann auf alles gut vorbereitet.

Wenn auch Sie sich eine »elegante Uniform« zulegen wollen, stellen Sie zunächst einmal fest, wo Ihre modische Vorliebe liegt. Haben Sie vielleicht einen Sinn fürs Dramatische? Dann kaufen Sie sich doch einen Modeschmuck wie große Ohrringe oder einen gloriosen Schal. Oder haben Sie eine Vorliebe für die »große« Aufmachung? Dann erstehen Sie ein Accessoire – einen Gürtel, ein Tuch oder auch eine Jacke – das umwerfend flott ist. Mit diesen Accessoires wird Ihre Uniform stets elegant sein, und überdies sind Sie in der Lage, sich schnell und problemlos zu kleiden.

Kreative Accessoires

Accessoires sind Gegenstände, die Ihre Garderobe vervollkommnen und Ihr Aussehen abheben vom Gewöhnlichen. Sie sind es, die den letzten Schliff geben. Mit Geld kann man herrliche Kleidung kaufen, aber es bedarf der Einbildungskraft und des Stilgefühls, um Accessoires richtig einzusetzen.

Mit nur ein paar Accessoires von hoher Qualität können Sie Ihre Garderobe sehr elegant ausstatten. Selbst wenn Sie sich finanziell einschränken müssen, können Sie mit einem Paar guter Stiefel, einem herrlichen Tuch oder feinen Handschuhen einem schlichten Kleid einen Hauch von Luxus verleihen. Selbstverständlich können Sie diese Accessoires auch zu anderen Ausstattungen tragen, und wenn Sie gut wählen, können Sie lange davon profitieren. Gute Accessoires sind eine ausgesprochen gute Mode-Investition.

Meine persönliche »elegante Uniform« – gutgeschnittene schwarze Hosen – hier kombiniert mit einer hellroten Bluse.

Eines meiner populärsten Star-Fotos – aufgenommen Mitte der siebziger Jahre.

Und schließlich geben Accessoires Ihrer Garderobe einen ganz persönlichen *touch*. Es ist durchaus möglich, daß mehrere Frauen das gleiche Kleid besitzen, aber Accessoires verleihen ihm das gewisse Etwas. Mit Accessoires können Sie eine Stimmung ausdrücken oder einen unverwechselbaren Eindruck vermitteln. Sie bieten Ihnen die Möglichkeit, Ihre Kreativität und Ihre Phantasie einzusetzen.

Parfüm, das intime Accessoire

Wie Seide, Wein und frische Blumen gehört Parfüm für mich zu den notwendigen Luxusgütern des Lebens. Das besonders Positive an Parfüm ist, daß es eine so große Wirkung auf Ihre Stimmung hat, daß es Selbstvertrauen und Glanz, Romantik und Eleganz mit einem Hauch vermittelt.

Haben Sie gewußt, daß unsere Erinnerung an Gerüche genauer und dauerhafter ist als die der anderen Sinne? Wir haben es alle schon einmal erlebt, daß uns ein Duft in die Kindheit zurückversetzt, so klar und deutlich, daß es uns verblüfft. Auf mich übt der Geruch des Meeres diese Wirkung aus. Ein anderer Duft, der für mich eine durchaus beschwörende Qualität hat, ist der Geruch eines Stalles. Vielleicht bringt er mich in die Ställe meiner Kindertage zurück, wo meine Mutter während des Krieges für mich Milch geholt hat. Wenn ich einen Stall rieche, fühle ich mich sogar heute noch warm, behaglich und umsorgt. Parfüm ist etwas ganz Eigenes, Persönliches, eine persönliche Handschrift, und mit dem Parfüm sind viele Erinnerungen verbunden.

Wählen Sie Ihr Parfüm sorgfältig aus und übereilen Sie die Entscheidung nicht. Parfümduft ist wie edler Wein, der erst atmen muß, bis er Vollkommenheit erreicht. Es dauert ungefähr eine halbe Stunde, bis sich das Aroma voll auf der Haut entfaltet. Sie können also nicht einfach in ein Kaufhaus gehen, an ein paar Duftnoten schnuppern und entscheiden. Das Beste ist, wenn Sie einen einzigen Duft ausprobieren, ihn ein paar Stunden lang tragen und dann erst entscheiden, wie Sie sich mit ihm fühlen. Am nächsten Tag können Sie dann ein anderes Parfüm ausprobieren. Schließlich werden Sie das am besten für Sie Passende finden.

Über den Gebrauch von Parfüm heißt es, daß man mit »Liebe und Parfüm nicht geizen« sollte. Es kann eines der gefühlsmäßig anziehendsten Accessoires sein. Benutzen Sie es großzügig. Und da es sehr teuer sein kann, sollten Sie es entsprechend hüten. Sonnenlichteinwirkung beeinträchtigt es ebenso wie extreme Hitze oder Kälte. Ist die Flasche erst einmal geöffnet, kann sich der Duft durch die Einwirkung von Sauerstoff verändern. Es heißt, daß Parfürm eine Lebensdauer von drei Jahren hat, aber ich halte es für ratsamer, nur den Bedarf für höchstens ein Jahr zu decken. So können Sie sicher sein, daß die Beschaffenheit gut ist.

Schmuck

Als sich mit meinen Filmen der erste Erfolg einstellte, begann ich Schmuck zu kaufen und zu tragen. Für mich war Schmuck ein Statussymbol. Schmuck ließ mich glauben, daß für mich der Traum endlich wahr geworden war. Er repräsentierte Erfolge und Errungenschaften.

Doch dann hatte ich diese schrecklichen Aufregungen um meine Juwelen. Zweimal wurde

Ich halte es für sehr attraktiv, verschiedene Schmuckarten miteinander zu kombinieren.

ich beraubt. Und nach diesen bösen Erfahrungen trage ich keinen echten Schmuck mehr. Steine von derartigem Wert sind keine Besitztümer, sondern eine Bedrohung. Man muß sie versichern lassen und auf sie achten, wenn man sie in der Öffentlichkeit trägt, und man muß sich dauernd Sorgen um sie machen. Ich finde, das Leben ist heutzutage schwierig genug, und ich sehe keinen Sinn darin, es wegen ein paar Steinen und etwas Metall noch zusätzlich zu komplizieren. Daher trage ich, bis auf ein paar außergewöhnliche Anlässe, bei Auftritten in der Öffentlichkeit oder wenn es mit meiner Arbeit zusammenhängt, keine echten Juwelen mehr. Und wenn schon Juwelen, dann Leihstücke. Ich trage sie einen Abend lang, und am nächsten Morgen gehen sie wieder dorthin zurück, wo sich jemand anderes Sorgen um sie machen kann.

Ein weiteres Problem im Zusammenhang mit teurem Schmuck besteht darin, daß Sie Gefahr laufen, daß die Menschen Ihren Schmuck mehr beachten als Sie selbst. Ich habe schon oft gehört, daß eine Frau auf einer Party zu einer anderen sagte: »Lieber Himmel, haben Sie die Kette gesehen, die sie da trägt?« Das heißt, daß der Zierrat wichtiger geworden ist als der Mensch. Ich mag es nicht, Juwelen zu tragen, die ihres Preises wegen Beachtung finden. Und es gefällt mir gar nicht, daß Schmuck von mir selbst und meinem Aussehen ablenkt. Eine Kette, ein Paar Ohrringe sollten den Glanz Ihrer Erscheinung steigern, aber nicht wegen ihres Preises – schließlich sind sie nur Ornament und nicht mehr.

Dennoch trage ich Schmuck durchaus gern, weil er das Aussehen vervollständigt und dem Gesicht schmeichelt. Daher trage ich falsche Edelsteine. Glücklicherweise gibt es heute Modeschmuck, der so hervorragend gemacht ist, daß man ihn kaum von echtem Schmuck unterscheiden kann. Selbstverständlich sind gute Imitationen nicht gerade billig, aber sie sind bei weitem nicht so teuer wie die echten Stücke, und Sie brauchen sich keine Sorgen zu machen, wenn Sie sie anlegen.

Ein Fehler, den man beim Tragen von Schmuck vermeiden sollte, ist der, zu viele zusammenpassende Dinge auf einmal anzulegen. Ein Armband und eine Kette und Ohrringe und dazu noch Ringe, die zusammenpassen, sehen oft genug wirklich langweilig aus. Variieren Sie Ihre Kombinationen, um ein größeres optisches Interesse zu erregen. Denken Sie auch daran, die Anzahl der Stücke zu beschränken. Manche Frauen lassen sich dazu verleiten, allzuviel Schmuck anzulegen, und das lenkt von ihrer Erscheinung ab, anstatt sie zu bereichern.

Hüte

Ich muß eine ausgesprochene Schwäche für Hüte haben – ich habe bereits unendlich viele in meinem Leben besessen! Sie gefallen mir sehr, weil sie sowohl lustig als auch aufsehenerregend sein können. Hüte können Ihnen ein elegantes, aber auch drolliges Aussehen verleihen. Trägt eine Frau einen Hut, so ist sie nicht so leicht zu vergessen. Und nichts gibt einer Ausstattung so sehr den letzten Schliff wie ein Hut. Ein Hut schützt Ihr Haar bei Wind und Wetter, und an Tagen, an denen Sie keine Zeit haben, sich groß um Ihre Haare zu kümmern, kann ein Hut eine elegante »Tarnkappe« sein.

Ich hatte das Glück, in Paris einen Mann kennenzulernen, der in der Tat ein Hutkünstler ist. Jean Barthet nimmt Stroh, Filz oder auch Papier zur Hand und modelliert vor Ihren Augen wie

Ich liebe Hüte in einfach jeder Form und Größe.

Mein Freund Jean Barthet ist ein wahres Genie in der Kunst des Hutmachens.
Hier bin ich mit ihm in den sechziger Jahren in Paris.

ein Bildhauer etwas, das schließlich ein herrlicher, bezaubernder Hut wird, der genau richtig für Sie ist. Wir wurden gute Freunde, und immer, wenn ich einen Hut brauche, gehe ich zu ihm. Er schuf einen Hut – Casquette genannt – nur für mich. Ich besitze Casquettes in verschiedenen Pelzarten, und ich trage sie seit nunmehr zwanzig Jahren. Barthets Genie besteht darin, daß jeder Hut, den er anfertigt, der Kundin schmeichelt. Er verdient keine Unsummen, weil er – wie ein Künstler – alle Arbeiten mit der Hand erledigt. Er hat übrigens eine Serie von Hüten für amerikanische Modefirmen wie Bloomingdale's geschaffen.

Hutkäufe in einem Warenhaus mit einer großen Auswahl können ein großer Spaß sein, besonders wenn Sie mit einer Freundin hingehen. Sie können von Hut zu Hut schlendern und probieren, was immer am Lager ist, ohne erst groß auf eine Umkleidekabine warten zu müssen. Es gibt ein paar Hutarten – zum Beispiel Baretts – die, wie ich glaube, jeder Frau stehen. Wenn Sie sich jedoch für eine ungewöhnliche Form entscheiden wollen, müssen Sie in Ihrer Wahl sorgfältig vorgehen. Achten Sie darauf, daß Krempe und Krone im richtigen Verhältnis zu Ihrem Gesicht und Ihrer Frisur stehen. Manche Gesichter »schrumpfen« durch eine riesige Krempe, und andere wiederum wirken durch eine große Krone allzu riesig. Prüfen Sie außerdem, ob die Proportionen des Huts mit Ihrer Gesamterscheinung übereinstimmen. Manchmal kann ein großer Hut eine sehr kleine Frau buchstäblich erdrücken, während ein zu kleiner Hut an einer hochgewachsenen Frau praktisch verschwindet. Probieren Sie also Hüte

106

Die Dreharbeiten zu »Arabeske« boten mir sehr viele Möglichkeiten, meiner Leidenschaft für Schuhe zu frönen.

vor einem lebensgroßen Spiegel aus, um sicherzugehen, daß sie mit Ihrer Größe harmonieren.

Außerdem sollten Sie darauf achten, daß die Art Ihres Hutes zu Ihrer Stimmung paßt. Ich habe Frauen mit sehr melancholischen Gesichtern gesehen, die ausgesprochen lustige Hüte trugen – und das ist ein Mißverhältnis. Sie brauchen die richtige »Einstellung« zu Ihrem Hut, sonst kann er nie ein Erfolg werden.

Achten Sie beim Kauf eines Hutes auch darauf, daß er mit Ihrer sonstigen Garderobe übereinstimmt. So sollten Sie keine extravagante Kreation zu einem eher sachlichen Kostüm aufsetzen oder eine sportliche Kappe zu einem eleganten Kleid.

Einen Typ Sommerhut, der zu den meisten leichteren Kleidungsstücken paßt und den ich für einfach wundervoll halte, ist der Strohhut. Ein Hut aus Naturstroh wirkt stets frisch und unprätentiös. Mit ein paar Blumen oder einem farbigen Band kann er Ihnen durchaus das Gefühl vermitteln, ein junges Mädchen im Frühling zu sein.

Schuhe

Sollte ich eine Ader für Extravaganz in mir haben, dann durch mein Faible für Schuhe. Vielleicht sehe ich in Schuhen unbewußt eine Art von Skulptur, und das sind sie ja auch tatsächlich – manche sind ausgesprochene Kunstwerke von exquisiter Paßform, mit delikaten Riemchen, raffinierten Absätzen und Fußkappen. Ich finde sie unwiderstehlich und vervollständige meine Kollektion ständig. Vielleicht werde ich eines Tages ein Schuhmuseum eröffnen, um dieser vernachlässigten Kunstrichtung mehr Beachtung zu verschaffen. Bedauerlicherweise ist es gerade die Qualität von Kunst und Skulptur, die viele Schuhe eher in ein Museum passen läßt als an Füße.

Für viele Frauen – und da schließe ich mich keineswegs aus – ist der Kauf eines Paars Schuhe wie eine flüchtige, traurige Liebesaffäre. Da gibt es das Verlangen, die Befriedigung, die Ernüchterung, das Leid – und alles in einen Nachmittag zusammengerafft. Es gibt da einen ausgesprochen düsteren Aspekt an unbequemen Schuhen, den ein Zyniker einmal so ausgedrückt hat: »Ja, sie sind schon herrlich, diese Schuhe, aber bedenken Sie auch, wie grausam. Das junge Mädchen beginnt mit Schuhen wie zierliche Kanus, beendet aber das Leben in Ozeandampfern.« Das ist eine traurige Tatsache des Lebens, wenn Sie Bequemlichkeit ständig auf dem Altar der Mode opfern. Schließlich werden Ihre armen Füße von Hühneraugen, Ballen und Hornhaut gemartert, und Sie sind gezwungen, Ozeandampfer zu tragen, um überhaupt laufen zu können. Diese Worte trafen mich, und obwohl ich Dutzende Paar Schuhe habe, trage ich stets und ständig dieselben – die wenigen Paare, die wirklich gut passen und bequem sind.

Wenn ich filme, bin ich mitunter gezwungen, sehr hohe Absätze oder unbequeme Schuhe über längere Zeiträume zu tragen. Es ist erstaunlich, wie schnell sie einen ermüden und wie bald die Beine, aber auch der Rücken zu schmerzen beginnen. Vor kurzem habe ich in New York voller Entzücken festgestellt, daß sehr junge Frauen in bequemen Turnschuhen durch die Stadt laufen – ihre mehr formellen Schuhe tragen sie in einer Tasche bei sich. Das ist vielleicht nicht gerade der Gipfel der Eleganz, aber für mich sind diese Laufschuhe ein Emblem der Freiheit. Laufen ist mein Lieblingssport, und ich halte es für eine moderne Form der Sklaverei, Frauen zu zwingen, auf hohen Absätzen herumzustaksen.

Mein zweiter wichtiger Hinweis im Hinblick auf Schuhe ist der, die Farbe Weiß zu vermeiden. Trägt eine Frau weiße Schuhe, so sind sie das einzige, was man an ihr bemerkt. Ich habe mir einmal einen meiner früheren Filme angesehen, in dem ich weiße Schuhe trug. Meine Füße sahen aus wie Riesentreter – ich habe wirklich keine besonders großen Füße, aber in weißen Schuhen schienen sie die gesamte Leinwand auszufüllen!

Wenn Sie hübsche Beine haben, sieht fast jeder Schuhtyp an Ihnen gut aus, aber sobald Sie irgendwelche Probleme in Form oder Umfang Ihrer Beine haben, werden Sie bei der Wahl

Ihrer Schuhe schon vorsichtiger sein müssen. Kräftige Beine oder dicke Knöchel werden durch Riemchen betont. Sollte das bei Ihnen der Fall sein, so suchen Sie sich am besten Schuhe, die vorn tief ausgeschnitten sind, möglichst bis fast an den Zehenansatz. Das vermittelt die Illusion schlankerer Beine.

Stiefel sind für jede Frau schmeichelhaft, und sie können eine ganze Reihe kleiner Mängel verbergen. Ich habe in meiner Hingabe an meine Stiefel fast etwas von einem amerikanischen Cowboy. Im Winter trage ich sie fast ständig, weil sie so bequem sind und außerdem zu Röcken und Hosen gleichermaßen schick aussehen. Schauen Sie sich sorgfältig um, bis Sie Stiefel mit der für Sie optimalen Absatzhöhe und von vielseitigem Nutzen finden – Stiefel, die sowohl zu lässiger als auch zu eleganter Kleidung passen. Seien Sie beim Stiefelkauf kritisch und kaufen Sie die beste Qualität, die Sie sich leisten können. Wenn Sie sie mit Creme und Imprägnierungsmitteln gut behandeln, werden Sie lange Zeit Freude an ihnen haben.

Ich muß gestehen, daß für meine Füße – und für Ihre vermutlich auch – gar keine Schuhe die besten Schuhe sind. Ich gehe barfuß, sooft ich kann. Es ist wohltuend, die Füße und Beine zu entspannen. Am Strand barfuß durch den Sand zu laufen, ist die beste Art von Bewegungstherapie für Füße und Beine. Die Muskeln werden gekräftigt und etwaige rauhe Haut an den Fußsohlen beseitigt. Es ist gut, wenn Sie so oft wie möglich flache Schuhe tragen – besonders, wenn Sie an Ihrem Arbeitsplatz auf hohe Absätze nicht verzichten können. Indem Sie die Höhe Ihrer Absätze variieren, spannen Sie unterschiedliche Muskeln an. Das macht sie flexibel und hält sie fit. Schließlich, wenn Sie die zufriedensten Füße der Welt haben wollen, machen Sie es wie ich: Bitten Sie Ihre Kinder oder Ihren Mann, Ihnen die Füße zu massieren.

Tücher

Tücher gehören zu den vielseitigsten Accessoires, über die wir heutzutage verfügen. Ein Tuch können Sie tragen wie eine Halskette, wie einen Gürtel, einen Schal oder sogar wie ein Kleid. Ganz unabhängig von ihrem persönlichen Stil kann jede Frau ihre Garderobe erweitern, indem sie Tücher benutzt.

Ich besitze eine ganze Kollektion von Tüchern, und die ist – anders als meine Schuhe – ständig in Gebrauch. Vor kurzem kaufte ich einige Tücher von Dior, Saint Laurent und Valentino. Sie gehören zu den schönsten, die ich je gesehen habe. Sie sind wirklich wie Gemälde, mit leuchtenden Farben und von künstlerischem Design. Wenn ich zu meinem schwarzen Trenchcoat eines dieser Tücher trage, komme ich mir vor wie eine Millionärin.

Tücher sind wunderbare Farbakzente. Wie schon gesagt, liebe ich es, mich schwarz zu kleiden. Aber Schwarz pur kann manchmal allzu streng und nüchtern wirken. Daher heitere ich es mit einem farbenfrohen Tuch auf, das ich normalerweise um den Hals schlinge, und das Schwarz bekommt eine neue Dimension. Sie werden auch feststellen, daß Farben, die Sie zwar mögen, die Ihnen aber nicht stehen, bei einem Tuch durchaus von Vorteil für Sie sein können. Ein hübsches Grün oder ein Saffrangelb, das als Bluse Ihre Haut ausgesprochen glanzlos erscheinen läßt, kann als Tuch bezaubernd wirken.

Es gibt aber noch mehr, was für Tücher spricht. Um den Hals geschlungen, in einem Lufthauch wehend oder in der Abendluft fließend, haben Tücher etwas absolut Romanti-

*ch liebe den starken, fast dra-
matischen Farbkontrast zwi-
chen einem leuchtenden Tuch
und einer schwarzen Ausstat-
ung.*

sches an sich. Ich glaube, das liegt vor allem an der Bewegung, die sie damit der Kleidung vermitteln. Sie vollziehen die Bewegung unseres Körpers und die der Abendluft nach: Sie fließen und gleiten mit einer Sinnlichkeit, die sehr erotisch sein kann. Tücher sind ein nützliches Hilfsmittel für ein Mädchen mit Hang zur Romantik. Ich erschauere jedesmal, wenn die Seide meinen Hals berührt – und das ist eines der geheimen Vergnügungen mit Tüchern.

Brillen

Haben Sie auch schon das Vorurteil gehört, daß Männer Mädchen, die Brillen tragen, keine Avancen machen? Fallen Sie bloß nicht darauf herein! Ganz im Gegenteil glaube ich, daß viele Männer insgeheim Phantasien von einer Frau hegen, die ihre Brille abnimmt, das Haar löst und zur Tigerin wird. Können Sie sich diese Szene mit einer Trägerin von Kontaktlinsen vorstellen? Ich trage eine Brille und betrachte sie als modisches Accessoire. Ich besitze eine ganze Serie von Brillengestellen von Zyloware, die ich persönlich ausgewählt habe, weil ich der Meinung bin, daß es eine Frau verdient hat, hübsche und schmeichelhafte Augengläser zu bekommen. Schließlich sind sie, ähnlich wie Frisur oder Schmuck, etwas, das man auf den ersten Blick an ihr bemerkt. Und da das so ist, sollten Sie Ihre Brille mit ebensoviel Sorgfalt auswählen, wie Ihre anderen Accessoires auch, und dabei beachten, daß sie Ihr Gesamtbild beeinflußt, nicht nur die Augen oder das Gesicht. Scheuen Sie sich nicht, sich genügend Zeit für die Auswahl zu nehmen und auch den Rat von Freunden einzuholen. Mitunter kann es schwierig sein, selbst zu beurteilen, ob das Gestell zum Gesicht und den Haaren paßt.

Versuchen Sie, den oberen Brillenrand Ihren Augenbrauen anzupassen. Geht der Rahmen allzusehr darüber und darunter hinaus, so ist das irritierend und lenkt von Ihrem Gesicht ab. Doch davon abgesehen, werden Sie einfach Brillen aufprobieren müssen, um herauszufinden, welche Form Ihnen am besten steht.

Es gibt heutzutage eine breite Farbpalette für Brillengestelle, aber der Farbton muß zu Ihrer Garderobe passen. Tragen Sie hauptsächlich Blau- oder Grautöne, werden blaue oder auch weinrote Gestelle gut dazu aussehen. Wenn Sie sich bei Ihrer Kleidung an braun oder andere gedeckte Farben halten, so werden Sie sicherlich braune oder beigefarbene Gestelle vorziehen. Brillengestelle in neutralen Farben passen natürlich immer und sind vielseitig tragbar.

Vergessen Sie auch nicht, die Farbe des Gestells mit Ihrem Haarton zu koordinieren. Haben Sie helles Haar – grau oder blond – werden wahrscheinlich helle Gestelle für Sie am besten sein, während dunkelhaarige Frauen besser zu Brillen mit dunklem Rahmen greifen sollten.

Vielleicht wollen Sie auch einmal probieren, wie getönte Gläser zu Ihrem Gesicht aussehen: Sie können sehr kultiviert wirken und Ihrem Gesicht schmeicheln. Aber denken Sie daran, daß auch die Farbe der Gläser mit Ihrer Garderobe harmonieren sollte. Wenn Sie also eine Vielzahl von Farben tragen, sich jedoch nur eine Brille kaufen, könnten Sie feststellen, daß diese nur mit wenigen Stücken Ihrer Garderobe übereinstimmt.

Es ist sehr schön, eine spezielle Brille für den Abend zu haben – wenn Sie sich das leisten können. Es gibt einige sehr elegante Metallgestelle mit einem Gold- oder Silberbelag, die zu Schmuck der gleichen Art wundervoll aussehen, während transparente oder opalisierende Brillen sehr gut zu Perlen wirken.

Farbige Brillengestelle und getönte Gläser sollten sowohl mit Ihrer Kleidung harmonisieren als auch Ihrem Teint schmeicheln.

Ein letzter praktischer Hinweis für alle, die eine Brille tragen: Nichts verdirbt ein blendendes Aussehen mehr als eine verschmutzte Brille, die so aussieht, als hätte man mit ihr gerade einen Sandsturm überstanden. Das macht keinen besonders guten Eindruck.

Eine gesunde Ernährung

Zu Beginn seiner Filmkarriere war Peter Sellers ausgesprochen übergewichtig. In seinem ersten bedeutenden Film »Die Maus, die brüllte« war er richtig dick. In seinem nächsten Film »Die Millionärin« sollte ich seine Partnerin sein, und da ich ihn nie zuvor hatte agieren sehen, brachten die Produzenten mir eine Kopie der »Maus« in die Schweiz. Mir gefiel der Film, ich war begeistert von Peters schauspielerischem Talent und sehr erfreut darüber, daß wir zusammenarbeiten sollten. Aber die Produzenten machten sich Sorgen wegen seines Gewichts. Er hatte versprochen, sich bis zu Drehbeginn die Hälfte seines Gesamtgewichts abgehungert zu haben. Das erschien mir absolut unmöglich. Aber siehe da, als ich ihn kurz vor Arbeitsbeginn kennenlernte, war er ein neuer Mann. Der Gewichtsverlust war von großem Vorteil für seine Karriere, endlich kam sein komisches Talent voll zur Geltung. Ich weiß, daß es nicht einfach für ihn gewesen sein kann. Aber die Motivation machte es möglich.

Für Menschen, die ernste Gewichtsprobleme haben, die etliche Pfunde loswerden müssen, bedarf es mitunter eines dramatischen Ereignisses, um sie dazu zu bringen, endlich etwas zu unternehmen. Manchmal ist sogar professionelle Hilfe vonnöten. Sollten Sie zu diesen Menschen gehören, empfehle ich Ihnen dringend, sich dieser Hilfe zu versichern. Suchen Sie sich einen Arzt oder einen Ernährungsexperten, der Sie berät, inspiriert und dabei hilft, den moralischen Mut aufzubringen, den Sie benötigen. Vergessen Sie nicht: Wirkliche Korpulenz ist kein Schönheitsproblem, es ist ein medizinisches Problem. Wenn Sie mehr als fünfzehn bis zwanzig Pfund Übergewicht haben, schaden Sie damit Ihrer Gesundheit mehr als Ihrem Aussehen.

Ich habe nie Schwierigkeiten mit meinem Gewicht gehabt. Eine Zeitlang habe ich einmal ein paar Pfunde zugenommen, sie aber dann auch wieder verloren. George Cukor, der Regisseur von »Die Dame und der Killer«, wollte, daß ich ein bißchen dünner wurde. Damit sollte ich mehr dem Bild entsprechen, das er sich von meiner Rolle gemacht hatte. Ich verlor diese Pfunde völlig problemlos. In diesem Film war ich dünner als je zuvor in meinem Leben. Es amüsiert mich immer wieder, Fotos von mir in den Kostümen zu sehen, in denen ich so etwas wie eine 39er Taille habe. Um ganz aufrichtig zu sein, muß ich Ihnen sagen, daß ich in einigen Rollen, obwohl ich sehr dünn war, doch diese Korsetts tragen mußte, die einen so zusammenschnüren, daß man kaum noch atmen kann.

Aber daß ich nie irgendwelche Gewichtsprobleme hatte, heißt noch lange nicht, daß ich nicht über Ernährung nachdenken würde. Schließlich beeinflußt alles, was wir zu uns nehmen, unser Aussehen. Und wenn man Schauspielerin ist, wird das Aussehen auf der Leinwand mehrfach vergrößert. Eine gesunde Ernährung ist wichtig – nicht nur für die Figur, sondern auch für die Gesundheit, den Teint und sogar den Gemütszustand.

In »Die Dame und der Killer« zeige ich meine Wespentaille.

Die Tyrannei dauernder Diät

Heutzutage sind die Frauen geradezu besessen in ihrer Angst vor Übergewicht. Und viele haben sich das Leben durch das Fasten sinnlos erschwert, sind nervöse, kraftlose, chronisch deprimierte Wesen, weil sie sich für zu dick halten. Ich habe auf Dinnerparties Frauen erlebt, die so dünn waren, daß man ihre Schultern als Waffen hätte benutzen können, und die dennoch keinen Bissen zu sich nahmen, weil sie »auf die Kalorien achteten«. Ich habe Frauen gekannt, die Jahre ihres Lebens in dem Bewußtsein vergeudet haben, sie seien zu dick, um attraktiv zu sein. Sie fürchteten sich vor dem Kauf neuer Kleider, sie haßten es, sich aus irgendeinem Anlaß hübsch machen zu müssen, sie beklagten die Rundung ihrer Hüften, als wäre das ein Versagen in ganz großem Maßstab. In Italien nennen wir diese Frauen *attacca-panni,* also Kleiderständer – genau denen sehen sie auch ähnlich.

Bevor ich damit beginne, Ihnen etwas über Gymnastik und Diät zu sagen, möchte ich betonen, daß es wahrscheinlich eher an Ihrer Einstellung als an Ihrem Körper liegt, wenn Sie sich ständig Sorgen um Ihre Figur machen und dauernd Angst haben, einen Happen zu essen. Um das zu ändern, müssen Sie sich zunächst klarmachen, daß ein »gutes Leben« mehr ist als das Nichtvorhandensein von Fett an Ihrem Körper. Wenn Ihre Figur eine ständige Quelle der Besorgnis ist, dann sollten Sie etwas dafür unternehmen, aber Sie müssen erkennen, was das Problem ist und was nicht. Ein paar Pfunde mehr sind mit Sicherheit kein Problem. Das können Sie vergessen. Folgen Sie meinen einfachen Ratschlägen in Sachen Ernährung und sportlicher Betätigung, und Sie werden sehr wahrscheinlich feststellen können, daß Sie wie durch Zufall ein paar Pfund loswerden. Aber stellen Sie Ihr Leben nicht auf den Kopf, bis Sie Ihr Idealgewicht erreicht haben. Glauben Sie nicht, daß Sie glücklich werden, nur weil Sie ein paar Pfund verloren haben, oder daß ein neues Leben für Sie beginnt, nur weil Sie in eine kleinere Kleidergröße passen. Ich kann nicht genug betonen, daß das eine tragische Fehleinschätzung ist. Ein Minderwertigkeitsgefühl wird Ihnen mehr schaden als die Pfunde selbst.

Da haben die Frauen so viele Fortschritte gemacht und sind doch heutzutage sehr frei, aber eine Sache scheint sie immer noch in Ketten zu halten – eine fast morbide Angst vor einem kleinen Bäuchlein und breiteren Hüften. Ich erinnere mich, wie ich Ella Fitzgerald kennenlernte und wie beeindruckt ich von ihrer Energie und ihrem Selbstgefühl war. Sie ist eine Frau mit einem kräftigen Körperbau, aber die Tatsache, daß ihre Figur nicht den Idealmaßen eines Mannequins entspricht, macht ihr auch keineswegs Kopfzerbrechen. Sie sieht wunderbar aus in ihren farbenfrohen Kaftans und locker fallenden Kleidern. Ihr Körperbau trägt dazu bei, ihr Erscheinen noch attraktiver zu machen. Sie erlegt sich keinerlei Zwang auf, nur weil sie meint, ein paar Pfunde loswerden zu müssen. Sie führt ein erfülltes, erfolgreiches Leben zu ihren eigenen Bedingungen. Ich kann Ihnen nur empfehlen, das gleiche zu tun.

Ernährung

Die Ernährung ist eine der wenigen Waffen, die wir jederzeit in unserem Kampf um eine gute Gesundheit zur Hand haben. Selbstverständlich laufen Sie nicht barfuß durch den Schnee oder bleiben drei Tage lang wach. Und dennoch glauben dieselben Leute, die sonst auf jede mögliche Art für ihren Körper sorgen, daß ihre Ernährung gut ist, wenn sie keinen Hunger verspüren und ihnen die Kleidung paßt. Sie essen alles, wonach ihnen der Sinn steht, und machen sich höchstens ein paar Gedanken, wenn sie zunehmen. Wahrscheinlich wären diese Leute sehr schockiert, wenn jemand irgendeine minderwertige Flüssigkeit in den Benzintank seines Autos gießt und dann auch noch erwartet, daß es ordentlich fährt. Dabei ist dies genau das, was sie ihrem Körper antun.

Es ist schon erstaunlich, wie wenig die meisten von uns über ein Thema Bescheid wissen, das eine so große Auswirkung auf unser Leben hat. Vermutlich liegt das mit daran, daß wir glücklicherweise in einer Zeit leben, in der Nahrung – zumindest in den Industrieländern – ausreichend zur Verfügung steht. Wahrscheinlich neigen wir tatsächlich dazu, so viel und nahezu wahllos zu essen, weil das Angebot an Lebensmitteln so groß ist. Aber der menschliche Körper ist auf eine gut ausgewogene Ernährung angewiesen, um ordentlich funktionieren zu können. Ich bin davon überzeugt, daß die meisten nervösen Symptome, die heute auftreten – Kopfschmerzen, Schlaflosigkeit, Ermüdungserscheinungen, Allergien und so weiter – Anzeichen dafür sind, daß der Körper leicht aus dem Rhythmus gebracht ist, weil er nicht den richtigen Treibstoff erhält. Sich über Ernährung zu informieren, ist eine vernünftige Sache – nicht nur zum Wohl der Figur, sondern auch zum Wohl der Gesundheit.

Ich bekam zum ersten Mal wirkliches Interesse an Ernährungsfragen, nachdem meine beiden Jungen geboren worden waren. Schließlich waren sie zwei kleine Wesen, die in puncto Ernährung völlig von mir abhängig waren. Ich mußte also wissen, was die beste Ernährung für sie war. Daher informierte ich mich über die Lebensmittel an sich, über Fette, Kohlenhydrate und Proteine. Ich kann jeder Frau nur empfehlen, das gleiche zu tun – nicht nur für ihre Kinder, sondern auch für sich selbst. Wenn Sie erst mal ein Grundwissen über das besitzen, was Sie täglich zu sich nehmen sollten, werden Sie Ihre Nahrung bewußter und klüger auswählen. Sie werden auch einsehen, warum es ein so großer Fehler ist, sich mit Dingen vollzustopfen, die nicht nur gut für Sie sind und Sie nur dickmachen, sondern die Ihren Körper sogar schädigen können.

Ich werde beim Thema Ernährung und Diät nicht allzusehr ins Detail gehen, weil es bereits sehr viele Bücher darüber gibt. Aber ich möchte Ihnen ein paar grundsätzliche Empfehlungen geben, die Sie sich vielleicht merken sollten, wenn Sie einkaufen oder sich zum Essen niedersetzen.

Nehmen Sie täglich drei ausgewogene Mahlzeiten zu sich. Nur eine Tasse Kaffee am Morgen ist kein guter Start für den Tag. Obwohl ich morgens kaum Appetit habe, zwinge ich mich doch dazu, ein wenig Obst oder Brot zu essen, um meinem Körper Starthilfe für den Tag zu geben. Das Mittagessen ist für mich häufig die Hauptmahlzeit des Tages. Ich esse Nudeln, unsere italienische *pasta,* ein wenig Fleisch oder Fisch, vielleicht einen Salat und Kaffee. Das Abendessen ist eine leichtere Variante des Mittagessens, allerdings mit einem Glas Wein. Jedes Essen sollte in Ruhe eingenommen werden und ein sinnliches Vergnügen sein. Ich freue mich jedesmal darauf; besonders auf das Abendessen, weil die Jungen dann aus der Schule zurück sind und wir die Neuigkeiten des Tages austauschen.

Ich nutze jede Gelegenheit, meine Kochkenntnisse zu erweitern. Hier bin ich mit dem jugoslawischen Staatspräsidenten Tito in seiner Küche auf der Adria-Insel Brioni. Ich verriet ihm die Geheimnisse einer guten Fleischsauce, und er revanchierte sich, indem er mich in die Mysterien einer Moussaka einweihte.

Ich halte es für einen Fehler, Mahlzeiten einfach ausfallen zu lassen, weil Sie gerade eine Abmagerungskur machen, oder sich zum Essen an den Tisch zu setzen und dann nur Wasser oder Saft zu nippen. Später werden Sie Hunger bekommen und dann versucht sein, zuviel zu essen. Aber selbst wenn das nicht der Fall sein sollte, dürfen Sie von Ihrem Körper nicht erwarten, daß er ohne Nahrung optimal funktioniert. Wenn Sie Ihr Gewicht unter Kontrolle halten wollen, machen Sie es wie ich: Essen Sie drei Mahlzeiten täglich, aber halten Sie die Portionen klein.

Mit großem Interesse habe ich kürzlich von einem Experiment gelesen, durch das herausgefunden werden sollte, wann und in welcher Weise der Körper Nahrung braucht. Drei Gruppen von Menschen aßen die gleichen Lebensmittel zu verschiedenen Tageszeiten: morgens, mittags und abends. Die »Morgengruppe« verlor Gewicht, die »Mittagsgruppe« hielt es, und die »Abendgruppe« nahm zu. Es scheint, daß der Körper bei einer frühen Nahrungsaufnahme das Essen am besten verwertet. Und das wäre ein Argument für ein üppiges Frühstück und ein frugales Abendessen. Ironischerweise sind die Eßgewohnheiten der meisten Menschen genau umgekehrt.

Essen Sie nichts zwischen den Mahlzeiten. Das ist eine Regel, die nach meinen Erfahrungen am häufigsten in den Vereinigten Staaten gebrochen wird. Unglücklicherweise breitet sich diese Unsitte jetzt über den gesamten Globus aus. Das Naschen zwischen den Mahlzeiten ist der Feind guter, ausgewogener Ernährung. Zunächst einmal sind Sie nie wirklich hungrig, weil Sie ja ständig naschen, und dennoch nehmen Sie die Mahlzeiten aus Gewohnheit zu sich, oder weil das Essen ein gesellschaftliches Ereignis ist.

Dauerndes Naschen macht Sie aber nicht nur dick, es macht Sie auch müde. Das liegt daran, daß der Körper nach einer Mahlzeit vollauf damit beschäftigt ist, die Nahrung zu verdauen: Das Blut drängt zum Verdauungstrakt, wo es zum Verdauungsprozeß gebraucht wird. Wenn Sie ständig essen, werden Sie also auch ständig müde sein, weil der Körper ständig verdaut.

Selbstverständlich ist gegen ein Stück Obst oder ein Glas Saft nichts einzuwenden. Es sind die Kartoffelchips (die ich übrigens liebe, aber lasse, weil sie dick machen und weil es so schwer ist, damit aufzuhören), die Süßigkeiten und all die anderen salzigen, fetthaltigen Snacks, die wir gewöhnlich nur aus Gewohnheit und nicht aus Hunger zu uns nehmen, die wir uns aber verkneifen sollten.

Versuchen Sie, auf Fertigmahlzeiten und Konserven zu verzichten. Es ist wunderbar, während des ganzen Jahres eine so reiche Auswahl an Dingen zu haben, die früher »Saisonartikel« waren. Und es ist sehr bequem, nach einem hektischen Tag im Handumdrehen ein Essen zubereiten zu können. Aber ich vertrete dennoch die Auffassung, daß wir uns aus Bequemlichkeit nicht des Vergnügens berauben sollten, das zu verwenden, was gerade frisch zu haben ist. Ich bin dieser Meinung, weil mir das Kochen Spaß macht und es mir ein geradezu sinnliches Vergnügen bereitet, mit den Händen zu arbeiten, statt lediglich einen Büchsenöffner zu betätigen. Aber selbst wenn Ihnen das Kochen nicht so viel Spaß macht wie mir, sollten Sie frische Nahrungsmittel bevorzugen, weil sie soviel besser für Sie sind. Sie enthalten mehr Vitamine und Mineralien, die Ihr Körper braucht, um Nahrung in Energie umwandeln zu können. Und ich finde darüber hinaus, daß sie auch wesentlich besser schmecken als Fertigprodukte.

Nehmen Sie während des Tages viel Flüssigkeit zu sich. Wußten Sie, daß Sie sehr häufig Durst haben, wenn Sie glauben, Hungergefühle zu verspüren? Trinken sättigt nicht nur, es spült auch Unreinheiten aus Ihrem Organismus.

Dieses Foto von uns allen während eines Familienpicknicks wurde 1975 im Garten von Marino aufgenommen.

Mitunter haben Frauen gewisse Probleme mit der Flüssigkeitsverwertung. Ihre Augen sind morgens geschwollen, und ihre Knöchel neigen zum Anschwellen. Sollten Sie darunter leiden, schränken Sie die Flüssigkeitszufuhr nicht ein, denn das verschlimmert die Dinge nur, weil dann der Körper nicht genug Flüssigkeit besitzt, um Abfallstoffe fortzuspülen.

Essen Sie weniger rotes Fleisch und dafür mehr Fisch und Geflügel. Weißes Fleisch und Fisch enthalten weniger Fett, aber ebensoviel Protein wie Rind- oder Lammfleisch. Die meisten Menschen nehmen ohnehin mehr Protein zu sich, als sie brauchen, und es wäre ganz ratsam, die Proteinzufuhr zu beschränken. Doch das eigentliche Problem bei »rotem« Fleisch ist das Fett. Selbst wenn Sie alles sichtbare Fett abschneiden, ist auch das beste und saftigste Steak von »Fettadern« durchzogen. Das führt Ihrer Diät unnötige Kalorien zu und belastet den Kreislauf mit Cholesterin.

Zum Schluß die gute Nachricht: Essen Sie mehr *pasta!* Endlich habe ich auch die Unterstützung von Wissenschaftlern gefunden, ebenso wie die von Feinschmeckern, wenn ich Ihnen Nudeln empfehle. Wie oft haben mich Menschen mit verstohlenen Blicken auf meine Hüften gefragt, wie ich es eigentlich schaffe, bei all der *pasta* meine Figur zu behalten! Jetzt haben auch die stets hinterherhinkenden Wissenschaftler bestätigt, was italienische *mammas* seit Generationen wissen: *pasta* ist gut für Sie. Die Italiener sind wahrhaft glücklich, mit einem kulinarischen Erbe leben zu dürfen, das sich auf *pasta* stützt, weil sie ein komplexes Kohlenhydrat ist und ein sehr wirksamer und gesunder Treibstoff für den Körper.5Komplexe Kohlenhydrate findet man auch in Bohnen, Reis und Gemüse. Kohlenhydrate bewahren Sie vor Hungergefühlen, weil sie verhindern, daß der Blutzuckerspiegel sinkt. Wissenschaftler haben herausgefunden, daß es mit einer Kohlenhydrate-Diät am leichtesten ist, Gewicht zu verlieren. Kohlenhydrate stillen Ihr Hungergefühl, sind der wichtigste Energielieferant und haben einen Verbrennungswert wie das Eiweiß. Die beste *pasta* für eine ausgewogene Ernährung sind Vollweizennudeln – in Italien nennen wir sie »schwarze *pasta*«. Selbstverständlich würden gehaltvolle Sahnesaucen als Beigabe Ihr Gewissen belasten. Servieren Sie sie statt dessen mit einer Sauce aus Tomaten und kaltgepreßtem Olivenöl und fügen Sie vielleicht ein paar geriebene Karotten für die natürliche Süße hinzu.

Als ich einmal bei der Zubereitung einer meiner *pasta*-Saucen war, sagte meine Köchin Lydia, die wohltuend mollig ist, daß man allein vom Einatmen meiner Küchendüfte dick werden könne. Anfangs hielt ich das für Lydias Ausrede, nicht abnehmen zu wollen, aber schließlich sah ich ein, daß es ihre Art war, mich aus der Küche herauszukomplementieren.

Der Wert sportlicher Betätigung

Regelmäßige sportliche Übungen sind für einen gesunden Körper absolut notwendig, und ich glaube, daß sie für Ihr Gemüt ebenso wichtig sind wie für den Körper. Leider ist es eine Tatsache, daß ich keine sportliche Frau bin. Die Vorstellung, etwa Frauengymnastik zu betreiben, finde ich ausgesprochen langweilig. Als ich vor wenigen Jahren nach Los Angeles kam und dort alle Welt die Straßen entlangrennen sah, nahm ich an, das lange angekündigte Erdbeben sei am Ende doch ausgebrochen. Ich fragte mich nur, warum jeder seine Kinder bei seiner hastigen Flucht aus der Stadt zurückgelassen hatte. Doch dann erfuhr ich, daß sie alle zu ihrem Vergnügen liefen – im Dienste des Sports.

Ich habe nie gejoggt und werde es auch nie tun. Es ist keine gute Übung für mich, weil es meinen Körper zu sehr durchschüttelt. Ich vermag einfach nicht zu glauben, daß dieses Stampfen gut sein soll. Ein New Yorker Arzt hat mir erzählt, daß immer mehr Patienten mit Fuß-, Knie- und Knöchelproblemen zu ihm kommen. Er sei überzeugt, daß diese Menschen mit zunehmendem Alter noch mehr darunter leiden werden. Ich bin außerdem der Meinung, daß es für die Gesundheit keineswegs gut sein kann, in einer Stadt zu joggen und die Lungen dazu zu zwingen, all diese verpestete Luft in sich aufzunehmen und zu filtern.

Für mich ist sportliche Betätigung keine Modesache. Obwohl Sport für mich in zeitlichen Begriffen nur ein sehr kleiner Bereich des Lebens ist, nehme ich körperliche Übungen sehr ernst, und ich würde nie den letzten Schrei auf sportlichem Gebiet für mich übernehmen, wenn ich nicht absolut davon überzeugt bin, daß es gut für mich ist.

Wie Sie vermuten können, werde ich Ihnen nicht raten, Hanteln zu stemmen, schweratmend durch die Stadt zu rennen oder sich mit dem Kopf nach unten an die Zimmerdecke zu hängen. Ich werde Ihnen aber erzählen, was ich, eine Frau, die das Pokerspiel dem Fallschirmspringen vorzieht und Scrabble dem Skilauf, anstelle, um meinen Körper in Form zu halten.

Der Vorteil sportlicher Übungen

Wir wissen alle, daß wir uns sportlich betätigen sollten, aber die Gründe dafür werden oft genug nur recht vage angegeben. »Sie werden sich besser fühlen«, heißt es vielleicht. Nun ja – das bewirkt ein Mittagsschläfchen auch, oder ein warmes Bad. Ich habe stets irgendeine Form von Sport betrieben, aber erst vor kurzem habe ich ein paar wirklich guter Argumente für Körperübungen erfahren.

Im Gegensatz zu dem, was die meisten Frauen annehmen, vermindert sportliche Betätigung den Appetit und hilft, mehr Kalorien zu verbrennen – sogar Stunden,

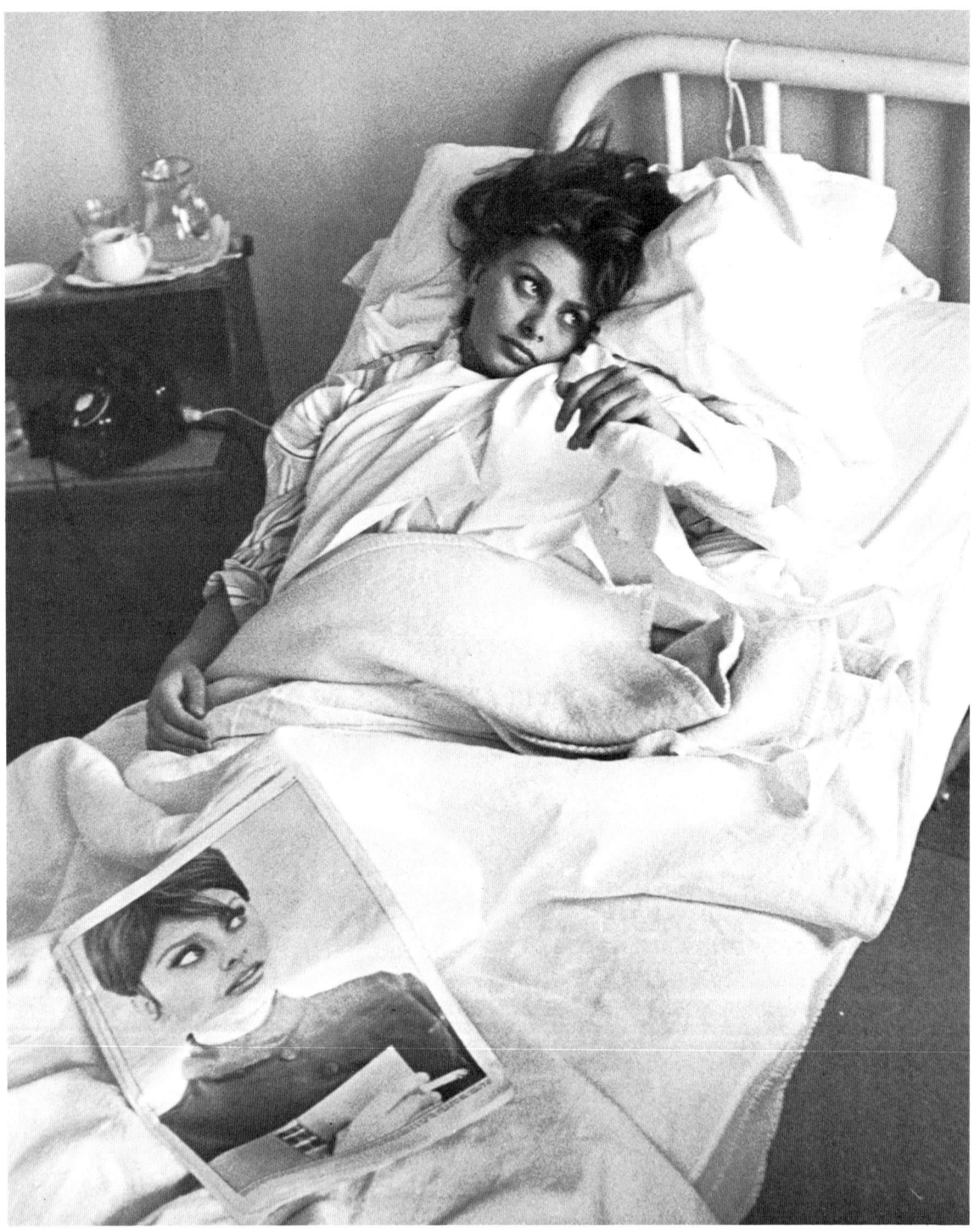

Das Resultat meines Sturzes am letzten Tag der Dreharbeiten zu »El Cid«

nachdem Sie mit Ihren Übungen aufgehört haben. Das ist für mich fast ein Wunder. Ich habe nach meinen Übungen immer festgestellt, daß ich keinen Hunger verspürte, aber stellen Sie sich doch nur vor – nicht nur Ihr Appetit hat sich verringert, Ihr Körper fährt auch noch stundenlang damit fort, mehr Kalorien als üblich zu verbrennen. Es ist, als hätten Sie ein Feuer entfacht, das auch noch weiterbrennt, nachdem das Holz längst Asche ist. Es bedeutet, daß der verstärkte Stoffwechsel Ihres Körpers auch noch Stunden nach Ihrer eigentlichen Übung an der Arbeit ist, Sie fit zu halten. Was für eine wunderbare Dividende wird da ausgezahlt!

Sportliche Übungen bauen Streß, Ängste und ähnliche Nervenprobleme ebenso ab, wie sie Depressionen abklingen lassen. Es ist nachgewiesen, daß Übungen, die Ihren Herzschlag für mindestens fünfzehn Minuten beschleunigen, das Gehirn dazu bewegen, eine Substanz freizugeben, die das Lustempfinden belebt. Natürlich trägt das zu Ihrem Wohlbefinden bei. Selbst wenn Sie nicht niedergeschlagen sind, werden Sie sich nach sportlicher Betätigung fröhlicher gestimmt fühlen. Meine Theorie geht dahin, daß die Disziplin körperlicher Übungen auch ein Gefühl von Selbstkontrolle und Leistung vermittelt, das sich aufmunternd auswirkt.

Es gab Zeiten, gewöhnlich bei den Dreharbeiten zu einem Film, wo ich nicht in der Lage war, mein übliches Pensum an Spaziergängen – meine Lieblingsbeschäftigung in Sachen Sport – in meinen Tagesablauf einzupassen. Ich weiß genau, wieviel mir entgeht, wenn ich ein paar Tage lang nicht laufen kann. Für »El Cid« arbeiteten wir gegen Ende der Dreharbeiten besonders hart, und ich fand einfach nicht die Zeit für meinen täglichen, ausgedehnten Spaziergang. Der Entzug sportlicher Betätigung und der Druck, den Film möglichst schnell zu beenden, erhöhte meine Spannung, und am letzten Tag der Dreharbeiten stürzte ich eine Treppe hinunter. Streß macht jeden ungeschickt, und ich zahlte für mein Defizit an sportlicher Übung.

Sportliche Betätigung ist gut für Ihren Schlaf. Das ist zwar offensichtlich, wird aber häufig vergessen. Körperübungen ermüden die Muskeln und entspannen, so daß man schneller einschläft und auch tiefer schlummert. Können Sie sich noch daran erinnern, wie Sie als Kind ins Bett gefallen sind – erschöpft vom Spielen am Tage? Wenn Sie täglich ein bißchen Sport treiben, können Sie diese wundervolle Müdigkeit auch heute noch erleben.

Sportliche Übungen kräftigen Ihren Knochenbau. Das war für mich eine interessante Neuigkeit. Wir wissen alle, daß unsere Knochen mit zunehmendem Alter spröder werden. Das kann für ältere Frauen zu großen Problemen führen, wenn sie stürzen und sich das Bein oder die Hüfte brechen. Wenn Sie Sport treiben, erhöhen Sie den Kalziumgehalt in den Knochen. Sie werden dadurch gekräftigt und sind besser in der Lage, dem Streß und den Erschütterungen des täglichen Lebens zu widerstehen.

Sportliche Übungen machen Sie anmutiger. Wenn Sie sich auf diese Weise trainieren, werden Sie schreiten, als würde Ihnen die Straße gehören – mit Stolz und Geschmeidigkeit.

Stets hat meine Karriere von mir Fitneß verlangt. In »Die Dame und der Killer«
werfe ich das Bein hoch.

Mein Übungsprogramm

Mein Programm sportlicher Betätigung ist überaus einfach und praktisch. Und das aus einem einleuchtenden Grund: Es muß so sein. Wenn man Schauspielerin ist, geht es einem wie einer Mutter: Die Zeit gehört einem nicht mehr allein. Ich bin Schauspielerin und Mutter, daher ist es für mich doppelt schwierig, eine strenge Übungsroutine einzuhalten. Zum Beispiel könnte ich mich nie von irgendwelchen Geräten abhängig machen. Denn wenn ich in der Wüste filme, wie es geschehen ist, oder für einen Film von Hotelzimmer zu Hotelzimmer ziehe, was häufig vorkommt, müßte ich auf die notwendigen Gerätschaften verzichten, um meine Übungen durchführen zu können.

Mein Programm gliedert sich in drei Teile: Strecken, Laufen und Angehen der Problemzonen. Die Streckübungen halten mich beweglich und anmutig, das Laufen dient meiner Blutzirkulation, und den Problemzonen gehe ich mit einer Reihe von Übungen zu Leibe, die der Spannung und Kräftigung dieser Zonen dienen.

Streckübungen

Sie haben vielleicht schon beobachtet, wie ein Hund oder eine Katze morgens wach wird. Zunächst einmal strecken sie sich ausgiebig, wobei nahezu jeder Muskel des Körpers angespannt wird. Wir haben zwei Hunde, und es verblüfft mich immer wieder, wie sie die Brust auf den Boden drücken, Hinterteil in die Höhe, und dann Vorderbeine und Brust strecken. Danach strecken sie die Hinterbeine aus und ziehen sie über den Boden. Wieder wird der Rücken gestreckt und schließlich auch Hals und Kopf, wobei die Nase hoch gen Himmel gerichtet ist. Das ist wirklich eine beeindruckende Leistung – wie ein Vormittag beim Kirow-Ballett.

Ich bin davon überzeugt, daß wir von den Tieren lernen können. Ich folge ihrem Beispiel in fast jeder Beziehung – das Schütteln zum Schluß habe ich allerdings bis jetzt noch nicht fertiggebracht! Jeden Morgen mache ich gleich nach dem Aufstehen ein paar sehr wirkungsvolle Streckübungen. Bevor ich noch von den anderen Vorteilen sportlicher Betätigung erfuhr, wußte ich schon, daß die Streckübungen wirklich gut für mich sind. Sie regen meine Blutzirkulation an, und sie bringen Farbe in meine Wangen. Das wichtigste aber ist, daß sie mich biegsam und geschmeidig halten. Mitunter wache ich morgens ein bißchen steif oder mit einem Zipperlein auf, aber wenn ich mit meinen Streckübungen fertig bin, fühle ich mich elastisch und entspannt.

Ich achte besonders auf meine Atmung, wenn ich diese Übungen absolviere. Ein Freund, der in Rom chinesische Medizin praktiziert, erzählte mir, daß wir bei unserer üblichen flachen Atemtechnik nur einen winzigen Prozentsatz unserer Lungen beanspruchen. Er betonte, daß tiefes, regelmäßiges Einatmen Sauerstoff in die gesamte Lunge befördert, unser Blut reinigt und uns größere Energie und Gelassenheit vermittelt. Seit diesem Gespräch mit ihm lege ich großen Wert auf meine Atmung und habe bereits festgestellt, daß es tatsächlich einen Unterschied macht, wie man atmet. Versuchen Sie bei diesen Streckübungen möglichst viel Luft in Ihre Lungen zu pumpen. Dehnen Sie Ihren Bauch während des Inhalierens aus –

127

ZEHENBERÜHREN. Beugen Sie sich mit durchgedrückten Knien aus der Hüfte heraus nach vorn. Lassen Sie Arme und Kopf nach unten hängen. Die Fingerspitzen zeigen in Richtung Boden. Sie werden spüren, wie sich Ihre Rükken- und Beinmuskeln anspannen. Wichtig ist, daß Sie sich nicht dazu zwingen, Ihre Zehen zu berühren, sondern daß Sie das von der Schwerkraft erledigen lassen und Ihre Muskeln sanft strecken. Schnellen Sie nicht plötzlich in die Höhe, sonst werden Sie spüren, wie sich Ihre Muskeln verkrampfen anstatt sich zu entspannen. Ich absolviere diese Übung zwei- oder dreimal.

KOPFROLLEN. *Lassen Sie Ihren Kopf nach vorn fallen, bis Ihr Kinn die Brust berührt.
Danach lassen Sie ihn nach hinten fallen, so daß Sie zur Decke blicken.*

Lassen Sie schließlich bei hängenden Schultern den Kopf von einer Seite zur anderen fallen. Bei jeder Bewegung spüren Sie, wie sich die Halsmuskeln strecken.

ARMRECKEN. Strecken Sie langsam den Arm nach oben aus – so hoch, wie Sie nur können. Behalten Sie diese Position ein paar Sekunden lang bei. Wiederholen Sie die Übung dann mit dem anderen Arm. Das streckt die Taille und die Seiten ebenso wie die Arme.

SEITENSTRECKEN. Spreizen Sie die Beine und stemmen Sie die rechte Hand in die Hüfte. Heben Sie nun langsam den linken Arm über den Kopf. Neigen Sie sich langsam nach rechts, bis die Streckung auf Ihrer linken Seite zu spüren ist. Bleiben Sie ein paar Sekunden lang in dieser Position. Absolvieren Sie diese Übung danach umgekehrt, beugen Sie sich also zur linken Seite. Ich mache das drei- oder viermal pro Körperseite.

ARMKREISEN. Strecken Sie Ihre Arme in Schulterhöhe aus und lassen Sie sie langsam nach vorn kreisen. Beginnen Sie dabei mit kleinen Kreisen, die immer größer werden. (Ich vollführe dabei etwa zehn Kreise.) Lassen Sie danach die Arme nach hinten kreisen, beginnen Sie diesmal aber mit großen und enden Sie mit kleinen Kreisen. Da mir besonders an straffen und festen Armen liegt, lasse ich diese Übung niemals aus. Sie ist übrigens auch gut für die Brust.

*BEINESTRECKEN. Setzen Sie
sich aufrecht auf den Boden.
Strecken Sie die Beine aus. Dann
ziehen Sie zuerst ein Bein an und
strecken Arme und Hände nach
den Fußspitzen des anderen Bei-
nes aus. Dann beugen Sie sich
herunter und legen den Kopf auf
das Knie. Halten Sie diese Position so lange, wie Sie können.
Dann kommt das andere Bein
dran.*

Ein paar ausgefeiltere Übungen
für besondere Problemzonen.
Oben: Radfahren mit angezogenen Füßen ist besonders gut für
die Bauchmuskulatur. Mitte: Diese Joga-Entspannungsübung verlangt zwar eine gewisse Biegsam-
keit, entkrampft aber die Schultern und streckt die Oberschenkel.
(Es ist wichtig, bei dieser Übung
das Rückgrat nicht durchsacken
zu lassen. Außerdem sollten Sie
diese Übung auslassen, wenn Sie
in der Menstruation sind.) Unten:
Diese Spagatversion stärkt besonders die Muskeln der Oberschenkel.

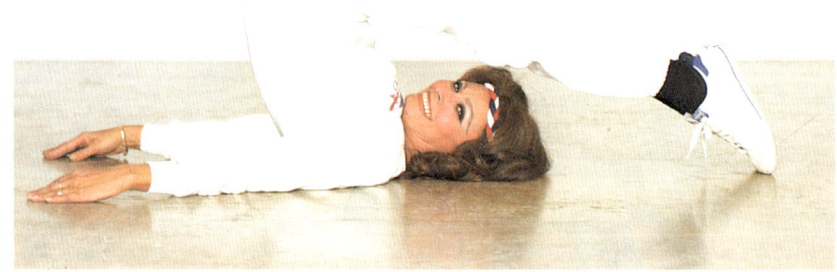

versuchen Sie nicht, ihn einzuziehen, bis Sie wieder ausatmen. Beim Ausatmen achten Sie bitte darauf, auch den letzten Rest verbrauchter Luft auszustoßen.

Nach den zehn oder fünfzehn Minuten, die ich für diese Streckübungen brauche, stelle ich fest, daß ich in ausgesprochen positiver Stimmung bin. Schließlich habe ich eine Leistung vollbracht, obwohl ich erst so kurz auf den Beinen bin. Abgesehen von dem Gefühl, etwas vollbracht zu haben, machen mich diese Übungen »körperbewußt«. Daher bin ich davon überzeugt, daß sie meine Einstellung zum Tag verbessern und mir dabei helfen, mich anmutiger zu bewegen.

Ich sollte vielleicht erwähnen, daß ich neben diesen morgendlichen Übungen auch tagsüber bemüht bin, mich dann und wann zu strecken. In dieser Beziehung bin ich wirklich pingelig. Wenn ich lese, lege ich zum Beispiel regelmäßig Pausen ein und strecke mich zur Zimmerdecke. Und wenn ich einen Film drehe, achte ich darauf, zwischen den einzelnen Aufnahmen ein paar Streckübungen zu machen. Sie lösen nicht nur die Verkrampfungen meines Körpers, sie bauen auch den Streß ab.

Laufen

Wie ich schon sagte, finde ich Aerobic-Übungen ziemlich langweilig. Und da ich an »richtigen« Sportarten nie besonders interessiert war, entschied ich mich schon vor Jahren für die einfachste und beste Methode der Welt: das Laufen. Mir ist klar, daß das heutzutage nicht sehr modern klingen mag, in einer Zeit, in der Frauen Hanteln stemmen und Marathon laufen. Diese Aktivitäten sind gut für Menschen, die daran Gefallen finden, aber für jemanden wie mich sind sie einfach nicht geschaffen. Zunächst ist es für mich fast unmöglich, genug Zeit für regelmäßige Sportausübung zu finden – bei einem Stundenplan, der ständig wechselt. Und außerdem kenne ich mich gut genug, um zu wissen, daß ich ein solches Programm schon bald wieder aufgeben und mich dann als Versager fühlen würde.

Und das bringt mich zu einer der herrlichsten Sachen am Laufen: Man kann es überall und jederzeit tun. Man braucht keinerlei Ausrüstung bis auf die Füße und bequeme Schuhe. Außerdem läßt es sich jederzeit irgendwie in den Tagesablauf einpassen. Das Laufen gibt einem die Chance, das Wetter zu genießen, die Nachbarschaft kennenzulernen oder – wenn man auf Reisen ist – neue Orte zu sehen. Ich finde es immer wieder anregend und aufmunternd.

Voller Vergnügen habe ich kürzlich von einem Experiment gelesen, das in den Vereinigten Staaten von Amerika durchgeführt worden ist und das verschiedene Sportarten umfaßte. Unterschiedliche Gruppen absolvierten diverse Übungsprogramme – einige sprinteten, andere machten Gymnastik, manche schwammen, und wieder andere liefen. Am Schluß der vereinbarten Zeitspanne fand man heraus, daß die Gruppe, die gelaufen war, die meisten Vorteile daraus gezogen hatte. Die Läufer verloren am meisten an Gewicht, und die Kondition ihrer Herzen verbesserte sich am deutlichsten. Der hauptsächliche Grund dafür scheint darin zu liegen, daß keiner von ihnen aufgab. Bei den anderen Übungen wurden manche Teilnehmer entmutigt, andere zogen sich Verletzungen zu oder verloren auch nur das Interesse. Aber die Menschen, die sich zum zügigen Spazierengehen entschlossen hatten, taten das jeden Tag

Auf einem meiner langen Spaziergänge in der Umgebung meines Hauses in der Schweiz genieße ich die Bergluft.

und fanden sogar noch Vergnügen daran. Ich finde, bei einem sportlichen Übungsprogramm sind es die Resultate, die zählen.

Wußten Sie schon, daß bei einem Spaziergang von anderthalb Kilometern genausoviel Kalorien verbrannt werden, wie wenn Sie diese Distanz rennend zurücklegen würden?

140

Bei einer Spagatübung für meine Rolle in »Der Killer und die Dame«.

Natürlich dauert es länger, aber das physische Ergebnis ist das gleiche. Schon bevor ich das wußte, hatte ich längst entschieden, daß Laufen meine hauptsächliche Aerobic-Betätigung sein würde. Aerobic ist das Schlüsselwort: Es bezeichnet Übungen, die den Herzschlag beschleunigen, damit mehr Sauerstoff durch das Kreislaufsystem geschleust werden kann. Wenn Sie lediglich bei einem Schaufensterbummel die Straße entlangschlendern, wird das allerdings keinerlei Wirkung haben. Sie müssen schon zügig und vor allem lange genug laufen, damit Ihr Herz auf Touren kommen kann. Normalerweise sind fünfzehn Minuten das Minimum. Ich bemühe mich für gewöhnlich, jeden Tag eine Stunde lang zu laufen. Dabei trage ich nicht viel bei mir, weil zusätzliches Gewicht die Haltung aus der Balance bringen kann. Wenn ich in meinem Haus auf dem Bürgenstock in der Schweiz bin, laufe ich stundenlang. Ich gehe einfach los, folge einer Spur durch den Schnee oder laufe durch die Wälder, bis mir einfällt, daß man sich zu Hause um mich Sorgen machen könnte. Dann drehe ich um und gehe zurück. Jetzt, wo die Jungen größer sind, begleiten sie mich häufig, und wir haben viel Spaß miteinander.

Wenn Sie also keine andere Hobby-Sportart haben, warum versuchen Sie es dann nicht einmal mit dem Laufen? Es ist ganz einfach. Und wenn Sie die Sache ernst nehmen, werden Sie schnell feststellen, daß es tausend Möglichkeiten gibt, Ihr Laufpensum in den täglichen Stundenplan einzupassen. Mitunter reicht es völlig aus, ein paar Stationen früher den Bus zu verlassen oder das Auto ein paar Kilometer vor Ihrem eigentlichen Ziel zu parken, damit Sie den Rest zu Fuß zurücklegen müssen. Vielleicht sollten Sie das Auto auch ganz zu Hause lassen. Ich bin ganz sicher: wenn Sie darüber nachdenken, werden Ihnen ein paar gute Einfälle kommen, wann und wo Sie laufen können.

Problemzonen

Jede Frau hat gewisse Stellen ihres Körpers, die besonderer Aufmerksamkeit bedürfen – sei es, daß sie zu schwach oder daß sie zu schlaff sind. Daher reicht Laufen allein nicht aus, um Sie in guter Form zu halten. Ich habe eine Reihe von Übungen, die ich für diese Problemzonen anwende, und die möchte ich Ihnen nahebringen. Sie tragen zwar nicht dazu bei, daß sich Ihr Gewicht verringert, aber sie kräftigen und festigen die Muskeln. Ich absolviere diese Übungen etwa dreimal in der Woche; manchmal nach meinen Streckübungen am Morgen, mitunter später am Tag, vor einem Bad oder einer Dusche.

BAUCH. Der Bauch stellt sich bei Frauen als ausgesprochene Problemzone dar. Wenn Sie keinerlei Übungen machen, um Ihre Abdomenmuskeln straff zu halten, wird Ihr Bauch irgendwann hervortreten. Gürtel oder Mieder vergrößern dieses Problem nur, weil Sie auf diese Weise nie lernen, Ihre Muskeln zu trainieren. Schlechte Haltung kann sogar einen flachen Bauch hervortreten lassen. Daher denken Sie daran, den Bauch einzuziehen, sooft es geht. Schon wenn Sie das tun, kräftigen Sie Ihre Muskeln.

Hier sind meine Bauch-Übungen:

1. Legen Sie sich mit angezogenen Beinen auf den Rücken. Die Füße stellen Sie flach auf den Boden. Beugen Sie den Rücken nach vorn und benutzen Sie Ihre Bauchmuskeln dazu, sich so weit wie möglich aufzurichten. Lassen Sie sich wieder auf den Boden sinken. Ich mache das ungefähr achtmal.

2. Setzen Sie sich auf den Boden und strecken Sie die Beine aus. Ihre Hände ruhen auf dem Rücken. Lehnen Sie sich leicht zurück, halten Sie den Rücken rund und heben Sie die Beine etwa dreißig Zentimeter über den Boden. Nun fahren Sie Rad und achten Sie darauf, daß Sie die Beine jedesmal voll »ausfahren«. Das absolviere ich etwa zehnmal.

SCHENKEL. Selbst wenn Sie regelmäßig laufen, ist es schwer, Ihre Schenkel fest und straff zu erhalten. Diese Übungen sollen Ihnen dabei helfen:

1. Stellen Sie sich neben einen Tisch oder einen Stuhl und halten Sie sich mit der linken Hand an der Kante oder Lehne fest. Strecken Sie Ihr rechtes Bein aus und beugen Sie Ihr linkes Knie so weit, wie Sie können, und bis Sie Ihren Körper etwa dreißig Zentimeter in Richtung Boden gesenkt haben. Halten Sie diese Position und zählen Sie bis fünf. Wiederholen Sie diese Übung mit ausgestrecktem linken Bein. Machen Sie diese Übung mit jedem Bein vielleicht dreimal.

2. Legen Sie sich auf den Rücken und strecken Sie die Arme in Schulterhöhe aus. Heben Sie Ihr linkes Knie an die Brust und strecken Sie dann das Bein zur Decke, wobei Sie den Fuß gebeugt halten. Senken Sie Ihr linkes Bein langsam über das rechte, bis es den Boden berührt. Achten Sie darauf, daß Ihre Schultern weiterhin auf dem Boden sind. Heben Sie das Bein wieder hoch, bis es in Richtung Decke zeigt, und senken Sie es dann, immer noch gestreckt, wieder zu Boden. Wiederholen Sie das mit dem anderen Bein. Ich mache das ungefähr fünfmal mit jedem Bein.

OBERARME. Die meisten Frauen stellen fest, daß ihre Oberarme zu den Körperteilen gehören, die zuerst eine Muskelerschlaffung zeigen.

1. Stellen Sie sich mit angewinkelten Ellenbogen hin. Die Handflächen ruhen auf dem Rücken, oberhalb der Hüften. Heben Sie einen Arm und zeigen Sie damit zur Zimmerdecke. Bringen Sie diesen Arm in die Ausgangsposition zurück. Wiederholen Sie das mit dem anderen Arm. Ich absolviere diese Übung etwa fünfzehnmal.

2. Stehen Sie mit geschlossenen Füßen und beugen Sie sich aus der Hüfte heraus vor. Halten Sie dabei den Rücken gestreckt. Beugen Sie Ihre Knie so, daß Sie Ihren Rücken nicht allzusehr belasten. Bringen Sie die Ellbogen hoch, wobei Sie sie eng an die Seiten drücken, und beugen Sie sie so, daß sich Ihre Unterarme senkrecht zum Boden befinden. Bringen Sie die Arme hinter sich hoch und dann langsam zurück in die Beugeposition. Während der ganzen Zeit dürfen Sie das Drücken nicht vergessen. Wiederholen Sie das ungefähr sechsmal.

PO. Wenn Sie Hosen so oft wie ich tragen, werden Sie einen straffen Po haben wollen. Unglücklicherweise scheinen wir die zweckdienlichen Muskeln im Verlauf eines durchschnittlichen Tages nicht genug zu beanspruchen. Diese Übungen sollen sie stärken:

1. Stehen Sie aufrecht und halten Sie sich mit der rechten Hand an einer Tischkante oder an einer Stuhllehne fest. Heben Sie Ihr linkes Bein – Knie gebeugt –, bis sich Ihr Fuß etwa dreißig Zentimeter über dem Boden befindet. Stoßen Sie mit weiterhin gebeugtem Knie den Schenkel nach vorn und verharren Sie in dieser Position, bis Sie bis fünf gezählt haben. Dann stoßen Sie Ihren Schenkel, so weit Sie können, nach hinten und warten Sie wieder, bis Sie bis fünf gezählt haben. Machen Sie das zirka achtmal mit jedem Bein.

2. Halten Sie sich in stehender Position mit der rechten Hand an einer Stuhllehne fest. Bringen Sie Ihr linkes Bein nach außen zur Seite, Fuß angehoben, so daß Ihre Zehen den Boden berühren. Bewegen Sie den Fuß weiter, bis er sich hinter Ihrem rechten Bein befindet. Bringen Sie ihn zurück in die Ausgangsposition. Die Zehen haben immer Bodenberührung. Machen Sie das mit jedem Bein etwa achtmal.

RÜCKEN. Frauen haben häufig Probleme mit ihrem Rücken. Gewöhnlich liegt das daran, daß ihre Bauch- und Hüftmuskeln nicht kräftig genug sind. Hier ist eine Übung, die ich mache, um meinen Rücken elastisch zu halten. Achten Sie aber darauf, daß Sie jede Übung abbrechen, wenn Sie das Gefühl haben, Ihren Rücken zu überfordern. Und falls Sie häufiger Rückenschmerzen haben, empfehle ich Ihnen, zunächst mit Ihrem Arzt Rücksprache zu nehmen, bevor Sie überhaupt mit einer Rückenübung beginnen.

1. Legen Sie sich mit angewinkelten Knien auf den Boden. Die Füße befinden sich flach neben Ihrem Po. Ziehen Sie die Knie an und bringen Sie sie so nahe an Ihre Brust wie möglich. Umschlingen Sie die Knie mit den Händen, ziehen Sie sie weiter heran und versuchen Sie, Ihre Stirn mit den Knien zu berühren. Bringen Sie Kopf und Beine wieder in die Ausgangsposition. Ich mache das – mitunter neben meinen morgendlichen Streckübungen – etwa achtmal.

Das Geheimnis der Schönheit

Charme – Geheimnis und Technik

Das Funkeln in Clark Gables Augen, Marcello Mastroiannis gewinnende Offenheit, Katharine Hepburns Mut, Marylin Monroes Verwundbarkeit. Diese Qualitäten ziehen uns an, sie entzükken uns. Sie fallen uns auf, und wir möchten mit dem Menschen zusammensein, der sie besitzt. Wir reagieren auf sie wie auf eine Zauberformel: wir sind hypnotisiert. Das ist Charme.

Charme ist der »unsichtbare« Teil der Schönheit. Jemand, der nichts davon besitzt, kann nicht wirklich schön sein. Keine Frau, ganz gleich, wie schön sie auch sein mag, wird Menschen anziehen und die Vorteile der Schönheit genießen können, wenn sie absolut keinen Charme hat. Der Zauber des Charmes besteht darin, daß er auch eine eher unscheinbare Frau ungemein anziehend machen kann. Charme hebt eine Vielzahl mißlicher Unvollkommenheiten auf. Schönheit macht auf Sie aufmerksam, Intelligenz und Witz heischen Anerkennung, aber Charme macht Sie erinnerungswürdig.

Warum also Charme überhaupt diskutieren? Nun, wenn Sie schon ein paar Anstrengungen unternehmen, um schön zu sein – was ich für richtig halte –, halte ich es für eine ganz gute Idee, sich an den Stellenwert zu erinnern, den Schönheit in Ihrem eigenen Leben einnimmt. Sie wollen zur eigenen Befriedigung schön sein, sicher – aber Sie wollen dadurch auch Liebe und Freundschaft gewinnen, vielleicht Erfolg haben und ganz bestimmt die Menschen in Ihrer Umgebung erfreuen. Wenn Sie nur einfach schön sind, wird Ihnen das kaum gelingen, aber wenn Sie die Macht des Charmes hinzufügen, wird man Ihnen kaum widerstehen können.

Ich widme dem Charme diese Aufmerksamkeit, weil ich finde, daß er als Element der Schönheit viel zu häufig vernachlässigt wird. Sie können sich die beste Kleidung kaufen, die beste Frisur machen lassen, Ihr Make-up mit gekonnter Hand auftragen, und dennoch – ohne Charme sind Sie nur eine Kleiderpuppe. Ich sage keineswegs, daß Charme ein Mittel ist, das Sie Ihrem Leben ganz willkürlich hinzufügen können, um ein bestimmtes Ziel zu erreichen: Sie können sich damit nicht für einen Abend in der Stadt oder für eine Dinnerparty schmücken. Charme ist wie gutes Wetter – er beeinflußt jede Minute jeden Tages, die wir mit anderen Menschen verbringen. Es ist bezaubernd, eine charmante Frau um sich zu haben, weil mit ihr alles viel mehr Spaß macht. Sie verleiht jeder Gelegenheit zusätzlichen Glanz – sei das nun ein Waldspaziergang, ein Telefongespräch oder ein offizielles Zusammensein. Eine Frau mit Charme ist eine, die keine Geburtstage vergißt und herrliche Dankesgrüße schreibt oder auf ihre ganz persönliche Art aufmerksam ist. Charme kann so geradeheraus sein wie das Schicken eines Geschenks an einen Freund, der krank ist. Er kann aber auch so launig sein wie eine spontane Einladung zu einer Radtour. Er kann so subtil sein wie ein Lächeln des Wiedererkennens. Charme hat viele Gesichter und ist nicht auf irgendeine Eigenschaft beschränkt.

Wenn ich an John Wayne denke, erinnere ich mich nicht an den großen Macho-Cowboy

146

der Legende. Obwohl das genau das Bild ist, das ich von ihm hatte, bevor ich ihn kennenlernte. Wir waren Partner in dem Film »Die Stadt der Verlorenen«, von dem große Teile in der Sahara gedreht wurden. Tagsüber war es kochendheiß und nachts bitterkalt. Eines Nachts kippte in meinem Raum die Gasheizung um, und ich wäre fast an Kohlenmonoxidvergiftung gestorben. Während der ganzen Zeit war John Wayne höflich, aber reserviert. Eines Tages, als wir durch den Wüstensand liefen (mir kommt es vor, als wären wir pausenlos durch den Sand gelaufen!), gab mir John etwas. Es lag kalt und schwer in meiner Hand, aber als ich es hochhielt, erkannte ich, daß es eine Wüstenrose war – eine Felsformation, die in der Wüste vorkommt und einer vollerblühten Rose sehr ähnlich sieht. Ich weiß nicht, ob er sie gerade gefunden hatte – in dieser Gegend kamen Wüstenrosen nicht gerade häufig vor – oder ob er sie von einem Ausflug mitgebracht hatte. Ich war von dieser Geste so berührt, daß ich das Image vom rauhen, zähen John Wayne nie wieder ernst nehmen konnte. Für mich war er ein Mann voller Charme und Einfühlungsvermögen geworden.

Ich hatte immer angenommen, man werde mit Charme geboren oder man müsse sein Leben lang ohne ihn auskommen. Manche Menschen scheinen ohne jede Anstrengung charmant zu sein; andere haben offenbar so gar keine Begabung dafür, anziehend zu wirken. Die Charmanten haben eben Glück gehabt, dachte ich. Die anderen müßten ein bißchen härter arbeiten, um das zu erreichen, was sie sich zum Ziel gesetzt haben. Erst am Anfang meiner Schauspielkarriere wurden mir darüber die Augen geöffnet.

Alle Rollen, die ich in Filmen verkörpert habe, besaßen Charme. Um ehrlich zu sein, lag das natürlich nicht daran, daß ich besonders bestrickend wäre, sondern einfach daran, daß die Filmemacher wissen, daß das Publikum mehr Interesse daran hat, bezaubernde Menschen auf der Leinwand zu sehen als langweilige. Aber glauben Sie nur nicht, daß Charme ganz automatisch mit schicken Kleidern und Geld einhergeht. In meinem Film »Arabeske« spiele ich zum Beispiel eine Frau, die reich und elegant ist und über einen sehr ausgefeilten und kultivierten Charme verfügt. Aber in »Ein besonderer Tag« ist es genau umgekehrt. Ich spiele eine Frau, die in der eintönigen Plackerei ihres Alltags gefangen ist. Doch auch ohne Geld besitzt diese Frau immer noch ihren eigenen, natürlichen Charme.

Woher kommt also diese schwer faßbare Qualität? Wenn man beim Film tätig ist, lernt man, daß bestimmte Elemente – Gesten, Aussehen, Bewegungen – einer Rolle auf der Leinwand Leben geben. Es gibt eine Technik und eine Kunst, zu bezaubern. Aber wir haben auch Filme gesehen, in denen ein Schauspieler oder eine Schauspielerin es nicht erreichten, Charme zu vermitteln. Also liegt doch nicht alles an der Technik. Da gibt es auch noch etwas anderes.

Ich bin davon überzeugt, daß Charme über die Technik hinaus vor allem Aufrichtigkeit verlangt. Wahrer Charme ist ein ehrlicher Ausdruck des Ichs. Marcellos Aufrichtigkeit, die oft entwaffnend ist, hat nichts von Technik an sich. Sie ist ein Bestandteil seiner Persönlichkeit und seines Charakters, und sie bezaubert jedermann. Mitunter kann eine gewisse Kühnheit oder Schüchternheit, selbst ein *faux pas* absolut bezaubernd sein, weil sie direkt aus dem Herzen zu kommen scheinen. Diese Gesten sind völlig aufrichtig, und sie gestatten uns, eine besondere Seite eines Menschen zu sehen. Es ist nicht immer einfach, ganz und gar man selbst zu sein. Das kann schon einen gewissen Mut erfordern. Wenn Sie zum Beispiel mit Musikexperten zusammen sind, Sie aber absolut nichts von Musik verstehen, ist es durchaus ver-

Ich versuche stets, den besonderen Charme einer jeden Rolle zu entdecken. Hier als Aldonza, das Dienstmädchen in »Der Mann von La Mancha«.

Eine romantische Pose mit Marcello Mastroianni in »Gestern, Heute und Morgen« (1963).

lockend, einfach zu nicken und damit ein Wissen vorzugeben, das Sie in Wirklichkeit gar nicht besitzen. Es wäre aber wesentlich besser, wenn Sie zugeben würden, auf diesem Gebiet Laie und erfreut zu sein, etwas dazulernen zu können. Das klingt ganz einfach, ist aber nicht leicht zu bewerkstelligen, weil wir nun einmal dazu neigen, andere beeindrucken und uns selbst schützen zu wollen.

Wenn ich davon spreche, daß Charme aus der Ehrlichkeit herrührt, rate ich Ihnen aber keineswegs, das allzu wortwörtlich zu nehmen. Das Schwatzen über Ihre Mängel und eine wortreiche Proklamation all der Dinge, die Sie nicht wissen, kann betäubend langweilig sein. Es geht darum, Ihr wahres Ich zu erkennen und das offen auszudrücken. Sind Sie von Natur aus scheu, so geben Sie nicht vor, die größte Salonlöwin aller Zeiten zu sein. Sind Sie eine eher schlechte Tänzerin, so tun Sie nicht so, als würden Sie all Ihre Nächte auf dem Parkett verbringen. Aber wenn Sie einen gewissen Stolz über Ihre Talente als Sängerin empfinden, dann tun Sie auch nicht so, als sei das Gegenteil der Fall. Charme zeigt sich, wenn Sie anderen gegenüber eine besondere, einmalige Seite von sich selbst enthüllen.

Und zu guter Letzt: Es gibt keinen Charme ohne Ehrlichkeit und Technik – es gibt aber auch keinen Charme ohne Geheimnis. Nun, ich kann Ihnen auch nicht sagen, was Sie anstellen müssen, um geheimnisvoll zu wirken. Aber wenn Sie ein wenig über Charme nachdenken, werden Sie herausfinden, daß etwas daran ist, das man nicht genau definieren kann. Sein Geheimnis besteht oft in dem, was nicht ausgesprochen wird. Es kann ein ganz bestimmter Blick sein, eine Berührung mit der Hand, die Andeutung, daß da mehr ist als das Offensichtliche. Wie schon gesagt, es hat wenig Sinn, bewußt zu versuchen, geheimnisvoll zu sein. Aber ich halte es für durchaus hilfreich, daran zu erinnern, daß ebensoviel Wirkung in unseren Andeutungen wie in unseren Handlungen liegt, wenn wir versuchen, charmant zu sein.

Als ich den Drehbuchautor von »Die Frau vom Fluß« kennenlernte, wußte ich, daß er bereits an zwei Produktionen beteiligt gewesen war, bei denen ich übergangen worden war. Ich war der Meinung, er sei mir gegenüber ablehnend eingestellt. Er hielt sich in einem leeren Zimmer auf und lauschte einem Mambo im Radio. Ich wollte unbedingt etwas von mir ausdrücken, was ich nicht in Worte kleiden konnte. Und so sprang ich spontan in den Raum und näherte mich ihm – Mambo tanzend. Später stellte ich fest, daß er mich keineswegs ablehnte. Und nachdem wir gute Freunde geworden waren, sagte er mir, daß dieser improvisierte Tanz eines der bezauberndsten Ereignisse seines Lebens gewesen sei.

Charme ist eine individuelle Qualität. Um bezaubernd zu sein, brauchen Sie sich nur auf Ihre besonderen Vorzüge zu konzentrieren und darauf, wie Sie sie anderen Menschen nahebringen können. Sie müssen nur aufrichtig Sie selbst sein. Wenn andere Menschen spüren, daß ihnen da eine echte Persönlichkeit gegenübersteht, werden sie bezaubert sein.

Nur Sie allein wissen, was an Ihnen einmalig und charmant ist. Vielleicht ist es Ihr Lächeln, Ihr Lachen, Ihre Freundlichkeit. Vielleicht ist es auch die Art, mit der Sie den Dingen des Lebens eine komische Seite abgewinnen können. Vielleicht ist es Ihre Ausgeglichenheit. Was Ihre Besonderheit auch sein mag – sie kann durch die Technik des Charmes nur weiterentwickelt werden.

Charme wirkt sich nur in unseren Beziehungen zu anderen Menschen aus. Und es sind häufig die kleinen Dinge, die wir für andere tun, die den Unterschied ausmachen.

Ich erinnere mich an das erste Mal, als ich mit Charlie Chaplin zusammentraf. Ich hielt mich in einem gemieteten Cottage in Ascot auf, und er wollte kommen, um mir das Drehbuch für »Die Gräfin von Hongkong« zu zeigen. Dieses Zusammentreffen war sorgfältig vorbereitet worden, und ich war schrecklich nervös. Charlie Chaplin war der Held meiner Kindheit. Wenn ich seine Kapriolen auf der Leinwand sah, konnte ich den Krieg vergessen und auch die Armut, die um mich herum in Pozzuoli allgegenwärtig war. Ich empfand ihm gegenüber eine große Dankbarkeit, und ich hatte große Hochachtung vor seinem Talent.

Als es klingelte, strich ich mein Kleid glatt und holte tief Atem. Und dann stand dieser kleine Gigant vor mir – mit einem Blumenstrauß in der Hand. Ich war bezaubert. Diese kleine Geste, die Frühlingsblumen, brachen das Eis. Wir fühlten uns beide locker und gelöst. Es war nur eine schlichte Geste und nicht einmal besonders neu – aber sie brachte die Dinge auf den richtigen Weg. Wir wurden gute Freunde, und die Bekanntschaft mit ihm ist für mich eine Erfahrung, die ich immer schätzen werde.

Ich habe Ihnen diese Geschichte wegen dieses Straußes erzählt. Er war es, der den Zauber bewirkte. Und er erinnert mich daran, wie kleine Dinge die Wege zwischen den Menschen ebnen können. Ich glaube, es täte uns allen ganz gut, uns in unseren Beziehungen zu anderen Menschen an diese kleinen Dinge – Benehmen, Liebenswürdigkeit, Mitgefühl – zu erinnern. Was als Technik beginnen mag, kann zur Gewohnheit werden und schließlich zu einem Bestandteil Ihres Charmes.

Benehmen

Gesellschaftliche Zusammenkünfte sind Gelegenheiten für Amüsement und Anregung. Charme kann den Weg ebnen, aber es ist wichtig, auch dem Benehmen, dem »guten Ton«, ein wenig Beachtung zu schenken. Schließlich ist Benehmen das Gerüst, auf dem Charme aufgebaut wird. Ich kenne ein paar Leute, die kein Benehmen haben. Obwohl ich sie unter Umständen sogar als interessant ansehen könnte, werde ich sie doch nie als charmant empfinden.

Gute Manieren scheinen mitunter etwas zu sein, was sich überlebt hat – wie Pferdekutschen oder Petroleumlampen. Die moderne Kultur ist so informell und so flexibel, daß wir dazu neigen, gutes Benehmen für altmodisch zu halten und zu meinen, daß uns der gesunde Menschenverstand wesentlich weiter hilft. Das halte ich für einen großen Fehler. Es gibt viele Situationen, in denen gutes Benehmen die Weichen stellen kann. In der Tat kann und sollte ein gewisses Benehmen alle unsere täglichen Handlungen bestimmen. Jede Begegnung, die Sie mit anderen Menschen haben, wird durch das Benehmen beeinflußt – ob nun gut oder schlecht. Ganz egal, ob Sie nun mit Ihrer Mutter oder einem Taxifahrer zu tun haben: Ihr Verhalten bestimmt die Atmosphäre der Begegnung.

Bei gutem Benehmen geht es im Grunde um Liebenswürdigkeit – jene Eigenschaft, die so sehr dazu beiträgt, daß man sich locker und wohl fühlt. Wenn Sie sich daran erinnern, werden Sie wissen, warum gute Manieren so wichtig sind. Wenn Sie die Grundlagen guten Benehmens kennen, werden Sie sich überall auf der Welt zu Hause fühlen. Und Sie werden in der Lage sein, anderen Menschen das gleiche Gefühl zu vermitteln.

Mit meinem guten Freund Charlie Chaplin, dem Meister des Charmes, bereite ich mich auf den Film: »Die Gräfin von Hongkong« vor.

Ich hatte vielfältige Erfahrungen in sehr unterschiedlichen gesellschaftlichen Situationen und habe dabei feststellen können, welchen Unterschied gutes Benehmen ausmachen kann. Mitunter bekomme ich ganz spontan einen schlechten Eindruck von einem Menschen – weil er kein Benehmen hat. Im allgemeinen sind die Menschen liebenswürdig zu mir, weil sie wissen, wer ich bin. Aber mir entgeht nicht, wenn jemand unfreundlich oder grob anderen Leuten gegenüber ist, die er nicht für wichtig hält. Wenn ich das bemerke, entwickele ich sofort eine Abneigung gegen die betreffende Person. Das zeige ich zwar nicht, äußere mich auch nicht, aber ich habe von diesem Moment an eine andere Meinung über sie.

Informieren Sie sich über gutes Benehmen, wenn Sie der Ansicht sind, daß Ihre Kenntnisse nicht ausreichen. Lesen Sie ein Buch über die Etikette und beobachten Sie jene Menschen, die offenbar mühelos anderen ein Gefühl von Entspanntheit und Behaglichkeit zu vermitteln vermögen. Damit meine ich nicht, daß Sie einen Hochschulkursus in Sachen Gutes Benehmen belegen sollten – aber jeder kann doch dann und wann eine kleine Auffrischung gebrauchen. Und wenn Sie Mutter sein sollten, haben Sie eine zusätzliche Verantwortung, Ihren Kindern gutes Benehmen beizubringen. Das Zuhause ist der Ort, wo sie es lernen können. Kinder, die in einer Atmosphäre guten Benehmens aufwachsen, werden es im Leben wesentlich leichter haben.

Es gibt gewisse alltägliche Begebenheiten, die Ihnen Gelegenheit bieten, gutes Benehmen zu zeigen, so zum Beispiel dann, wenn Sie Menschen einander vorstellen, die sich fremd sind. Man erlebt sehr häufig, daß bei derartigen Vorstellungen auf der Straße oder auf Parties lediglich die Namen der Betreffenden genannt werden. Und das gibt ihnen kaum den Einstieg zu einem Gespräch. Es endet damit, daß sie einander anstarren und sich unbehaglich fühlen. Mir wird das besonders bewußt, wenn ich Leuten vorgestellt werde, die zwar etwas über mich wissen, aber ich absolut nichts über sie. Ich wünsche mir dann immer eine »Eröffnung« im Plauderton, dem ich etwas über die betreffenden Menschen entnehmen kann. Würde die Vorstellung lauten: »Das ist Maria. Sie ist gerade von ihrer ersten Reise nach Hongkong zurückgekehrt«, oder »John ist gerade Vater geworden«, so wäre die Sache ganz anders. Die Gesprächsmöglichkeiten sind dann schier unbegrenzt. Bei einer solchen Vorstellung, gleich bei der Ankunft, werden sich die Gäste von Anfang an gelöst und wohl fühlen können. Das bringt natürlich mit sich, daß Sie über jeden Ihrer Gäste etwas wissen müssen, aber das ist nun mal eine der wesentlichsten Pflichten einer Gastgeberin. Köstliches Essen und edler Wein bedeuten nicht allzuviel, wenn sich die Gäste nicht wohl fühlen.

Das Gespräch

Gespräche sind die Seele jeder Party und jeder anderen gesellschaftlichen Zusammenkunft. Gute Gespräche ergeben sich aus dem Interesse, etwas über andere zu erfahren. Viele Menschen neigen zu der Ansicht, ein guter Gesellschafter sei jemand, der über ein Repertoire witziger Geschichten verfügt und im Mittelpunkt der Aufmerksamkeit steht. Das ist ein Trugschluß. Geistreiche Anekdoten würzen zwar die Suppe, aber sie sind nicht das Fleisch einer guten Konversation. Es ist ebenso wichtig, zuhören zu können. Das Gespräch ist ein Austausch, und den kann es nicht geben, wenn einer das Wort an sich reißt.

Mit Richard Burton in der Dekoration von »Die Reise nach Palermo« (oben) und beim Gespräch mit Noël Coward bei den Dreharbeiten zu »Lady L«.

Richard Burton war ein ganz ausgezeichneter Gesellschafter. Ich lernte ihn im Sommer 1973 kennen, als er in meinem Haus in Marino wohnte. Wir sollten in Vittorio de Sicas Film »Die Reise nach Palermo« Partner sein, und Richard wollte den Fotografen und der Presse entgehen und sich vor Beginn der Dreharbeiten noch ein wenig entspannen. Wir führten wundervolle, lange Gespräche über alles, was man sich nur denken kann. Richard war ein ungemein intelligenter Mann. Er zitierte Dichter und Schriftsteller, erhellte seine Standpunkte mit Beispielen aus der Geschichte und besaß ein so breites Spektrum an Kenntnissen, daß ich ihn beneidete. Klatsch und Tratsch waren ihm ein Greuel. Stets war er mehr interessiert an dem, was die Menschen beschäftigte, als an den Menschen selbst – eine weitere Eigenschaft, die ich sehr bewunderte. (Selbstverständlich war er nicht perfekt. Trotz zahlloser Spiele ist es ihm nie gelungen, mich im Scrabble zu schlagen – wie Peter O'Toole, der durch mich ebenfalls bittere Niederlagen hat hinnehmen müssen.)

Haben Sie jemals befürchtet, inmitten einer Gruppe Menschen nichts zu sagen zu haben? Manche Menschen sind so gewandt und extrovertiert, daß sie sich gar nicht vorstellen, ihnen könne so etwas passieren. Allen anderen – mich eingeschlossen – können ein paar Vorbereitungen den Weg ebnen. Überlegen Sie sich unter der Dusche oder während des Make-ups ein paar Themen, die Sie unter Umständen zur Sprache bringen könnten. Das mag übertrieben klingen, aber ich halte es schlicht für vernünftig. Ich nehme sogar an, daß die meisten Menschen genau das pausenlos tun – obwohl ich noch nie gehört habe, daß jemand das irgendwo empfohlen hätte. Ein Zeitungsartikel, den Sie gerade gelesen haben, ein Buch, das Ihnen nicht gefallen hat, die Rolle des Tieres im Leben eines Mannes – jedes Thema kann ein Gespräch eröffnen und aus einer Flaute retten.

Sie könnten sich gelegentlich in der Situation befinden, bekannte oder berühmte Menschen kennenzulernen. Dann sollten Sie zunächst versuchen, etwas über sie in Erfahrung zu bringen. Tun Sie das jedoch nicht aus dem Motiv heraus, schmeicheln oder beeindrucken zu wollen. Das würde den Gesprächspartner sich unbehaglich fühlen lassen. Aber wenn Sie etwas über den Menschen und seine Arbeit wissen, sind Sie in der Lage, ein Gespräch zu eröffnen. Das lockert die Atmosphäre, und Sie werden vielleicht sogar etwas dazulernen, was durchaus wertvoll sein kann.

Während der Dreharbeiten zu »Lady L« hörte ich, daß Noël Coward kommen würde, um sich das berühmte Schloß in Yorkshire anzusehen, das die Kulisse für den Film bildete. Ich muß gestehen, daß ich nicht viel über ihn wußte. Aber in der mir zur Verfügung stehenden Zeit informierte ich mich, so gut es ging, und als er dann da war, sah ich mich in der Lage, mit ihm über sein Leben und seine Erfahrungen zu sprechen. Danach las ich zwei seiner Stücke. Sie gefielen mir so gut, daß es mir leid tat, sie nicht schon früher gekannt zu haben, sonst hätte ich mich noch eingehender mit ihm unterhalten können.

Ein Plädoyer für die Schüchternheit

Bevor wir die Party verlassen, würde ich gern ein Plädoyer für die Verteidigung der Schüchternheit halten. Ich bin selbst schüchtern und weiß, was es heißt, einen Raum voller Fremder betreten zu müssen und zu spüren, daß sich alle Augen auf einen richten. Sie mögen das in

In bin meinen Fans immer sehr dankbar, aber es verlangt doch eine Menge Selbstbeherr-schung und auch Übung, um in einer Situation wie dieser die Haltung zu bewahren.

Anbetracht meiner Karriere und meines Berufes vielleicht nicht glauben, aber es ist so. Ich gehe nicht gern auf modische Partys. Aber ich sehe meine Verpflichtung einem Publikum gegenüber, das mich berühmt gemacht hat. Ich halte es für töricht, wenn Schauspieler geringschätzig von ihrem Publikum denken. Wie auch immer, wenn ich zu derartigen Ereignissen gehe, bin ich normalerweise vorbereitet. Aber eines Abends, als ich gerade in London den Film »Die Millionärin« drehte, ging ich mit Peter Sellers ins Hotel Savoy essen. Als wir das Restaurant betraten, wurde mir plötzlich bewußt, daß alle Augen auf uns gerichtet waren. Mir wurden die Knie weich, und ich begann zu schwanken. Nur Peters Zugriff – er hatte gesehen, wie blaß ich geworden war – bewahrte mich vor dem Fallen. Wenn ich darauf eingestellt bin, macht Scheinwerferlicht mir nichts aus. Aber wenn es mich ohne jede Vorwarnung trifft, verwandle ich mich in Wackelpudding.

Schüchtern zu sein ist keineswegs etwas, dessen man sich schämen müßte. Es geht lediglich darum, Ihre Schüchternheit auf anmutige Weise zu besiegen. Manche Menschen ziehen sich völlig zurück und isolieren sich. Andere wiederum spielen den Clown oder langweilen mit vergeblichen Versuchen, von ihrer Schüchternheit abzulenken. Keine dieser beiden Methoden hat große Aussicht auf Erfolg. Ich erinnere mich, daß es bei den Dreharbeiten zu »Der Untergang des Römischen Reiches« einen Schauspieler gab, der eine Art von Aggressivität entwickelte, die Besetzung und Stab gegen ihn aufbrachte. Ich sah, daß hinter seinem unangenehmen Verhalten in Wirklichkeit Schüchternheit verborgen und er eigentlich ein guter Mensch war. Also nahm ich ihn beseite und sagte: »Ich glaube nicht, daß Sie in Wirklichkeit so rüde sind. Also verzichten Sie lieber darauf, die Menschen mit Ihrem Benehmen zu schockieren.« Vielleicht hat ihn diese Bemerkung nachdenklich gemacht, denn er entspannte sich zusehends und gewann die Unterstützung aller Kollegen.

Ich versuche nie, mit aller Macht leutselig zu sein. Das entspricht nicht meinem Naturell und wäre daher völlig wirkungslos. Ich suche mir jemanden, mit dem ich mich unterhalten kann, jemanden, in dessen Gesellschaft ich mich gelöst fühle. Und dann konzentriere ich meine ganze Aufmerksamkeit auf diesen Menschen. Auf diese Weise brauche ich mich nicht auf eine große Gruppe von Menschen einzustellen und bleibe doch ins Geschehen einbezogen. Ich finde das wesentlich leichter und – wenigstens für mich – auch lohnender.

Wenn Sie schüchtern sind, ist es sehr wichtig, daß Sie sich selbst dazu bringen, eine Party zu genießen, selbst wenn Sie lieber mit einem Buch zu Hause bleiben würden. Es gibt Zeiten, da brauchen Sie die Gesellschaft anderer, und Sie sollten die Gelegenheit begrüßen, neue Menschen kennenzulernen und Ihren Horizont erweitern zu können. Sie sollten sich einer Party mit einer positiven Einstellung nähern. Wenn Sie sich sagen, daß Sie dorthin gehen, um sich zu amüsieren, werden Sie auch amüsieren. Verkriechen Sie sich nicht in einer Ecke, so daß keiner Veranlassung fühlt, ein Wort an Sie zu richten. Betreten Sie keinen Raum so, als wünschten Sie sich überall anders, nur nicht hier zu sein. Geben Sie sich allerdings auch nicht der Täuschung hin, daß es eine Art von Kultiviertheit wäre, gelangweilt und überheblich zu erscheinen. Vertrauen Sie darauf, daß Sie einem anderen Menschen etwas zu bieten haben, und Ihre Zuversicht wird eine Aura schaffen, die Sie auf andere anziehend macht.

Stimme und Gesten

Ich hörte davon, daß Charlie Chaplin über mich gesagt hat: »Was erwarten Sie von einem Mädchen, das zwischen einer Waffenfabrik und einem tätigen Vulkan aufgewachsen ist?« Zu Anfang meiner Filmkarriere war ich sehr selbstbewußt in bezug auf meine Stimme, und da ich annahm, seine Äußerung bezöge sich auf sie, war ich wie vom Donner gerührt. Was für eine Erleichterung, zu erfahren, daß er mein Temperament gemeint hatte.

Als Schauspielerin bin ich mir des Klangs und der Modulation einer Stimme sehr bewußt. Schließlich ist die Stimme ein Instrument meines Handwerks. Haben Sie schon einmal in einem Bus oder in einem Restaurant eine Stimme unter allen anderen herausgehört? Wahrscheinlich war sie besonders laut oder schrill, und das lehrt Sie bereits fast alles, was Sie über Stimmen wissen müssen, denn es sieht ganz so aus, als würden wir Stimmen nur bemerken, wenn sie unangenehm sind. Ist eine Stimme angenehm, werden Sie sich dessen gar nicht bewußt: Sie nehmen nur die Worte wahr.

Um Ihre eigene Stimme so zu hören, wie sie auf andere wirkt, gibt es einen ganz einfachen Trick: Schlagen Sie eine Zeitschrift auf, stecken Sie die Nase hinein und sagen Sie ein paar Worte. Ihre Stimme hallt an Ihre Ohren zurück, und Sie bekommen einen Eindruck davon, wie sie in den Ohren anderer klingt. (Ich empfehle Ihnen allerdings, dieses Experiment nur zu machen, wenn Sie allein sind.) Sie können aber auch ein Tonband benutzen, um die Wirkung Ihrer Stimme festzustellen. Unter Umständen werden Sie dabei Ihre eigene Stimme nicht erkennen. Das beste ist, Sie nehmen sich auf, wenn Sie gerade ein beiläufiges Gespräch mit einem Freund oder einer Freundin führen. Beim Abspielen des Tonbands werden Sie Modulation und Sprachrhythmus bemerken – etwas, dessen Sie sich zuvor gar nicht bewußt waren. Vielleicht stellen Sie gewisse Sprechgewohnheiten fest – unter Umständen wiederholen Sie bestimmte Worte, vielleicht sprechen Sie zu schnell. Von einem Zehn-Minuten-Tonband können Sie viel lernen.

Als ich mit der Filmarbeit begann, mußte ich lernen, meine Stimme zu senken. Sie war sehr hoch, und – ehrlich gesagt! – sie klang selbst in meinen Ohren irritierend. Ich beschloß, etwas dagegen zu unternehmen. Also ging ich daran, meine Stimme bewußt ein bißchen tiefer zu modulieren. Mit sehr viel Disziplin erreichte ich, daß mein natürlicher Sprechton jetzt tiefer klingt als vorher; und im Film liegt er sogar noch darunter.

Eine Stimme, die in einem tieferen Bereich angesiedelt ist, wirkt auf uns angenehmer als eine hohe. Nicht nur das – eine tiefere Stimme vermittelt auch mehr Autorität. Ich bin sicher, daß Sie das auch schon im Fernsehen miterlebt haben: Wenn zwei Leute miteinander diskutieren, wird derjenige, dessen Stimme hoch und aufgeregt klingt, die Sympathien der Zuschauer verlieren – ganz unabhängig davon, wie schlüssig seine Standpunkte auch sein mögen. Doch jemand, der ruhig bleibt und mit einer gelassenen, tiefen Stimme spricht, ist dann derjenige, der unser Vertrauen gewinnt. Das sollten Sie sich für den Fall merken, daß Sie einmal den Drang verspüren, sich mit jemandem auseinanderzusetzen. Wenn Sie schon einen Streit vom Zaune brechen müssen, können Sie auch gleich einen Punkt für sich verbuchen: Eine tiefe, überlegene Stimme wird ein mächtiger Verbündeter sein.

Vielleicht bin ich mir dieses Problems besonders bewußt, weil ich als Neapolitanerin ein

In der Rolle der alternden Hausfrau in »Ein besonderer Tag« zeigte ich Gebärden, von denen ich annahm, sie würden die Anziehungskraft dieser Frau herausstreichen.

hitziges Temperament besitze. Wenn es mit mir durchgeht, wird meine Stimme absolut unangenehm. Das möchte sich kein Mensch längere Zeit mitanhören. Irgendwann werde ich es hoffentlich lernen, mein Temperament zu zügeln, und bis es soweit ist, bin ich bemüht, wenigstens meine Stimme so ruhig und tief wie möglich zu halten.

Eine Pause bei den Dreharbeiten zu »Der Untergang des Römischen Reiches« mit Regisseur Anthony Mann in Madrid (1964).

Wenn ich den Ausdruck des Ichs, die Selbstdarstellung, bedenken – besonders in Verbindung mit Charme –, dürfen wir Gesten und Bewegungen nicht außer acht lassen. Sie sind so unverwechselbar wie eine Handschrift und können bezaubern, vor allem, wenn sie anmutig sind und der jeweiligen Situation angemessen. Sie können unseren Worten Nachdruck verleihen und uns dabei helfen, ruhig zu bleiben, wenn wir nervös sind.

Wenn ich Ihnen auch nicht empfehle, große Anstrengungen zu machen, Ihre natürlichen Gesten zu verändern, so sollten Sie sich ihrer doch bewußt werden – für den Fall, daß Sie bei Gelegenheit einen Eindruck verändern wollen, den man von Ihnen hat. Kontrollierte Gesten schaffen eine Aura von Autorität und Gelassenheit. Das kann sehr nützlich sein, besonders in einer Situation, die Sie für schwierig halten. Sie werden auch feststellen können, daß Sie, wenn Sie Ihren Körper zur Gelassenheit disziplinieren, sich auch tatsächlich ruhiger fühlen. Ich fand das bei Fernsehauftritten sehr nützlich, wenn ich sowohl meine Nerven beruhigen als auch vermeiden wollte, meine Zuschauer durch allzu viele Gesten zu verwirren.

Warmherzigkeit und Humor

Persönliche Warmherzigkeit ist vermutlich die wahre Seele des Charmes. Wir alle kennen Menschen, die so teilnehmend und fürsorglich wirken, daß es ein Vergnügen ist, mit ihnen zusammen zu sein. Andere fürchten sich davor, Zuneigung zu zeigen und warmherzig zu sein. Das halte ich für eine große Tragik, besonders für Männer.

Selbstverständlich gibt es Wege, Warmherzigkeit auch anders als durch physische Berührung und Umarmungen zu zeigen. Wertschätzung, die sich in einem Kartengruß oder in einer kleinen Erinnerung ausdrückt, kann sehr anrührend sein. Wenn Sie für etwas dankbar sind, das Ihnen jemand erwiesen hat, so zeigen Sie es ihm oder ihr auch. Eine Karte, die spontan geschickt wird, findet häufig mehr Wertschätzung als ein lange überlegtes Geschenk.

Humor ist meiner Meinung nach ein wichtiger Bestandteil des Charmes. Vermutlich ist ein gewisser Sinn für Humor das einzige, was meine Freunde gemeinsam haben. Der Klang von Gelächter ist für mich so wundervoll und erfrischend, besonders das Lachen von Kindern.

Humor gestattet Menschen auch, Gedanken und Vorstellungen auf eine sehr angenehme Art auszutauschen. Wie die Musik ist auch der Humor ein gutes Terrain, auf dem sich Fremde begegnen und Freunde werden können. Sie mögen durchaus annehmen, Sie hätten mit einem anderen Menschen nichts gemein, bis Sie herausfinden, daß Sie über einen Witz gemeinsam lachen können. Einige der wunderbarsten Freundschaften basieren auf einem gemeinsamen Sinn für Humor. Als ich »Stolz und Leidenschaft« mit Cary Grant und Frank Sinatra drehte, gab es immer viel Spaß in den Kulissen. Mein Englisch war damals noch so dürftig, daß ich kaum etwas von den Witzen mitbekam. Aber da ich nicht abseits stehen wollte, versuchte ich, an den richtigen Stellen zu lachen. Ein italienischer Freund von mir kannte meine mißliche Lage, und einmal begegneten sich unsere Blicke, als ich gerade mit den anderen lachte. In diesem Augenblick wurde uns beiden klar, daß wir im Grunde genommen absolut sinnlos lachten – und mußten nun noch mehr lachen. Von da an lachten wir am lautesten, wenn sich die anderen einen Witz erzählten. Wir lachten so laut, weil wir über uns selbst lachten. Ohne Humor wäre das Leben mit Sicherheit schrecklich eintönig.

Männer und Liebe

Die Leute fragen mich immer wieder nach den Männern in meiner Vergangenheit. Wie war es denn so, mit Gregory Peck zu arbeiten? Ist Paul Newman tatsächlich so gutaussehend? Und wir war das mit Marlon Brando und Frank Sinatra? Finden Sie sie attraktiv? Viele Menschen, besonders Frauen, schätzen mich glücklich, weil ich durch meine Arbeit die faszinierendsten und bestaussehenden Männer der Welt kennengelernt habe und noch kennenlerne. Männer, von denen so viele Frauen träumen und die den Ehrgeiz vieler junger Männer anfachen, sind meine Kollegen und manchmal auch meine Freunde.

Hier also die Wahrheit darüber, wie es ist, mit diesen Männern zusammenzuarbeiten. Denken Sie eine Minute lang an Ihren Ehemann, Ihren Freund oder Ihren Vater. Die Arbeit mit den Großen der Leinwand ist ganz so, als würden Sie mit den Männern zusammenarbeiten, die Sie ein Leben lang kennen. Wenn Sie Tag für Tag mit ihnen verbringen, sich manchmal erschöpft fühlen, verägert sind, verliert die Verzauberung, der Schauer, die große Anziehung sehr schnell ihre Wirkung. Manche Tage sind ein großer Spaß, andere das reine Elend. Mit manchen der Kollegen entwickelt sich eine dauerhafte Freundschaft, bei anderen hegt man die Hoffnung, das Schicksal möge verhüten, ihnen jemals wieder begegnen zu müssen. Ich habe von Disziplin schon gesprochen. Nun, es bedarf schon größter Disziplin, einen Mann zu liebkosen und leidenschaftlich zu küssen, den man nicht wirklich gern hat – und das auch noch so überzeugend wie möglich! Glücklicherweise ist mir das nur wenige Male passiert.

Wenn ich sage, daß diese Männer durchaus alltägliche Eigenschaften haben, so ist keineswegs beabsichtigt, ihre Bedeutung zu schmälern. Wenn ich nach den Schauspielern gefragt werde, mit denen ich zusammengearbeitet habe, kann ich ein angenehmes Gefühl von Stolz und Genugtuung nicht verhehlen. Man denke doch nur! Unter meinen Partnern waren: Cary Grant, Frank Sinatra, Marlon Brando, Marcello Mastroianni, Gregory Peck und Richard Burton. Ich könnte Paul Newman hinzufügen, William Holden, Trevor Howard, Jean Gabin, Omar Sharif – aber ich möchte viele andere nicht übergehen, daher belasse ich es bei den ersten Namen, die mir gerade in den Sinn kamen. Wenn ich gebeten würde, den idealen Mann zu beschreiben, würde es sicherlich genügen, einen Zug oder eine Eigenschaft von jedem meiner berühmten Partner zu benennen. Und so würde dieser »erfundene« Idealmann aussehen: Er würde Pauls blaue Augen haben, Marlons sinnlichen Mund, Gregorys feingeformte Nase, Richards klangvolle Stimme, Carys schlanke Gestalt, Jeans Anziehungskraft, Marcellos bezaubernde und aufrichtige Natur...

Aber bevor wir uns hier an ein eingebildetes Wesen verlieren, sollte ich Ihnen gestehen, daß auch ich oft an einen solchen idealen Mann gedacht und ihn mir vorgestellt habe. Aber meiner Auffassung nach wäre er ein absoluter Fehlschlag. Ein Mann, der alle diese Qualitäten

Mit Charlton Heston in »El Cid«.

verkörpert, wäre doch eine Katastrophe. Er wäre absolut fehlerlos – und was könnte langweiliger sein als ein Mann, der nicht irgendeine negative Reaktion provoziert? Wer von uns könnte mit einem Mann leben, der so perfekt gutaussehend ist, bezaubernd und ausgestattet mit dem Charakter eines Heiligen?

Zweitens ist der ideale Mann kein abstraktes Phänomen, das ganz unabhängig von uns existiert. Wir Frauen tragen wesentlich zu diesem Ideal bei und übernehmen es dann für den Mann, für den wir uns entschieden haben. Deshalb kommt es vor, daß wir uns häufig einen Mann wählen, der – zumindest in den Augen der Freunde und Bekannten – nicht so recht zu uns zu passen scheint. Doch wir sehen etwas Besonderes in diesem Mann – etwas, das vielleicht wirklich da ist oder auch nur in unserer Einbildung. Liebe mag blind sein, wie das Sprichwort sagt, aber selbst dann sollten wir etwas realistischer sein, wenn es um den Mann unserer Wahl geht. Wenn Ihre Augen allzu verschleiert sind von einer Vision, die Sie sich nach dem Vorbild eines Filmstars geschaffen haben – einer Vision, die nur sehr wenig Ähnlichkeit hat mit dem Mann, der vor Ihnen steht, dann bleibt die Enttäuschung nicht aus.

Wenn wir uns bemühen, realistisch zu sein in bezug auf den Mann, den wir lieben, müssen wir uns von dem Kunstwesen verabschieden, das ich aus Paul und Cary und Marlon und anderen geschaffen habe. Haben wir erst einmal die Traumbühne der Pubertät hinter uns gelassen, haben wir einen solchen Mann auch gar nicht mehr nötig. Denn ein gutaussehendes Gesicht und eine ansprechende Figur allein können keine erwachsene Frau wirklich zufriedenstellen. Sie ist bereit für die wahre Herausforderung der Liebe, die Unzulänglichkeiten zuläßt und Ungewißheiten. Also handelt das, was ich Ihnen über die Liebe zu sagen habe, nicht von Filmstars; es geht um den Mann oder die Männer in Ihrem Leben – den, der da Ihnen gegenüber am Frühstückstisch sitzt oder den, auf den Sie noch warten. Und dieser Mann, weil er auf irgendeine eigenartige und nicht vorhersehbare Weise der richtige für Sie ist, ist nicht weniger ideal – er ist *Ihr* Ideal.

Liebe unter dem Mikroskop

Wenn ich Ihnen meine Überlegungen zum Thema Liebe mitteile, kann ich natürlich nur aus eigener Erfahrung sprechen. Ich glaube, daß wir heutzutage total voreingenommen sind von der Vorstellung romantischer Liebe und dem Platz, den sie in unserem Leben einnimmt. Vielleicht täte es uns ganz gut, einmal für eine Woche, einen Monat, ein Jahr den Zustand, die Kondition und die Stärke unserer »Beziehungen« zu vergessen.

In früheren Zeiten waren die Menschen von dringenden Anforderungen des täglichen Lebens absorbiert. Sie mußten Nahrung herbeischaffen, Schutzbauten errichten, Kinder aufziehen und so weiter. Also hatten sie kaum Zeit, sich darüber Gedanken zu machen, welche Bedeutung die Liebe in ihrem Leben hat. Sehr wahrscheinlich hatte Liebe damals mehr mit Überleben zu tun als mit Selbstverwirklichung. Ein guter Ehemann war jemand, der seine Familie gut versorgte. Und eine Ehefrau dachte nicht über erfüllte Zeit mit ihrem Ehemann nach. Sie waren zwei Menschen, die ein gemeinsames Streben vereinte – mal glücklich, mal eingespannt in ihr Joch.

Heute hat sich das alles verändert. Man wird zu der Erwartung ermuntert, daß die Liebe das zentrale Abenteuer des Lebens ist. Die Liebe, wenn sie uns schließlich zustößt, wird einfach alles verändern. Sie werden den einzigen Menschen finden, der der perfekte Partner für Sie ist – Ihre bessere Hälfte. Aber ist es nicht eigenartig, daß Menschen, die Liebe so hoch bewerten, sie als absolut notwendig zum Glücklichsein erachten, ein so ungeheures Vertrauen in die Macht der Liebe besitzen – daß diese Menschen nicht dauerhaft lieben können? Es scheint fast so, als wären wir vernarrt in die Liebe oder als liebten wir unsere Vorstellungen von Liebe mehr als die Wirklichkeit.

Wir kennen wohl alle das junge Paar, das ein gemeinsames Leben gegen alle Widerstände und Widrigkeiten beginnt. Mit wenig oder gar keinem Geld ist sein Leben einfach, manchmal hart. Aber man hat ein gemeinsames Ziel. Ob man nun daran arbeitet, Arzt, Rechtsanwalt, Künstler, Schauspieler oder ein guter Vater, eine gute Mutter zu werden – man hat einen Traum, wie die Zukunft aussehen wird. Doch dann hat einer von ihnen oder haben beide Erfolg, und der Traum zerbricht. Plötzlich scheint alles anders zu sein, und die beiden stellen fest, daß sie sich nicht mehr lieben.

Das ist ein vertrautes Szenario und im wirklichen Leben leider allzu häufig. Es gibt wohlfeile Erklärungen dafür. Einer von beiden ist mit dem Erfolg »nicht fertig geworden«, heißt es dann etwa, oder er war »nicht ebenbürtig« oder ist »nicht schnell genug mitgewachsen«. Ich habe da meine eigene Erklärung. Wenn zwei Menschen einen Berg besteigen, tun sie das Hand in Hand. Aber wenn sie erst einmal den Gipfel erreicht haben, sind sie sich nicht mehr ganz sicher, in welche Richtung sie weitergehen sollen. Anstatt Seite an Seite in die Zukunft zu blicken, neigen sie dazu, sich gegeneinander zu wenden und zu versuchen, das Band zu analysieren, das sie verbindet – ein neues Band, denn das alte Band eines gemeinsamen Ziels hat sich inzwischen verschlissen.

Ich bin fest davon überzeugt, daß Liebe unablässiges Analysieren nicht erträgt. Wenn wir ständig prüfen, examinieren, vergleichen, beleuchten, wird unsere Liebe schwächer und verschwindet schließlich ganz. Und dennoch werden wir dauernd dazu angehalten, unsere Liebe zu studieren und abzuwägen. Liebt er mich auch genug? Auf die richtige Art – ehrlich, ausschließlich, rückhaltlos? Befriedigt er mich sexuell? Bewundert er meinen Geschmack? Respektiert er meine Freundinnen? Läßt er mich wirklich an seinem Leben teilhaben? Die Frauenzeitschriften sind voll mit derartigen Fragen über Liebe und Ehe. Und es gibt sogar Tests, die wir machen können, um herauszufinden, ob unsere Form von Liebe der allgemein gängigen Form entspricht. Es ist fast so, als befänden wir uns alle im Wettbewerb um einen Oscar für die »Beste und perfekteste Beziehung des Jahres«.

Liebe ist privat, einzig und einmalig. Ich weiß, wovon ich rede, da ständiges Ausforschen – nicht durch mich, wohl aber durch die Presse – ein Teil meines Lebens ist. Ich schätze mein Privatleben hoch ein und bin immer wieder bestürzt darüber, wie übereifrig Journalisten sein können, wenn sie etwas herausfinden wollen, das sie über mich berichten können. Ich weiß, daß ich mir ein Leben im Scheinwerferlicht gewählt habe, und ich bin einer Öffentlichkeit dankbar, die Interesse an mir zeigt. Aber das ändert nichts an meiner Entschlossenheit, mein Familienleben, so gut ich kann, für mich zu behalten. Ich weiß, daß Sie als Frau das verstehen können. Und wenn Sie auch noch Mutter sind, werden Sie es noch besser verstehen.

Wir dürfen nicht vergessen, daß wir, um sezieren zu können, erst einmal töten müssen.

*Einige meiner berühmten Film-
partner und Regisseure: John
Wayne (rechts oben), Marcello
Mastroianni (rechts außen), Clark
Gable (links unten), Charlie
Chaplin (Mitte unten) und Vittorio
de Sica (unten rechts.)*

Liebe gehört nicht ins Laboratorium. Sie ist unordentlich von Natur aus. Sie ist eher eine Wildblume als eine langstielige Rose. Sie ist scheu, schlicht. Liebe sollte inspirieren und entzücken, aber keine Ehrfurcht einflößen. Wenn wir sie verpflanzen, überdüngen und sonstwie stören, wird sie höchstwahrscheinlich eingehen. Aber in einer warmen Atmosphäre, ohne übertriebene Ansprüche, wird sie gedeihen und uns immer wieder überraschen.

Widersprüche der Liebe

Um Liebe zu finden, muß man sich der Liebe auch aussetzen. Sie können sich nicht verhalten wie die Prinzessin in ihrer Ritterburg, die darauf wartet, daß jemand sein Leben riskiert, um den Burggraben zu überwinden und die Mauer emporzuklettern. Sie müssen schon eine Brücke und eine Leiter bereithalten.

Stolz ist der größte Feind der Liebe, weil er Ihr Herz verschließt. Er animiert zum Wettstreit. Und wenn Sie bei Liebe – wirklicher Liebe, nicht einem vorübergehenden Vergnügen – an Spiel denken, haben Sie schon verloren. Da gibt es immer wieder jene Augenblicke, in denen Sie Ihr Stolz dazu bringt, zurückzuschnappen, das letzte Wort zu haben. Glauben Sie mir, wenn ich Ihnen sage, daß ich weiß, wie schwer das ist – aber Schweigen ist in diesem Fall das bessere Mittel. Nur um sich selbst zu behaupten, können Sie sich mitunter die schönsten Augenblicke ruinieren.

Und das ist noch nicht alles: Wenn Sie diese Kommentare, diese Kritik – die Sie später bereuen könnten – von sich geben, sind Sie zumeist erregt, und Ihre Stimme wirkt überzeugend. Vielleicht überzeugender, als Sie selbst wissen. Ihre Worte werden im Kopf Ihres Geliebten nachhallen und – wie ein ständiger Tropfen, der den Stein höhlt – schließlich Schaden anrichten, der unter Umständen nicht mehr zu reparieren ist. Diese kleinen Ausbrüche von Stolz, so berechtigt sie im Moment auch sein mögen, werden letzten Endes auch die stärkste Liebe erschüttern.

Als reifer, erwachsener Mensch sollten Sie sich auch nicht der Erkenntnis verschließen, daß Probleme und Schwierigkeiten ein Teil der Liebe sind. Das junge Paar schwingt abrupt zwischen Leidenschaft und Enthaltung hin und her. Aber mit zunehmendem Alter, wenn Sie »weiser« werden, wird Ihnen auch klar, daß nicht jede Wolke einen Wirbelsturm ankündigt. Manche Differenzen sind eine Diskussion wert, und eine Auseinandersetzung kann auch von Nutzen sein.

Mit Sicherheit können Sie eine Auseinandersetzung haben, ja sogar einen Streit führen, ohne gleich die Liebe zu zerstören. Sie müssen nur über den Streit hinaussehen wollen. Und wenn Sie das beide wollen, werden Sie es auch schaffen. Vielleicht ist dies sogar einer der großen Werte der Ehe: Sie ist eine formelle Übereinkunft, die – wenn Sie Ihr Gelöbnis achten – auch über Zeiten hinweghilft, die hoffnungslos erscheinen. Und je mehr Schwierigkeiten Sie bewältigen, desto fester und verständnisvoller wird Ihre Liebe werden.

Als liebender Partner dürfen Sie die kleinen Dinge nicht vernachlässigen. Diese kleinen Dinge, wie Charme und Freundlichkeit, sind das Herz der Liebe. Man vergißt sie leicht, wenn man erst einmal das Herz eines Menschen für sich gewonnen hat. Wenn Sie Liebe für eine Selbstverständlichkeit halten, wenn Sie für Ihren Partner nicht mehr so gut wie möglich aussehen und so liebevoll wie möglich sein wollen, wird sich die Beziehung abnutzen, und die Freude wird schnell vergehen.

Als ich von Parfüms sprach, erwähnte ich das Sprichwort: »Mit Liebe und Parfüm darf man nicht geizen.« Ich wiederhole es hier. Liebe ist nichts, was man für eine besondere Gelegenheit aufhebt wie ein Abendkleid. Liebe sollte jeden Tag voll ausgekostet werden.

Die Pflege liebevoller Einzelheiten des täglichen Lebens hat auch noch einen anderen, wertvollen Vorteil: Je mehr Liebe Sie ausdrücken, desto mehr Liebe werden Sie empfinden. Wenn Sie schon am Morgen damit beginnen, sich zu fragen, warum Ihr Mann sein Frühstücksgeschirr nicht in die Spüle gestellt hat und warum er sich nie an Ihren Hochzeitstag erinnert, garantiere ich Ihnen, daß Sie ein gerüttelt Maß an Abneigung in sich ansammeln. Und am Ende des Tages sind Sie so geladen für weitere Enttäuschungen, Verletzungen und Fehlschläge, daß es sehr wahrscheinlich ist, daß Sie auch bekommen, womit Sie rechnen. Wenn Sie dagegen Ihre Zeit damit verbringen, über die guten Seiten Ihres Geliebten nachzudenken, werden Ihre positiven Empfindungen zunehmen.

Man »lernt« die zu lieben, denen man hilft. Wenn Sie für einen Menschen etwas tun, spüren Sie eine Verpflichtung ihm gegenüber und ein großes Interesse an seinem Wohlergehen. Sie empfinden Liebe. Daher ist es ein Fehler, darauf zu warten, daß Liebe ohne Aufmerksamkeit wächst – als gäbe es irgendeine magische Kraft außerhalb Ihrer Kontrolle. Es ist nicht ratsam, einen ganz bestimmten Abend abzuwarten, einen, an dem Sie Ihr Abendgewand tragen, um Liebe zu empfinden. Man will Liebe doch ständig fühlen, und die beste Art, das zu erreichen, sind die kleinen Dinge, die die Liebe nähren und dazu führen, daß sie in Ihnen wächst.

Güte ist die Seele der Liebe

Wahrscheinlich kennen Sie Tolstois Zeile: »Glückliche Familien ähneln einander; jede unglückliche Familie ist auf ihre eigene Art unglücklich.« Ich glaube, daß es die Güte ist, wodurch sich glückliche Familien und glückliche Paare am meisten ähneln. Vielleicht klingt Güte für Sie wie eine Tugend, die für Kinder bestimmt ist. Mit Sicherheit ist sie nicht im mindesten so romantisch wie Mut oder Ehrlichkeit. Aber es ist die Güte, die die Wunden der Seele lindert.

Güte kann auf vielfältige Weise ihren Ausdruck finden. Manchmal kleidet sie sich in Schweigen. Wenn Ihr Geliebter zum fünften Mal an diesem Tag seine Schlüssel verlegt hat, haben Sie durchaus das Recht, verärgert zu sein. Vielleicht ist er mit seinen Gedanken bei einem Problem. Aber glauben Sie tatsächlich, daß Ihre Verärgerung in irgendeiner Weise hilfreich ist? Oder daß er dadurch das nächste Mal weniger vergeßlich ist? Wahrscheinlicher ist, daß es zu Streit und scharfen Worten kommen wird. Wenn Sie in einer solchen Situation Güte – das offene Mitgefühl des Herzens – zeigen, wird das Ihrem Geliebten das Gefühl geben, geliebt und verstanden zu werden. Mit Sicherheit werden Sie glücklicher sein: Sie werden die Liebe Ihres Partner spüren, und Sie dürfen durchaus stolz auf Ihre Klugheit sein. Gegenseitiges Verzeihen bei kleinen Fehlern kann eine echte Inspiration für die Liebe sein. Sie wissen, daß ich keineswegs zur Tolerierung ernsthafter Vergehen rate: Diese sollten offen besprochen und bereinigt werden. Aber kleine, unbeabsichtigte Fehler – und wer macht die nicht? – können persönliche Eigenheiten sein, die zwei Menschen miteinander verbinden.

171

Bei den Dreharbeiten zu »Arabeske« mit Gregory Peck, einem der charmantesten Männer, denen ich je begegnet bin.

Meist sind die Beispiele für Güte so klein, daß sie in der Wärme einer Untersuchungslampe verdampfen. Aber glauben Sie mir – diese winzigen Stückchen Güte steigern sich zur Liebe. Sie sind die Sandkörnchen in dem Zement, der ein Paar zusammenhält.

Freiheit ist das Rückgrat der Liebe

Sie müssen frei in Ihrer Liebe sein, sonst ist es keine echte Liebe. Wir wissen das alle und akzeptieren es mit unserem Verstand, aber in der Praxis ist das nicht ganz so einfach. Der schwierigere Aspekt der Freiheit in der Liebe besteht darin, sie dem anderen zu gewähren. Ich meine hier nicht die Freiheit, wahllos jeder Laune nachzugeben – das wäre für die Verbindung des Paares verheerend. Ich spreche davon, Ihrem Geliebten die Freiheit zu gewähren, er selbst sein zu können.

Hier ein Szenario, das wir alle kennen. Mary und Tom sind auf einer Party. Tom trinkt vielleicht ein bißchen viel. Leichtes Stirnrunzeln zeigt sich auf Marys Stirn. Tom beginnt mit der Geschichte, wie er in Guatemala sein Gepäck verloren hat. Das Stirnrunzeln wird zum Grollen. Mary greift nach Toms Arm und sagt, daß jedermann diese Geschichte mit Sicherheit schon kennt. Aber offenbar blind gegenüber ihrer Verärgerung erzählt Tom weiter. Den Rest des Abends verbringt Mary damit, ihn in Schach zu halten. Als sie dann endlich allein mit ihm ist, spricht sie kein Wort. Und am nächsten Morgen ist sie nur zu froh, daß er einen ausgewachsenen Kater hat.

Mit Sicherheit können wir uns alle an Gelegenheiten erinnern, bei denen wir uns wegen des Benehmens unseres Partners gekrümmt haben. Carlos zum Beispiel hat die Neigung, auf Parties einzuschlafen. Aber ich glaube, wir müssen zugestehen, daß dieser Mensch – dieser Ehemann oder Geliebte – kein Teil von uns ist. So schwer das auch sein mag. Er hat ein Recht auf seine unschuldigen Mätzchen. Vermutlich hat sich auf meiner erfundenen Party kein Mensch an Toms Ausgelassenheit gestört. Vielleicht hatte auch noch niemand die Geschichte von dem verlorenen Gepäck gehört. Wenn es da tatsächlich so etwas wie Unbehagen gegeben hat, dann wurde das eher von Mary als von Tom provoziert. In den meisten dieser Fälle sympathisiert man mit dem zurechtgewiesenen Partner.

Ich habe dieses Beispiel des Paares auf der Party benutzt, weil es so häufig ist. Aber man kann sich auch viele andere Situationen vorstellen, in denen ein Partner den Wunsch hat, dem anderen die eigenen Maßstäbe aufzunötigen – und sei der Anlaß auch noch so belanglos. Wir scheinen dazu zu neigen, den Partner unbedingt verändern zu wollen – ihn zu dem zu machen, was wir für die perfekte Version seines Ichs erachten. Es ist schon eigenartig: Wir fühlen uns durch gewisse Eigenheiten zu einem Menschen hingezogen, aber wenn wir erst einmal mit ihm zusammen sind, versuchen wir, genau diese Dinge zu verändern. Früher einmal war Mary sicherlich angezogen von Toms unbeschwertem, offenem Wesen. Aber jetzt möchte sie, daß er zurückhaltender wird – so wie sie selbst.

Wenn Ihr Geliebter das nächste Mal etwas tut, was Sie ärgerlich finden, halten Sie einen Moment lang inne und denken Sie darüber nach, warum Sie das so erregt. Ist tatsächlich etwas falsch an seinem Verhalten? Wenn es eher unschuldige Späße sind – warum entspannen Sie sich nicht einfach und lassen ihm sein Vergnügen?

Schwangerschaft und Mutterschaft

Meine erste Schwangerschaft war die ungewöhnlichste Zeitspanne meines Lebens. Jahrelang hatte ich mir ein Baby gewünscht, hatte zwei Fehlgeburten erlitten, die mich in tiefe Verzweiflung stürzten, und nun, im Alter von vierunddreißig Jahren, war ich erneut schwanger. Weil der Arzt, dem ich vertraute, in der Schweiz lebte, zog ich nach Genf, um in seiner Nähe zu sein. Auch wenn ich zum Nordpol hätte ziehen und neun Monate in einem Iglu hätte leben müssen – ich hätte nicht gezögert.

Schwangerschaft soll eine herrliche Zeit für eine Frau sein, aber für mich war sie es nicht. Ich hatte unendliche Angst, mein Baby zu verlieren. An ein Hotel gefesselt, die meiste Zeit im Bett, war ich mit größter Anstrengung bemüht, Ruhe zu bewahren – was für mich fast unmöglich war. Meine Gefühle befanden sich in einem permanenten Widerstreit: Ja, ich bin schwanger und dabei, Mutter zu werden, und schon bald würde ich mein Baby in den Armen halten können und die glücklichste Frau auf Erden sein; nein, ich durfte meine Hoffnungen nicht zu hoch ansetzen – das hieße die Tragödie heraufbeschwören. Jeden Morgen wachte ich erleichtert auf, wieder zwölf Stunden sicher überstanden zu haben, und schlief am Abend mit dem gleichen Gedanken ein.

Es war aber nicht immer so trostlos. Ich hatte Abwechslung. Ich begann damit, mich für das Kochen zu interessieren. Glücklicherweise ist das etwas, das man tun kann, wenn man neun Monate lang in einem Hotelzimmer verbringen muß. Nachdem ich alle Rezepte ausprobiert hatte, an die ich mich aus meiner Kindheit erinnerte, und mit ein paar neuen experimentiert hatte, faßte ich sie alle in einem Kochbuch zusammen. Wenn ich nicht kochte, las ich. Keine Bücher über Babys und Babypflege – ich dachte, das könnte das Schicksal herausfordern. Aber ich las Romane, Biographien und Zeitschriften, aus denen ich erfuhr, was draußen in der Welt vor sich ging. Freunde besuchten mich, und das war immer eine große Freude.

Ich erinnere mich daran, daß Vittorio de Sica mich besuchte. Es hatte eine Menge Geschichten über meinen Zustand gegeben. Natürlich hatte die Presse über meine Fehlgeburten berichtet, und daß ich mich danach sehnte, ein Kind zu haben. Als ich in einem Genfer Hotel verschwand, wurde schnell bekannt, daß ich ein Baby erwartete. Die Presse hatte sich jedoch eine Story ausgedacht, nach der ich eine schwangere Frau bei mir im Hotel versteckt hielt und ihr Kind nach der Geburt als mein eigenes ausgeben würde. Es ist der Macht der Presse zu verdanken, daß sehr viele Menschen diese Geschichte glaubten – wie sich herausstellte, sogar mein guter Freund de Sica, der es eigentlich hätte besser wissen müssen. Als er mich besuchen kam, war ich im siebenten Monat. Ich bin nicht gerade eine kleine Frau, und als ich aufstand, um zur Begrüßung die Arme um ihn zu schlingen, war ich schon ein augenfüllendes Ereignis. »Ah«, japste er. »Du bist ja tatsächlich schwanger!« Die Tatsache war unübersehbar.

Mit Carlo junior und Edoardo 1983 in Genf.

Ich sollte hier erwähnen, daß mich diese Geschichten in der Presse nicht besonders berührt haben. Ich war durch die Schwangerschaft so in Anspruch genommen, daß etwas anderes gar nicht bis zu mir durchdrang. Ich kann es de Sica nicht übelnehmen, daß er darauf hereinfiel. Ich habe selbst oft genug erlebt, daß ich Zeitungsberichte wider besseres Wissen geglaubt habe, wenn es darin um Menschen ging, die ich kannte. Obwohl ich genau wußte, daß die Geschichte nicht stimmte, blieb doch etwas hängen. Das ist zwar furchtbar, aber mit solchen Tatsachen muß jeder leben, der im Lichte der Öffentlichkeit steht.

Das Erlebnis von Schwangerschaft und Mutterschaft kann eine seltsame Wirkung auf Sie als Frau ausüben. In gewissem Sinne isoliert es Sie vom Rest der Welt – so wie es mich von den Presseveröffentlichungen isoliert hat: Sie sind ganz und gar vertieft in Ihren Körper und das Leben, das er trägt. Ganz so, als befänden Sie sich in der Gewalt einer großen Macht, als hätte Sie eine Welle hochgehoben und über alle anderen Menschen hinausgetragen. So gibt es immer einen Teil von Ihnen, der unerreichbar ist und für die Zukunft reserviert – für Ihr Baby. Andererseits nehmen Sie während ihrer Schwangerschaft jedoch auch eine Rolle an, die Sie mehr zu einem Teil der Welt macht als je zuvor. Als Mutter sind Sie nie wirklich allein mit Ihren Gedanken. Sie sind verbunden mit Ihrem Kind und mit all dem, was Ihrer beider Existenz berührt. Zuvor konnten Sie kommen und gehen, wie es Ihnen gefiel, wütend werden, die Zelte einfach abbrechen. Aber als Mutter müssen Sie stets zweimal denken – einmal für sich selbst und einmal für Ihr Kind. Sie brauchen eine Welt, in der Sie sich sicher und glücklich fühlen.

Ihr Arzt

In Ihrer Schwangerschaft sind Sie abhängig – vielleicht zum ersten Mal in Ihrem Erwachsenenleben. Sie sind in physischer Hinsicht auf Ihren Ehemann angewiesen, da Ihr Körper unbeholfen wird und Sie auf seine Hilfe zählen müssen, die Familie zu unterstützen. Vielleicht sind Sie auch von Verwandten abhängig – Mutter, Schwester oder Bruder. Aber Sie werden mitunter widersprüchliche Ratschläge bekommen oder ein besonderes Problem haben; dann sind Sie besonders von Ihrem Arzt abhängig.

Der Arzt kann die wichtigste Person im Leben einer schwangeren Frau sein. Ich weiß, daß die Frauen heutzutage sehr wohl über die Vorgänge in Ihrem Körper Bescheid wissen und über Fragen Ihrer Gesundheitsvorsorge selbst entscheiden wollen. Diese Verantwortung selbst zu übernehmen ist sehr wichtig. Doch das sollte nicht zu einem Konflikt mit ihrem Arzt führen. Nehmen Sie sich Zeit, einen Mediziner zu finden, dem Sie vertrauen können. Versichern Sie sich, daß seine Vorstellungen von Schwangerschaft und Entbindung mit Ihren eigenen übereinstimmen. Es gibt Ärzte, die sehr entschieden in bezug auf Vitamine und die Verabreichung von Medikamenten während der Entbindung sein können; andere nehmen da eine eher lockere Haltung ein. Die Art, wie der Arzt sich gibt, ist nicht so wichtig; wichtig ist, daß Sie Vertrauen zu ihm haben.

Mein Arzt, Dr. Hubert de Watteville, war für mich ein Held, weil er sich um mein Baby ebenso zu sorgen schien wie ich selbst. Ich schreibe das mit einem Gefühl der Trauer, denn er ist kürzlich gestorben, und ich habe einen Freund verloren und einen Mann, der mein Leben

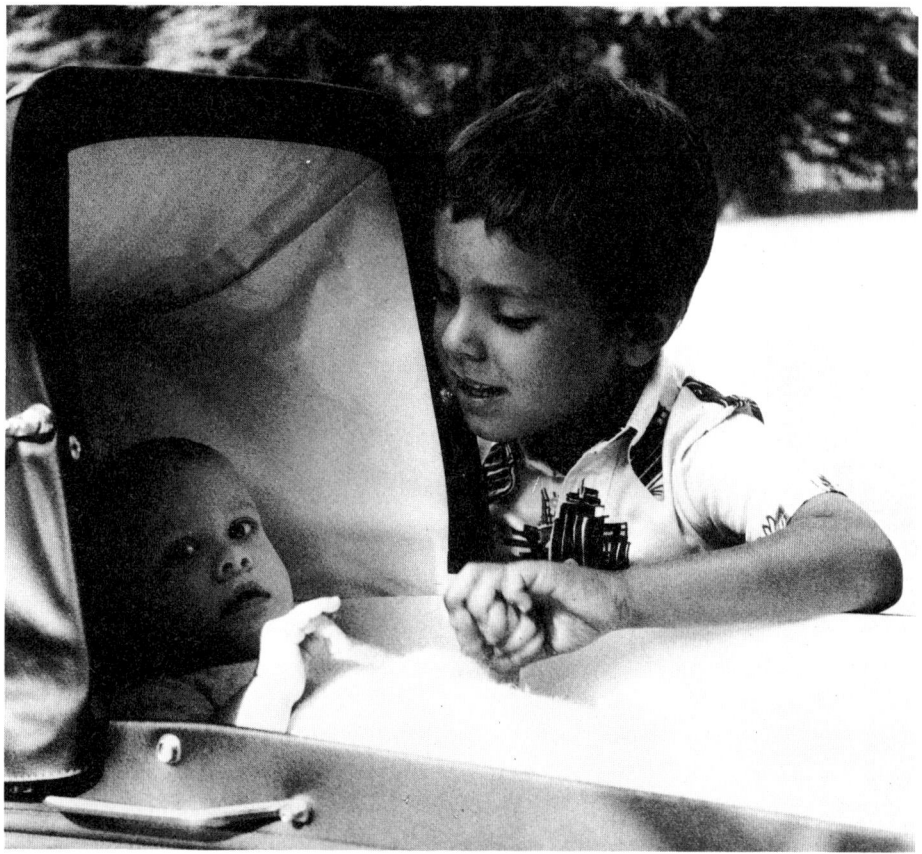

Der fünfjährige Carlo jr. begutachtet den Neuankömmling, scheint aber nicht allzu eifersüchtig zu sein.

ganz grundsätzlich verändert hat. Mein Trost ist, daß ein Mann, der soviel Leben und Glück auf die Welt gebracht hat, immer auf irgendeine Weise lebendig bleiben wird.

Dr. de Watteville war während meiner Schwangerschaft wundervoll zu mir, und ich vertraute ihm völlig. Er ging ganz locker mit mir um. Später wurde mir klar, daß vieles von dem, was er tat, von meiner Angst diktiert war, mein Baby zu verlieren. Wäre er streng gewesen, wäre ich nur noch nervöser geworden – der Himmel mag wissen, was hätte geschehen können. Er brachte mir zum Beispiel Atemübungen für die natürliche Geburt bei, obwohl er mir später erzählte, er habe von Anfang an gewußt, daß für mich nur ein Kaiserschnitt in Frage kam. Er war der Ansicht, ich würde nur unnötig Angst bekommen, wenn ich zu früh von der Operation erfuhr, und er dachte, diese Übungen würden mir dabei helfen, die Zeit zu vertreiben. Er schien stets genau zu wissen, wann eine Information beruhigend war und von welchem Grad an sie Befürchtungen auslösen konnte.

Dr. de Watteville war wirklich mehr als ein Arzt für mich. Er begleitete mich nicht nur durch meine Schwangerschaft, er bewahrte mich auch davor, noch einmal ein Baby zu verlieren. Mitte des dritten Monats bekam ich wieder diese seltsamen Schwindelgefühle, die ich auch gehabt hatte, als ich die beiden anderen Babys verlor. Ich war entsetzt, aber de Watteville verabreichte mir eine Injektion mit einer Extradosis Östrogen, und innerhalb eines Tages war wieder alles in Ordnung.

Nicht jede Frau wird eine so hingebungsvolle Pflege haben können, wie ich sie von Dr. Watteville erhielt – sie wird sie auch nicht nötig haben. Aber wie Ihre persönlichen Umstände auch sein mögen, ich rate Ihnen dringend, sich jemand zu suchen – einen Arzt oder eine Hebamme –, der oder die Ihre Einstellung zur Schwangerschaft teilt. Dann werden Sie sich in der wichtigsten Zeit Ihres Lebens sicher und glücklich fühlen können.

Ratschläge – die Plage der Mutterschaft

Das größte Problem, dem sich eine schwangere Frau gegenübersieht, besteht nicht in Übelkeit, Ohnmachtsanfällen oder der Garderobe – es sind Ratschläge, unerbetene und kostenlose Ratschläge. Wenn Ihnen gerade das Herz gebrochen wurde, können Sie auf den Markt gehen und ungestört Lebensmittel einkaufen. Wenn Sie einen neuen Job erhalten haben, müssen Sie das den Leuten schon selber erzählen. Aber wenn Sie schwanger sind, übernimmt Ihr Körper, die Ankündigung dieser großen Neuigkeit in Ihrem Leben. Alle Welt, vom Automechaniker bis zur kinderlosen Kellnerin, hält kostenlose Ratschläge für Sie bereit.

Kostenlose Ratschläge sind ein Kreuz, das alle Mütter tragen müssen – vom Augenblick der Empfängnis an bis zu ihrem Lebensende. Es beginnt mit der Schwangerschaft und ist da besonders verwirrend und bestürzend, weil Sie noch so neu in der Mutterschaft sind. Ist Ihr Kind erst einmal fünf Jahre alt und jemand empfiehlt Ihnen, Sie sollten ihm jedesmal einen Klaps geben, wenn es weint, verfügen Sie bereits über ausreichend Erfahrung, um zu wissen, daß dieser Ratschlag unsinnig ist. Aber in der Schwangerschaft sind Sie verletzlich, daher müssen Sie sich vorbereiten.

Während meiner Schwangerschaft war ich vom Großteil dieser Ratschläge einfach deshalb abgeschirmt, weil ich die meiste Zeit allein in einem Hotelzimmer verbrachte. Und dennoch bekam auch ich mein Teil ab, und nachdem das Baby erst einmal auf der Welt war, wurde ich zum gehetzten Wild. Ich erinnere mich da zum Beispiel an meine Mutter. Als ich ihr erzählte, daß Carlo jr. nachts aufwacht und schreit, meinte sie, das sei ja schrecklich – was fehlt dem armen Kind nur? Marias Kinder hätten seit den ersten Lebenstagen jede Nacht durchgeschlafen. Wie hatte meine liebe Mutter vergessen können, daß Marias Kinder ganze Nächte hindurch geschrien hatten? Manche Leute meinten, meine Babys sollten ununterbrochen gefüttert werden, andere bestanden auf der strikten Einhaltung eines Stundenplans. Wenn ich Carlo jr. an einem Sommerabend draußen im Gras spielen ließ, war das ein Skandal. Wie sollte sich das Kind normal entwickeln können, wenn es die ganze Nacht hindurch aufblieb?

Ich lernte sehr schnell, zu allem ja und amen zu sagen. Ich lächelte und meinte: »Natürlich. Du hast ja recht. Was für ein blendender Einfall.« Und dann tat ich das, was ich für mein Baby für richtig hielt. Und jedermann war zufrieden.

178

Die Geburt meines ersten Kindes
war für mich das längst ersehnte
Glück und glücklichste Ereignis
meines Lebens. Ich verbrachte in
den ersten Monaten jede freie Minute mit ihm.

Hier ist die Entscheidung, zu der ich schließlich in bezug auf alle diese Ratschläge gekommen bin – ich gebe sie gern an Sie weiter. Wenn Sie schwanger sind, hören Sie ausschließlich auf Ihren Arzt. Er verfügt über die neuesten medizinischen Erkenntnisse, und wenn Sie die richtige Wahl getroffen haben, wird Ihr Arzt in der Lage sein, auf alle Ihre Fragen die passenden Antworten zu geben und Ihre Befürchtungen zu zerstreuen.

Und wenn Ihr Baby erst einmal geboren ist, folgen Sie nichts anderem als Ihrem Instinkt. Gute Informationen sind aus vielerlei Quellen zu haben, und Sie sollten sie nicht ignorieren: Eine Mutter muß viele Dinge über Ernährung, Disziplin und anderes in Erfahrung bringen, um ihr Kind gesund und munter zu halten. Aber letzten Endes sind Sie es, die Ihr Kind am besten kennen und wissen, wie es behandelt werden muß. Ich vertrete die Meinung, daß die Pflege von Babys wesentlich einfacher sein könnte, wenn wir nur ein wenig lockerer an die Sache herangingen, sicherer in unserer Einstellung – und wenn wir uns zu der Erkenntnis durchringen könnten, daß jedes Kind nun einmal anders ist. Carlo jr. war ein ziemlich unruhiges Baby, und ich glaube, das lag zumindest teilweise daran, daß ich eine so überängstliche Mutter war. Edoardo war ruhiger. Ich auch. Ihr Baby muß vielleicht jede Stunde gefüttert werden, ein anderes nur jede dritte. Eine der Freuden der Mutterschaft besteht darin, Ihr Kind so gut zu kennen, daß Sie seine speziellen Bedürfnisse vorausahnen können und ihm genau das geben, was es braucht, um es mit dieser Welt aufnehmen zu können. Lassen Sie sich dieses Privileg von niemand nehmen.

Schönheit in der Schwangerschaft

Meiner Meinung nach macht nichts eine Frau so schön wie die Schwangerschaft, weil sie dann so hoheitsvoll und in sich geschlossen ist. Ich habe mich bestimmt nie schöner gefühlt als während meiner Schwangerschaften. Dabei habe ich mir in dieser Zeit um Schönheit die wenigsten Sorgen gemacht. Es gab für mich keinen anderen Gedanken als an mein Baby. Und zum ersten Mal seit vielen Jahren war ich allein – ich brauchte mir nicht zu überlegen, wie ich für Fotografen, die Öffentlichkeit oder auch eine neue Rolle auszusehen hätte. Nichtsdestoweniger verbrachte ich während meiner Schwangerschaften mehr Zeit als je zuvor mit meiner Pflege – ausgenommen vielleicht in den experimentierfreudigen Teenagerjahren. Ich beschäftigte mich mit meinen Haaren, Nägeln, dem Make-up und der Haut, um mir die Zeit zu vertreiben. Ich wurde wach, frühstückte, richtete mein Haar, las ein bißchen, manikürte die Nägel, legte Make-up auf, und dann war es Zeit für das Mittagessen. Ein halber Tag war vergangen, und ich war der Stunde, in der ich mein Baby in den Armen halten würde, einen halben Tag näher. Mir ist klar, daß ich bei einer normalen Schwangerschaft niemals soviel Zeit für die Schönheitspflege verwendet hätte. Dennoch ist es wichtig für eine schwangere Frau, sich attraktiv zu fühlen – und sei es auch nur, um sich daran zu erinnern, daß ihr Leben als Frau ebenso weitergehen wird wie das als Mutter.

In gewissem Sinne wird eine schwangere Frau ihre Figur vernachlässigen. Eine durchtrainierte Figur sollte ihre allerletzte Sorge sein. Sie sollten auf eine ausgewogene Ernährung achten, aber Sie dürfen nicht damit beginnen, die Kalorien zu zählen und zu versuchen, unter allen Umständen schlank zu bleiben. Um selbst gesund zu bleiben und ein gesundes Kind zur

Welt zu bringen, werden Sie an Gewicht zulegen – manchmal sehr viel Gewicht –, und Ihre Schenkel, Arme, aber auch das Gesicht könnten füllig wirken. Das ist völlig normal. Wenn Sie erst einmal Ihr Baby haben, werden das Stillen und ein paar sportliche Übungen dazu beitragen, daß Sie Ihre Figur wiederbekommen. Es kann eine gewisse Zeit dauern, bis Sie Ihr Idealgewicht wiedererlangt haben – bei manchen Frauen dauert das fast ein Jahr. Aber lassen Sie sich nicht entmutigen. Haben Sie Geduld mit Ihrem Körper. Ich besuchte eine Freundin ein paar Monate, nachdem sie ein Baby zur Welt gebracht hatte, und sie war sehr niedergeschlagen, weil sie noch nicht alle die Pfunde losgeworden war, die sie während der Schwangerschaft zugelegt hatte. Ich redete ihr gut zu, in bezug auf ihre Figur nicht allzu verkrampft zu sein. Es stimmt mich wirklich traurig, daß manche Frauen so deprimiert über ein paar Extrapfunde sind, daß es ihre Stimmung derart beeinflußt. Ich weiß, daß es schwierig ist abzunehmen. Aber wenn Ihr Baby erst einmal ein paar Monate alt ist und Ihre Zeit wieder mehr Ihnen gehört, werden Sie feststellen können, daß das Übergewicht mit ein bißchen Anstrengung schnell verschwindet.

Eine ausgewogene Ernährung während der Schwangerschaft ist wichtig. Weil ich auch sonst vorsichtig bei meiner Ernährung bin, hielt ich keine besondere Diät ein. Wie üblich aß ich von jedem etwas und achtete darauf, mich nicht vollzustopfen. Darüber hinaus nahm ich ein paar Vitaminpräparate. Während der ersten vier Monate meiner Schwangerschaft entwickelte ich einen Widerwillen gegen Fleisch, also verzichtete ich darauf. Die einzige Veränderung in meiner üblichen Ernährung gab es im siebenten Monat. Dr. de Watteville riet mir, auf Salz zu verzichten, da mein Körper zuviel Wasser zurückhielte. Ich könne es nicht bemerken, weil ich jeden Tag in den Spiegel schaue, aber er hätte gesehen, daß mein Gesicht anfing, leicht anzuschwellen. Danach aß ich salzlos, und das Problem war beseitigt.

Bei Ihren sportlichen Übungen sollten Sie sich, wie bei der Ernährung auch, an Ihre Gepflogenheiten vor der Schwangerschaft halten – allerdings mit den Abwandlungen, die Ihr Arzt für richtig hält. Wenn Sie nie zuvor irgendwelche sportlichen Übungen gemacht haben, so wäre jetzt der falsche Augenblick, mit einem rigorosen Programm zu beginnen. Wenn Sie allerdings stets ein sportlicher Typ waren, so hat es keinen Sinn, mit allen Betätigungen spontan aufzuhören – es sei denn, es gibt irgendwelche Komplikationen. Ich habe bis zum siebenten Monat meiner Schwangerschaft auf alle Übungen verzichtet. Aber das lag daran, daß der Arzt die Meinung vertrat, jede Anstrengung könnte unter Umständen eine weitere Fehlgeburt zur Folge haben. Danach hielt ich mich an sehr einfache Übungen und ging im Zimmer umher. Das war zwar nicht so schön wie meine regelmäßigen Spaziergänge in der Schweiz, aber wenigstens tat es meiner Blutzirkulation gut. Vielleicht stellen Sie fest, daß ein Gymnastikkurs für werdende Mütter ganz nützlich wäre. Und darüber hinaus auch eine Gelegenheit, mit Frauen zusammenzukommen, die Ihre Interessen und Sorgen teilen.

Wenn Ihre Schwangerschaft weiter fortgeschritten ist, kommen Sie sich unter Umständen plump und ungeschickt vor. Das ist der Zeitpunkt, an dem Sie es wirklich nötig haben, sich ein bißchen zu verwöhnen. Experimentieren Sie mit dem Make-up. Probieren Sie neue Produkte aus, besonders für die Augen, da attraktive Augen Sie immer hübsch aussehen lassen. Vernachlässigen Sie Ihr Haar nicht, halten Sie es sauber und gut frisiert. Lassen Sie es sofort schneiden, wenn nötig. Jetzt ist nicht die Zeit für schlampiges Aussehen. Vermutlich werden

Mein kleiner lieber Carlo besuchte mich während der Dreharbeiten zu »Der Mann von La Mancha«. Er war begeistert von meiner »Verkleidung« und hielt sie für einen großen Spaß.

Sie bei dem Versuch, Ihre Zehen zu pflegen, gewisse Schwierigkeiten haben. Machen Sie sich darum keine Gedanken. Aber verwenden Sie besondere Aufmerksamkeit auf Ihre Hände: pflegen und cremen Sie Nägel und Nagelbett. Ich probierte neue Nagellackfarben aus, die ich zu anderen Zeiten nie tragen würde, und sie ließen mich richtig betörend fühlen.

Ihre Haut bedarf besonderer Pflege, wenn Sie schwanger sind. Ich cremte meinen Bauch und meinen Busen jeden Tag mit einer Lanolincreme, um Schwangerschaftsstreifen vorzubeugen. Ich begann damit ungefähr im dritten Monat. Ich konnte zwar nie draußen spazierengehen, aber Sie sollten es tun. Reiben Sie sich mit Sonnenschutzcreme ein, wenn Sie sich der Sonne aussetzen. Schwangerschaftshormone machen die Haut besonders anfällig für Verbrennungen. Sollten Sie Leberflecke oder andere leichte Hautverfärbungen haben, würden die durch Sonneneinwirkung noch verstärkt. Neigt Ihre Haut dazu, trocken zu werden, seien Sie verschwenderisch im Gebrauch von Körpercremes oder -lotions. Sanftes Einmassieren von Creme in die Haut ist nicht nur für die Blutzirkulation von Nutzen, gleichzeitig wird Ihre Haut glatt und geschmeidig gehalten.

Ruhen Sie sich aus und entspannen Sie sich, so oft Sie nur können. Das ist gut für Ihre Gesundheit und die Ihres Kindes. Legen Sie die Füße hoch, um Krampfadern und geschwollenen Knöcheln vorzubeugen. Nehmen Sie Bäder, um sich zu entspannen und zu beruhigen. Während der Schwangerschaft sollten Sie auf Badezusätze verzichten. Nehmen Sie lieber Milch. Benutzen Sie keine Öle, Parfüms oder Schaumbäder – Sie könnten allergisch darauf reagieren. Lassen Sie das Wasser nicht zu heiß werden. Das könnte Sie und Ihr Baby schädigen. Die Temperatur sollte nur geringfügig über der eigenen Körpertemperatur liegen. Während Ihre Haut nach dem Bad noch feucht ist, reiben Sie Ihren Körper mit Feuchtigkeitslotion ein. Seien Sie gegen Ende der Schwangerschaft besonders vorsichtig beim Baden, damit Sie nicht ausrutschen.

Ich denke, daß die Funktion der Schönheitspflege während der Schwangerschaft vor allem darin besteht, sich dabei zu entspannen, Vergnügen zu empfinden und ein bißchen stolz auf sich zu sein. Nehmen Sie die Gelegenheit wahr, nur noch an sich und Ihr Kind zu denken. Machen Sie sich keine Sorgen, was andere über Sie oder Ihr Aussehen sagen könnten. Aber vernachlässigen Sie Ihre Pflegerituale nicht, beherzigen Sie sie mehr als je zuvor.

Mutterschaft

Gegen Ende der dreißigsten Woche meines Aufenthalts in dem Schweizer Hotel war der Augenblick gekommen. Dr. de Watteville kam am Abend zu mir und sagte, daß am nächsten Morgen um sechs Uhr ein Auto direkt in den Ballsaal des Hotels fahren würde, um Fotografen zu vermeiden. Es würde mich aufnehmen und ins Krankenhaus bringen. Mein Baby würde durch einen Kaiserschnitt entbunden, und zur Mittagszeit wäre bereits alles vorüber. Sie neigte sich dem Ende zu, diese Schwangerschaft. Ich konnte an nichts anderes denken. Ich wollte nicht, daß dieses Kind mich verließ. Ich wollte nicht, daß die Schwangerschaft zu Ende ging.

Ich erinnere mich an jeden Moment in dieser Nacht und am nächsten Morgen – an jeden Schritt über den Korridor des Hotels, an die Autofahrt durch den noch dunklen Morgen, an den Raum im Krankenhaus. Im Nebenzimmer schrie ein Baby, und ich dachte daran, daß ich in wenigen Stunden mein eigenes Baby schreien hören würde. In diesem Augenblick hätte ich bereitwillig eine Ewigkeit auf diesen Schrei gewartet. Ich hatte keine Angst. Ich wollte nur dieses Kind nicht loslassen, das im Augenblick noch so völlig mir gehörte.

Inzwischen weiß ich, daß dies der erste Moment der Mutterschaft war. Es war der Beginn davon, mein Kind seinem eigenen Leben zu überlassen. Schwangerschaft ist eine Sache, Mutterschaft eine andere.

Wenn eine Frau ein Kind erwartet, wird sie toleranter und mutiger. Sie errichtet um sich einen Schutzwall gegen alle Ängste und Befürchtungen. Während der Entbindung ist sie unerreichbar in ihrer Einsamkeit. Alle ihre Gedanken sind auf den biologischen Vorgang gerichtet, und alles, was sie hat, ist Zuversicht. Nachdem ihr Baby geboren ist, braucht sie all den Mut, die Toleranz und das Vertrauen, die sie entwickelt hat. Die Weisheit, die sie während der Schwangerschaft und der Geburt gewonnen hat, mag anfangs unbedeutend erscheinen – sie wird sich dessen unter Umständen gar nicht bewußt –, aber mit der Zeit wird sie ihr die Kraft geben, die sie braucht, um Mutter zu sein. Sie haben es sicher schon vermutet, daß ich es für die größte Rolle meines Lebens halte, Mutter zu sein. Nichts, nicht einmal ein Oscar, läßt sich mit der Freude und dem Gefühl der Erfüllung vergleichen, die sie mir gibt. Ich glaube, daß alle Frauen den instinktiven Drang verspüren, eine Familie zu gründen. Manche Frauen setzen diesen Drang vielleicht kreativ in ihrer Arbeit ein oder indem sie ihr Leben einer bestimmten Idee widmen. Für mich gibt es keinen Ersatz für Mutterschaft.

Als ich schwanger wurde, schwand mein Interesse an meiner Karriere dahin. Nichts zählte mehr – nur mein Kind. Wenn es notwendig gewesen wäre, hätte ich meine Arbeit dafür aufgegeben, ein Kind zu haben. Wenn das bedeutet, ich sei nicht modern, dann bin ich eben nicht modern. Ich bin davon überzeugt, daß ein Kleinkind vor allem eins braucht: die möglichst ständige Nähe der Mutter. Diese Nähe, diese nicht abreißende Zuwendung und Aufmerksamkeit, ist ein Reservoir der Liebe, das ein Kind als Erbe durch sein ganzes Leben trägt. Wenn Sie Glück gehabt haben, sind Ihre frühen Kindheitserinnerungen intensive, warme Augenblicke der Liebe, der Geborgenheit bei Ihrer Mutter, die über Sie gewacht und Ihnen geholfen hat. Mir scheint, daß Menschen mit diesen Erinnerungen als Erwachsene zufrieden und glücklich sind, weil sie sich immer noch dieses großen Gefühls der Sicherheit und der uneingeschränkten Liebe bewußt sind, während diejenigen, die sich daran erinnern können, geängstigt und zurückgewiesen worden zu sein, es mit Sicherheit schwieriger haben, wirklichen Frieden und echtes Glück zu finden.

Ich kenne die Konsequenzen dessen, was ich da sage, und hoffe, daß sie nicht in jedem Fall zutreffen. Ich weiß, daß viele Frauen heutzutage ihre Kinder schon im frühen Alter verlassen, um arbeiten zu gehen. Ich hoffe aufrichtig, daß diese Kinder unbeschwert und glücklich aufwachsen können und daß sich meine Vorstellungen als überholt erweisen. Ich wäre jedoch nicht ehrlich, wenn ich erklären würde, daß wenige Stunden am Abend ein Ersatz dafür sein können, Tag um Tag mit Ihrem Baby zu verbringen.

Wenn Sie dieses Gefühl teilen, diese Sehnsucht nach Kindern und den Wunsch, mit ihnen zusammen zu sein, dann machen Sie sich keine Gedanken darüber, ob andere Sie für unmodern halten. Folgen Sie Ihrem Instinkt. Wenn Sie sich sicher fühlen in Ihrer Freude, Mutter zu sein, werden Ihre Kinder das spüren.

Mit den beiden Jungen und Carlo am Swimmingpool unserer Villa in Marino in der Nähe von Rom (1976).

Ruhe und Ausgeglichenheit

Als ich damit begann, mir Gedanken über Frauen und Schönheit zu machen, wollte ich auch etwas zu sagen haben, was über meine eigenen, persönlichen Erfahrungen hinausging. Es muß doch irgendwelche allgemeingültigen Prinzipien der Schönheit geben, dachte ich, die ich an meine Leser weitergeben kann. Also versuchte ich, mich an Frauen zu erinnern, die durch die Geschichte hindurch für schön erachtet wurden. Die gängigen Schönheitsideale wechseln so schnell wie das Wetter. Mir ging es darum, einige Beispiele für Schönheit zu finden, die vor der Zeit Bestand gehabt hatten, jemanden, der gestern schön war, heute schön ist und morgen schön sein wird – die klassische Schönheit der Kunst.

Sehr schnell kam mir die Mona Lisa von Leonardo da Vinci in den Sinn. Hier war ein Frauenbildnis, das die Phantasie der Menschen durch die Jahrhunderte beschäftigt hat. Es war lange her, seit ich das Gemälde gesehen hatte, und, ehrlich gesagt, meine Erinnerung daran war ziemlich verblaßt. Ich hatte mir angewöhnt, an die Mona Lisa als eine Frau zu denken, deren Schönheit das gleiche Schicksal erfahren hatte wie die von so vielen heutigen Schönheiten: Zurschaustellung bis zur Zerstörung.

Mit dieser eher skeptischen Einstellung ging ich in den Louvre, um das Gemälde zu betrachten. Ich sah mich einer Frau gegenüber, deren Wangen eine Spur zu füllig, deren Lippen eine Spur zu dünn waren und die eine Nase hatte, die doch sehr der meinen glich. Was heißen soll, daß sich die Mona Lisa ihre Nase mit Sicherheit ein bißchen kleiner gewünscht hat. Nun, entschied ich, im Gesicht dieser Frau ist nichts, was mir etwas über die allgemeingültigen Prinzipien der Schönheit sagen könnte. Sie hat hübsche Augen, sieht aber so aus, als könne sie ein paar Pfund abnehmen, und sie würde heute vermutlich keine Arbeit finden, wenn sie allein auf ihr Aussehen angewiesen wäre. Aber während ich mir das Gemälde weiter betrachtete, wurde mir bewußt, daß trotz der für jedes kritische Auge deutlichen Mängel die Mona Lisa eine Frau von unbestreitbarer Schönheit ist. Sie scheint Ihnen etwas sagen zu wollen, irgendein Geheimnis, das Ihr Leben ändern könnte. Wie kann man, so fragte ich mich, die Faszination erklären, die man empfindet, wenn man ihr gegenübersteht?

Ich stellte fest, daß die Mona Lisa für mich das tat, wonach ich verlangt hatte: Sie wurde zu einer Inspiration für mich. Unter dem Bann dieses unwiderstehlichen Blicks kam ich zu dem Schluß, daß die Quelle ihres berühmten Lächelns und somit auch ihre Anziehungskraft Ruhe und Ausgeglichenheit sind. Dies war das allgemeingültige Prinzip der Schönheit, das ich im Louvre entdeckte, und es war die Reise wert. Die Mona Lisa wirkt auf mich wie eine Frau, die das kostbarste Wissen der Welt besitzt – das Wissen über sich selbst. Es gibt keine Schönheit, die sich mit der Schönheit der Selbsterkenntnis vergleichen könnte, und der Ruhe und Ausgeglichenheit, die sich einstellen, wenn Sie sich so akzeptieren, wie Sie sind.

Ich habe bereits über Selbstvertrauen als Quelle der Schönheit gesprochen, aber es besteht

Für mich ist Ruhe und Ausgeglichenheit eine wenig besungene, aber lebenswichtige Quelle der Schönheit.

ein Unterschied zwischen Selbstvertrauen und Ausgeglichenheit. Selbstvertrauen hat mit der Art zu tun, wie wir der Welt gegenübertreten, während Ausgeglichenheit unser Ich reflektiert.

188

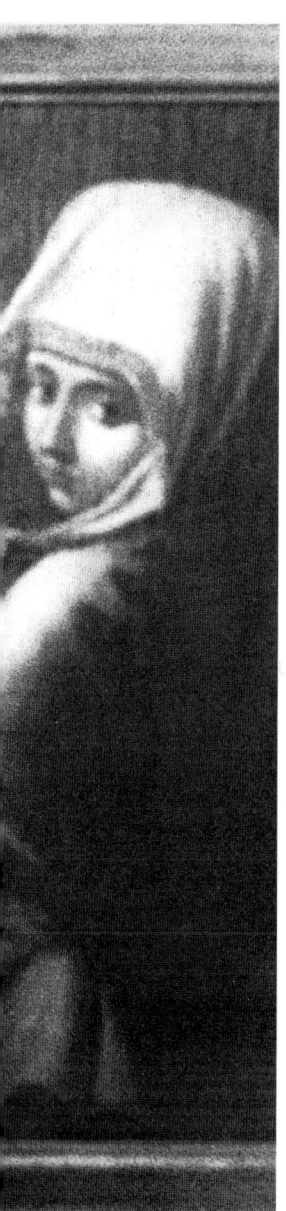

AUSGEGLICHENHEIT

Es kommt mir so vor, als wäre es in früheren Zeiten für Frauen leichter gewesen, Ausgeglichenheit zu erreichen. Das soll nicht heißen, daß das Leben einer Frau in den Tagen vor den Errungenschaften der Medizin, vor der Erfindung der Wasserleitung und all der Maschinen, deren wir uns heute erfreuen, sorgenlos gewesen wäre. Aber in der Vergangenheit hat eine Frau ihr Leben nicht gewählt, sie hat es akzeptiert. Es ist stets schwerer, mit einer schlechten Wahl zu leben als mit einer schlechten Verpflichtung. Heutzutage wählen Sie sich Ihr Leben. Sie wählen, ob und wann und wen Sie heiraten. Sie wählen, ob oder nicht und wann Sie Kinder haben wollen, wo Sie leben und ob Sie eine Arbeit aufnehmen. Selbst wenn Sie diese Entscheidungen für sich nicht ganz freiwillig treffen, so sind Sie sich doch dessen bewußt, daß andere Frauen in dieser Lage sind, frei zu entscheiden. Mitunter kann dieses Bewußtsein dazu führen, daß Sie Ihre eigene Entscheidungsunfähigkeit besonders schwer erträglich finden. Vergessen Sie nicht, daß die Freiheit der Wahl auch jene Ängste mit sich bringt, die eine Folge der Freiheit sind.

In der heutigen komplexen Welt ist es nicht leicht, ein Leben zu wählen. Sie sollten die Schwierigkeiten erkennen, denen Sie sich gegenübersehen, wenn Sie versuchen, Familie, Arbeit und Verpflichtungen in Einklang zu bringen. Um erfolgreich zu sein, müssen Sie ein Gefühl von Ausgewogenheit und Sicherheit entwickeln, das Sie stützen wird. Ruhe und Ausgeglichenheit sind das Geschenk, das Ihnen dabei helfen kann, wirkliche und dauerhafte Schönheit in Ihrem Leben zu finden.

»Was ist Ihr größtes Schönheitsgeheimnis?« wurde ich oft von Journalisten gefragt. »Was soll ich da sagen?« fragte ich in den meisten Fällen zurück und suchte nach einer Antwort, die ebenso ehrlich wie glaubhaft sein würde. Normalerweise fand ich eine Möglichkeit, diesem Gespräch auszuweichen, aber schließlich habe ich festgestellt, daß ich doch ein Schönheitsgeheimnis habe. Es ist nur deshalb ein »Geheimnis«, weil Sie nirgendwo etwas davon hören oder darüber lesen können, aber ich garantiere Ihnen, daß es Sie schöner machen wird. Es ist ein Gefühl inneren Friedens.

Das ist tatsächlich mein größtes Schönheitsgeheimnis. Man hat diese Eigenschaft von mir häufig kommentiert, aber erst vor kurzem habe ich schätzen gelernt, was man damit meinte. Das ist kein Verdienst, das ich für mich in Anspruch nehmen könnte. Wenn ich eine Art inneren Frieden besitze, dann kommt er aus meiner Vergangenheit, meinen Erfahrungen, aus der Kraft meiner Mutter, meinem persönlichen Glauben, meinen Kindern – aus vielen Dingen. Und die Ausgeglichenheit, die ich habe, ist zerbrechlich. Es gibt Zeiten, in denen ich alles andere als ruhig und ausgeglichen bin. Aber nach der Lektion durch die Mona Lisa habe ich die Erkenntnis gewonnen, daß Ausgeglichenheit eine Quelle der Schönheit ist, und dessen bin ich mir mehr denn je bewußt. Ich möchte mit Ihnen ein paar meiner Gedanken über dieses echte »Schönheitsgeheimnis« teilen.

Entspannung über einem Drehbuch in der Bibliothek in Marino, 1978.

Unsinnigerweise wird Ausgeglichenheit immer schwerer faßbar, je angestrengter Sie sich darum bemühen. Sie können sich nicht abrackern, um Ausgeglichenheit zu erlangen, denn dann wären Sie wie die Frau in der Wüste, die feststellen muß, daß das Wasser in dem Augenblick verschwunden ist, als sie die Tasse an die Lippen setzte. Ausgeglichenheit ist mehr eine Sache der Empfänglichkeit – empfänglich für die kleinen Freuden des Lebens und empfänglich für die Befriedigung, die es bereitet, ein gestecktes Ziel zu erreichen. (Sind Sie nicht erleichtert darüber, schließlich doch ein Schönheitsgeheimnis zu kennen, das keine ständige Wachsamkeit erfordert?) Mir gibt die Freude, die mir mein Familienleben, besonders die Kinder vermitteln, die größte Ausgeglichenheit. Natürlich empfinde ich Freude über meine Arbeit, aber in erster Linie nicht wegen des Glanzes, der damit verbunden ist, sondern eher, weil sie ein Ziel ist, das man sich setzt und auch erreicht.

Sie können Ausgeglichenheit nicht »in Besitz nehmen« – genausowenig, wie es Ihnen gelingen wird, das Lächeln der Mona Lisa zu enträtseln. Sie müssen sich ihr öffnen. Aber es gibt doch auch ein paar Techniken, ein paar »Kunstgriffe fürs Gemüt«, die Sie für die Ausgeglichenheit empfänglicher machen können.

Organisation

Organisation. Ein so schwerfälliges Wort. So verpflichtungsträchtig. Mitunter brauche ich nur das Wort »Organisation« zu hören, um daran zu denken, wie sehr ich mich danach sehne, ein munterer Springinsfeld zu sein, der allein seinen Instinkten lebt. Vermutlich reagieren die meisten Menschen so, wenn sie wissen, daß man ihnen gleich sagen wird, sie müßten sich organisieren. Wir neigen dazu, uns wegen unserer Spontaneität zu loben, weil die Freiheit, unorganisiert zu sein, irgendwie mit Jugend in Verbindung gebracht wird. Ich sehe das bei meinen Söhnen: Ich nenne es das »Bein-über-die-Stuhllehne«-Syndrom. Die Jugend ist stets bereit, sich aus einem momentanen Einfall heraus in Bewegung zu setzen, aber stets höchst abgeneigt, sich auf Anordnung eines anderen zu bewegen. Nun, ich schlage vor, daß wir unsere Einstellung zur Organisation ändern, daß wir sie als etwas betrachten, was uns befreit, etwas, das unser Leben einfacher und erfreulicher macht. Als Sonderbonus können wir dabei verbuchen, daß uns diese neue Freiheit jung im Geist erhält.

Schlecht organisiert zu sein, hin- und herzurennen und doch nie Zeit zu haben, kann jeden erschöpfen und muß am Ende auch die besten Pläne und Absichten ruinieren. Wenn Sie ausgeglichen sein und ein gewisses Maß an Frieden in Ihrem Leben erreichen wollen, müssen Sie die Kontrolle über Ihre täglichen Aktivitäten gewinnen; Sie müssen sich organisieren.

Es ist ein Fehler, sich Organisation als eine Methode vorzustellen, bei der man unvereinbare Aufgaben in eine solide Strecke reinen Elends zusammenfaßt, um dann zur Belohnung ein paar erfreuliche Stunden zu haben. Es ist wesentlich vorteilhafter, einen Weg zu finden, durch den Ihre Aufgaben zu einer Quelle der Befriedigung werden. Das verlangt zwar ein bißchen Nachdenken, auch Anstrengung, aber meiner Meinung nach ist es das wert.

Hier also das, was ich Freude durch Organisation nenne. Wir alle haben bestimmte Aufgaben, die wir zu umgehen suchen, weil wir sie nur ungern erledigen. Ich finde, daß dieses Umgehen der störendste Faktor in meinem Leben ist. Weil es mir keinen Spaß macht, einen

Brief zu schreiben, einen Telefonanruf zu machen oder eine Bluse zu bügeln, schiebe ich das auf. Aber ich kann es nicht verdrängen. Es geht mir durch den Kopf und erinnert mich daran, wie untüchtig und faul ich doch bin. Ich fühle mich schuldig, und – ganz egal, was ich mache – ist mir durch das Aufschieben der unangenehmen Pflichten jede Freude verdorben.

Nun wird es ja immer wieder Dinge geben, die man nicht gern tut, aber denken Sie sich doch nur, wieviel erfreulicher Ihr Leben sein könnte, wenn es Ihnen gelingt, diese unangenehmen Aufgaben durch kleine Freuden aufzulockern. Nehmen wir zum Beispiel an, daß Sie nicht gern Geschirr spülen. Das ist ja auch nicht gerade die aufregendste Art, eine Stunde zu verbringen. Versuchen Sie doch, das Dunkel dieser Stunde durch ein erfreuliches Element aufzuhellen, indem Sie sich ein Radio in die Küche stellen. Suchen Sie nach einem Sender, der Ihre Lieblingsmusik spielt oder auch eine interessante Diskussion darbietet. Als ich in Paris lebte, hatte ich eines Abends Freunde zum Essen. Es gab niemand, der das Geschirr hätte abwaschen können, und nichts hasse ich mehr, als am Morgen in eine unaufgeräumte Küche zu kommen. Also bat ich meine Freunde, mir beim Abwasch Gesellschaft zu leisten. Selbstverständlich hatte ich dabei den Hintergedanken, daß man mir auch gleich Hilfe anbieten würde. Jedermann stimmte zu, und die Party ging in der Küche weiter, wo wir ungeheuer viel lachten, uns unterhielten und nebenbei auch noch die allerletzte Flasche Wein austranken. Es wurde ein ganz besonderer Abend, weil jeder ausgesprochen locker und fröhlich war. Hätte ich bis zum nächsten Morgen gewartet, wäre es eine ziemlich trübsinnige Arbeit geworden.

Vielleicht drücken Sie sich vor dem Briefeschreiben oder dem Verfassen von Geschäftsberichten, weil es ja auch wirklich nicht gerade erfreulich ist, allein zu Hause zu sitzen und sich auf die Aufgaben zu konzentrieren. Und natürlich gibt es da immer irgendwelche Ablenkungen. Warum versuchen Sie nicht, Ihr Material einzusammeln und damit eine Bibliothek oder einen anderen ruhigen Ort aufzusuchen, um dort ungestört arbeiten zu können? Dort gibt es nichts, was Ihre Aufmerksamkeit beanspruchen könnte, und Sie werden vielleicht sogar feststellen, daß die Umgebung Sie inspiriert. Eine Arbeit in angenehmer Umgebung fertigzustellen kann eine doppelte Befriedigung sein.

Vielleicht sind Sie der Meinung, daß Sie zuviel Zeit am Telefon verbringen. Sie wollen eine einfache Nachricht übermitteln und stellen dann fest, daß Sie in eine längere Unterhaltung verwickelt werden. Ich finde, wenn Sie statt dessen eine kurze Karte mit der Botschaft schreiben, können Sie viel Zeit sparen. Besorgen Sie sich Briefpapier, das Ihnen wirklich gefällt, vielleicht mit Ihrem aufgedruckten Namen. Benutzen Sie einen Füllfederhalter oder einen Kuli mit farbiger Tinte oder Mine. Suchen Sie sich angenehme Musik im Radio. Diese Mitteilungen werden auf diese Weise kein Opfergang mehr sein. (Beim Thema Radio fällt mir ein, daß mir Carlo junior eines dieser kleinen tragbaren Radios mit Kopfhörern geschenkt hat. Die trage ich jetzt stets, wenn ich staubsauge. Ich treibe zwar alle um mich herum zum Wahnsinn, wenn ich so früh und so lautstark sauge, aber ich amüsiere mich großartig beim Anhören meiner Lieblingsmusik!)

Der Schlüssel zu meinem »Vergnügen durch Organisation« besteht darin, daß Sie zunächst einmal die Aufgaben feststellen, die Sie nicht gern tun, um sie dann mit etwas zu kombinieren, was Ihnen Spaß macht. Auf diese Weise teilen Sie Ihren Tag nicht in Schwarz und Weiß, in Vergnügen und Qual. Statt dessen verbessern Sie die Struktur Ihres Alltags und erhalten

Kontrolle über sich selbst und Ihre Zeit. Ich kann Ihnen zwar nicht versprechen, daß meine Methode Sie jünger macht, aber Sie wird mit Sicherheit Ihre Stimmung heben und Sie umgänglicher machen.

Es gibt noch einen letzten Aspekt der Organisation, der nicht unter den Tisch fallen sollte – die Fähigkeit, nein sagen zu können. Hier liegt einer meiner größten Fehler. Vor vielen Jahren sagte Charlie Chaplin zu mir: »Du hast eine Schwäche, die du noch überwinden mußt, Sophia. Etwas mußt du noch lernen, um eine absolut glückliche Frau zu werden. Es ist die vielleicht wichtigste Lektion im Leben – du mußt lernen, nein zu sagen. Du kannst nicht nein sagen, Sophia, und das ist ein entscheidendes Manko.«

Er hatte mehr recht, als ich mir seinerzeit klar machte. Nein sagen zu können ist unerläßlich, wenn Sie Ihre Zeit organisieren und Ihre Tage Ihren eigenen Wünschen entsprechend verbringen wollen. Anderenfalls müssen Sie sich um allzu viele Dinge kümmern, die Ihnen im Grunde gleichgültig sind, die aber Ihre Kraft und Ihre Energie aufbrauchen. Ich möchte Menschen nicht gern enttäuschen, deshalb neige ich dazu, zu allem ja und amen zu sagen. Aber das ist in Wirklichkeit eine Schwäche, und ich bemühe mich, sie zu bekämpfen. Ich

Zusammenarbeit war die Devise bei den Dreharbeiten zu diesem amerikanischen TV-Special, aufgenommen im Garten in Marino. Das Resultat ist auf der folgenden Seite zu besichtigen.

möchte irgendwann in der Lage sein, wenigstens bei Dingen, die mich nicht interessieren, freundlich, aber bestimmt nein sagen zu können. Ich empfehle Ihnen, die gleichen Anstrengungen zu unternehmen.

Kontrolle

Kontrolle ist ein interessantes Element der Ausgeglichenheit, weil wir bei diesem Wort üblicherweise an Kontrolle in einem aktiven Sinne denken. Wir sagen etwa: »Ich muß diese Situation unter Kontrolle bekommen. Ich muß Verantwortung übernehmen.« Aber ich glaube, daß wir den größten Frieden finden, wenn wir die Grenzen unserer Kontrolle erkennen. Heutzutage haben Frauen auf so vielen verschiedenen Ebenen die Verantwortung. Es ist nichts dagegen einzuwenden, auf vielen verschiedenen Gebieten hart zu arbeiten, aber an einem gewissen Punkt müssen Sie sich eingestehen, daß Sie keine Kontrolle über den Ausgang aller Dinge mehr haben, die Sie da tun.

Gelassenheit

Das ist eine der ersten Lektionen beim Filmemachen: Zusammenarbeit ist das A und O. Jeder einzelne muß seine Anstrengungen dem Erfolg des Ganzen unterordnen. Schauspieler, Maskenbildner, Kulissenbauer – alle sehen, daß ihre Arbeit bis zu einem gewissen Grad durch den Film als Ganzes in den Schatten gestellt wird. Selbst der Regisseur kann nur mit dem arbeiten, was da ist, und er muß sich innerhalb der Grenzen bewegen, die Zeit, Geld und Wetterbedingungen ziehen.

Auch in unserem Leben können wir nur mit dem arbeiten, was da ist. Als Töchter, Ehefrauen, Mütter, Berufstätige sind uns Beschränkungen auferlegt. Wenn Sie diese Beschränkungen zugeben, aber dennoch damit fortfahren, Ihr Bestes zu geben, sind Sie der Weisheit schon ein großes Stück nähergerückt. Mir gefällt die amerikanische Redewendung *Take it easy*. Ich finde mich von ihr besonders angesprochen, weil ich von Natur aus zur Ungeduld neige. Als ich zu Beginn meiner Filmkarriere geradezu erpicht darauf war, größere und bessere Rollen zu bekommen, half mir Carlo zu lernen, Geduld zu haben. »Warte fünf Minuten«, pflegte er zu sagen. Das war seine Version des Take it easy. Nun, inzwischen bin ich schon viel besser im Es-leicht-Nehmen und Fünf-Minuten-Warten. Die gewonnene Geduld hat mein Leben sehr verändert.

Mein kleiner Edoardo (der inzwischen gar nicht mehr so klein ist) hat mir eine Lektion in Kontrolle und Selbstbeherrschung erteilt, als er für seinen großen Bruder Carlo ein Bild malte. Carlo junior hatte gerade mit dem Klavierspielen begonnen, und Edoardo wollte das Instrument für seinen Bruder malen. Was für ein Klavier wurde das doch! Da flatterten Noten von den vielfarbigen Tasten, und voller Verblüffung sah ich zu, wie es langsam Form annahm. Es fiel mir schwer, ihm nicht die schwarzweiße Geometrie des Klaviers zu erklären, den Stift zur Hand zu nehmen und korrigierend einzugreifen. Ich mußte meinen Impuls zügeln. Aber wie begrenzt war doch meine Vorstellung, verglichen mit der Edoardos! Was für ein bezauberndes Instrument er da gemalt hatte, so voller Musik und Freude.

Mitunter ist es schwer, sich zurückzuhalten. Manchmal ist die Sache nicht so einfach wie die Zeichnung eines Kindes. Es kann eine Krankheit sein, ein Ehemann, der zu hart arbeitet, ein Mißverständnis mit einer Freundin oder einem Freund. Nachdem Sie alle Anstrengungen unternommen haben, werden Sie doch erkennen, daß Sie nicht alle Dinge unter Kontrolle bekommen können. In mancher Beziehung sind Sie nicht der Regisseur, sondern Schauspieler. Wenn Sie sich das bewußt machen, geben Sie der Ausgeglichenheit in Ihrem Leben eine Chance.

Ziele

Nichts bringt mehr Freude ins Leben als das Erreichen eines Zieles. Zielstrebigkeit, etwas bewerkstelligen zu wollen und dafür sein Bestes zu geben – ja, das ist es, was wirklich zählt. Habe ich mich erst einmal zu einer Aufgabe entschlossen, gebe ich mich ihr völlig hin. Ich ringe um Vollkommenheit, arbeite so lange und hart, wie ich nur kann, um mich möglichst selbst zu übertreffen. Hätte ich nicht das Talent zur Schauspielerei gehabt, hätte ich irgendeine meiner anderen Begabungen entwickelt. Ich wäre die beste Lehrerin in meiner Heimatstadt geworden, die beste Privatsekretärin der Welt oder eine Musterverkäuferin. Was ich auch anfange, mache ich mit Konzentration, Liebe und Geduld, und diese Kräfte drängen mich zum Erfolg.

Mißverstehen Sie das nicht als Prahlerei. Es ist einfach ein Teil von mir wie mein Lächeln, mein Gang und mein oft vermessener Busen. Nichts in meinem Leben ist mir zugeflogen. Meine Kinder, meine Ehe, meine Karriere sind Ergebnisse eines sehr harten Kampfes. Ich bewege mich also auf vertrautem Boden, wenn ich Ihnen sage, daß harte Arbeit und Hingabe an das Ziel mir mehr Glück als irgend etwas anderes im Leben gebracht haben.

In der Hetze des Alltags ist es häufig schwierig, sich die Zeit zu nehmen, einen Erfolg aus seinem Leben zu machen. Wenn Sie es dennoch tun, werden Sie die Dinge aus einer anderen und wertvolleren Perspektive betrachten können. Vielleicht haben Sie schon die Redensart gehört, daß ein Leben, das nicht dann und wann überprüft wird, kein lebenswertes Leben sei. Das ist sicherlich richtig. Wenn Sie nicht dann und wann innehalten, um Ihre Richtung zu überprüfen und notfalls den Kurs zu ändern, werden Sie vielleicht ins Nichts gehen. Betrachten Sie einmal das zurückliegende Jahr. Fragen Sie sich, ob Sie nicht etwas erreicht haben, das Ihnen Freude bereitet. Haben Sie eine fremde Sprache erlernt? Ein Baby bekommen? Stricken gelernt? Eine neue Stellung angenommen? Und wenn Sie keine besonderen neuen Errungenschaften entdecken können, nichts, was Sie glücklich und zufrieden gemacht hat, dann sollten Sie vielleicht jetzt darüber nachdenken, wie Sie das kommende Jahr gestalten wollen. Dabei geht es gar nicht darum, große Taten zu vollbringen – so erfreulich das auch ist –, es geht darum, Ziele zu finden, die spezifisch und realistisch genug sind, um erreichbar zu sein. Dann setzen Sie alle Ihre Energien ein, um dieses Ziel zu erreichen und sich nicht mehr davon abbringen zu lassen.

Ich habe sehr viel Glück, denn als Schauspielerin ist jeder neue Film für mich eine neue Herausforderung und ein neues Ziel. Darin liegt ein natürlicher Rhythmus, der sehr erfreulich ist. Ich bin mit meiner Arbeit im letzten Film immer unzufrieden und stets begierig, einen

Jede Rolle und jeder Film sind für mich eine Herausforderung, die etwas völlig Neues von mir verlangt. Hier bin ich oben als schmollende Prinzessin in »Madame Sans-Gêne« und unten als Nonne kostümiert für einen Film von Luchino Visconti zu sehen, der bedauerlicherweise nie gedreht wurde.

neuen zu beginnen. Ich hoffe, daß ich auch im Alter von neunzig Jahren noch immer voller Vorfreude einem neuen Projekt entgegensehe.

Sehr leicht wird die jugendliche Begeisterung vergessen, die daraus entsteht, daß man auf ein Ziel hinarbeitet. Denken Sie an ein Kind, das radfahren lernt. Es erlebt eine solche Erregung, einen solchen Schauer der Tatkraft und eine solche Freude, wenn es sein Ziel endlich erreicht hat. Warum wollen Sie freiwillig auf dieses Vergnügen verzichten? Wenn Ihre Tage vergehen ohne ein wirkliches Vorgefühl für das, was das Morgen für Sie bereithalten könnte, werden Ruhe und Ausgeglichenheit für Sie unerreichbar sein.

Wiederholtes Abschätzen Ihrer Ziele wird Sie dazu bringen, die Richtung zu überprüfen, die Ihr Leben nimmt. Mitunter geraten Sie auf einen Kurs, der durchaus gut für Sie ist – aber nur für einen begrenzten Zeitabschnitt. Ich komme mir manchmal so vor, als hätte ich mein ganzes Leben damit verbracht, erwachsen zu sein – also reif, vernünftig und arbeitsam. Aufgewachsen ohne Vater und in Armut, mußte ich meiner Mutter ein Ehemann, meiner Schwester ein Vater sein. Um es leicht frivol auszudrücken: Ich hatte keine Möglichkeit, jung zu sein. Vielleicht wäre es daher an der Zeit für mich, einmal darüber nachzudenken, endlich auch einmal ein junges Mädchen zu sein. Ich weiß nicht, ob ich das wirklich könnte, aber ich erwähne es, um Sie dazu zu ermuntern, einmal über Ihr Leben auf eine neue Art und von einem anderen Gesichtspunkt aus nachzudenken.

Heutzutage ist es für jede Frau wichtig, neben ihrer Ehe in ihrem Leben auch etwas anderes zu haben. Wenn ich mein Leben noch einmal von vorn beginnen könnte – ich weiß nicht, ob ich dann wieder so jung heiraten würde. In meiner Jugend war die Ehe natürlich das hauptsächliche Ziel für eine Frau. Ich bin aber zu der Überzeugung gelangt, daß es für eine Frau sehr wichtig ist, in Ihrem Leben etwas zu haben, das ihr allein gehört. Was sollte sie sonst auch mit sich anfangen, wenn die Kinder erst einmal aus dem Haus sind? Das ist ein Problem, dem sich heute viele Frauen gegenübersehen. Ich bin sehr stolz auf meine Schwester Maria, die kürzlich nach vierjährigem Studium ihren Doktor gemacht hat. Ich finde es ungeheuer schwierig, sich über einen so langen Zeitraum, trotz aller Entmutigungen und Ablenkungen, nicht von seinem Ziel abbringen zu lassen. Aber Maria und viele andere Frauen tun heute genau das: sich selbst und ihre Kinder durch ihre Entschlossenheit zu stützen.

Schlaf

Als ich neulich alte Zeitungsausschnitte mit Interviews durchblätterte, die ich die Jahre hindurch gegeben hatte, mußte ich lachen. Es will mir scheinen, als sänge ich pausenlos das Loblied auf einen gesunden und tiefen Schlaf. Nun, ich glaube in der Tat, daß Schlaf eine leider häufig übersehene Quelle der Ausgeglichenheit ist. Und das keineswegs wegen der auf der Hand liegenden Tatsache, daß Sie nicht über Ihre Probleme nachdenken, wenn Sie schlafen, sondern weil ich glaube, daß Sie während des Schlafs sehr viele Probleme unbewußt verarbeiten. In jedem Fall ist Schlaf für mich sehr wichtig und kann nie als Zeitverschwendung betrachtet werden.

Viele Menschen bekommen nicht einmal annähernd genug Schlaf. Wir kennen doch alle jemanden, der mit gewissem Stolz verkündet, er käme mit vier oder fünf Stunden Schlaf aus.

Mag sein, daß das für manche Menschen zutrifft, aber für die meisten von uns ist das absolut nicht gut. Ich jedenfalls brauche neun oder zehn Stunden Schlaf, wenn der nächste Tag erfolgreich sein soll. Die Qualität meines Tages hängt von der Qualität meiner Nacht ab.

Ich bin nicht die einzige in unserer Familie, die von der restaurierenden Macht des Schlafes überzeugt ist. Bei einem Filmfestival in Cannes, das er vielleicht lieber vergessen würde, war Carlo Mitglied der Jury. Eines Morgens wurde Truffauts »Sie küßten und sie schlugen ihn« vorgeführt, und Carlo saß in der ersten Reihe, obwohl sich die Party des vorangegangenen Abends bis spät in die Nacht ausgedehnt hatte. Nun, in den Zeitungen des nächsten Tages erschien ein Foto von Carlo, wie er tief und selig in seinem Sessel schläft. Und darunter stand die Zeile: »Nicht einmal Truffauts ›Schläge‹ konnten Carlo Ponti wecken!«

Wenn unser Schlaf erfrischend und erquickend sein soll, ist es wichtig, uns vor dem Einschlafen positiv zu stimmen. Verzichten Sie also darauf, ausgerechnet zu diesem Zeitpunkt über Probleme nachzudenken. Sollten Sie Schwierigkeiten haben, zur Ruhe zu kommen, versuchen Sie zu lesen. Ich habe ein Buch neben meinem Bett und lese jeden Abend ein paar Seiten, um meine Gedanken in eine Welt der Phantasie und Imagination zu versetzen. Sie müssen Ihr Buch allerdings sorgsam auswählen – an dem Abend, als ich mit Umberto Ecos »Im Namen der Rose« begann, war ich bald so gefesselt, daß ich die halbe Nacht wachblieb.

Wenn Sie Probleme mit dem Einschlafen haben, sollten Sie sich an regelmäßige Riten gewöhnen. Gehen Sie jeden Abend ungefähr zur selben Zeit zu Bett, dann weiß Ihr Körper bald, wann Schlaf von ihm erwartet wird. Nehmen Sie ein kurzes, warmes (niemals heißes) Bad, um sich zu entspannen. Trinken Sie ein Glas Milch; das Kalzium in der Milch wirkt wie eine Schlaftablette. Sie können aber auch eine oder zwei Kalktabletten nehmen, da diese den Schlaf fördern. Machen Sie vor dem Schlafengehen keine kraftvollen sportlichen Übungen. Das würde Sie nur stimulieren und das Einschlafen noch mehr erschweren. Eine Freundin von mir benutzt etwas, das sie ihr »Schlafkissen« nennt. Sie hat es sich selbst angefertigt. Es ist ein Seidenbezug (Sie können durchaus Baumwolle nehmen), der mit getrockneten Rosenblättern, Orangenschalen, zerriebenen Gewürznelken und ein paar Kräutern wie Rosmarin, Thymian und Lavendel gefüllt ist. Sie stopft dieses »Polster« in ihr übliches Kopfkissen und sagt, daß der Duft ihr hilft, in einen ruhigen Schlaf zu gleiten. Und letzten Endes ist die Liebe ein ganz hervorragendes Schlafmittel, keineswegs geringzuschätzen.

Das Alleinsein

Um Ausgeglichenheit zu erreichen, müssen Sie – so glaube ich jedenfalls – lernen, Freude am Alleinsein zu empfinden. Alleinsein, das gewählt und nicht erzwungen ist, kann eine wahre Freude sein. Wenn Sie allein sind, können Sie Ihre Gedanken ungestört auf die Reise schicken. Sie können dabei Lösungen für die Dinge finden, die Sie beunruhigt haben.

Ich habe schon früh im Leben herausgefunden, daß ich für mich selbst die beste Gesellschaft bin, und ich genieße das Alleinsein als ein Mittel der Regeneration meines Ich, besonders, wenn ich Probleme habe oder melancholisch bin. Aber ich muß nicht erst ein Problem haben, um mich nach dem Alleinsein zu sehnen. Es macht mir Freude, gewisse Zeit allein bei meinen Spaziergängen, beim Lesen, beim Musikhören oder auch nur bei den

In den Kulissen von »Gestern, Heute und Morgen«. Wenn ich mit meiner Schwester zusammen bin, fühle ich mich immer glücklich und entspannt.

kleinen Aufgaben zu verbringen, die nun einmal erledigt werden müssen. Mitunter nehme ich einen Staubwedel, gehe staubwischend durch die Wohnung und summe vor mich hin. Ich weiß, daß die Haushaltshilfe gelegentlich denkt, ich wolle sie damit zu größeren Leistungen antreiben, aber für mich ist das wie eine aktive Meditation. Ist man an einem hektischen Tag auch nur ein paar Minuten für sich allein, kann das für einen wie eine kleine Insel des Friedens sein. Auch wenn andere zu Besuch sind, habe ich es von Zeit zu Zeit nötig, für mich allein zu sein. Ich schließe mich dann für gewöhnlich ein paar Minuten im Bad ein, schicke meine Gedanken auf die Reise und erfrische meinen Geist.

Manchmal kann ein Tag oder ein Wochenende, allein oder zum größten Teil allein verbracht, ein Äquivalent für den Aufenthalt auf einer Schönheitsfarm sein. Es kann bewirken, daß Sie Ihren eigenen Rhythmus hören, der im Lärm unseres betriebsamen Alltags allzuoft untergeht. Wieviel Freude kann es machen, allein eine Reise zu unternehmen, vielleicht zu Besuch bei Freunden in einer anderen Stadt. Oder sogar nur für einen Nachmittag in ein Museum zu gehen, ohne daß Sie jemand auf die eine oder andere Weise ablenkt. Viele Frauen haben festgestellt, daß ein Vormittag, den sie damit verbringen, von Geschäft zu Geschäft zu schlendern, ihre Stimmung heben kann. Das kann ich verstehen, obwohl – wie Sie wissen – Einkaufen mich nicht besonders reizt. Aber ich reise gern und viel, und mitunter genieße ich die Vorstellung, ein Flugzeug zu besteigen, in dem ich für ein paar Stunden allein und ohne jede Verpflichtung sein kann. Ich habe auf Flugreisen schon ein paar sehr lohnende Einfälle gehabt.

Freundschaft

Beim Gedanken an Reisen und Einkäufe komme ich auf die Freundschaft. Wie gesagt, bin ich nicht gerade wild auf Einkäufe, aber wenn ich es schon einmal mache, dann meist mit einer Freundin. Und das ist immer ein großes Vergnügen. Es kann wie ein kurzer Urlaub sein, eine Art von Abenteuer, zusammen in ein Kaufhaus zu gehen, Dinge zu betrachten, Geschmäcke zu vergleichen und – natürlich – zu lachen. Frauen können sich glücklich schätzen, so viele Möglichkeiten für Freundschaften zu haben.

Wenn ich an Freundinnen denke, bringt mich das natürlich zum Zählen. Ich habe zwar nur zwei oder drei enge Freundinnen, aber die sind mir sehr teuer. Ich glaube nicht, daß man unendlich viele Freundinnen haben kann. Sie können ihnen allen einfach nicht gerecht werden. Zu mehr als nur ein paar Menschen kann man keine befriedigende und intime Beziehung aufbauen.

Ein guter Freund ist ein seltener Fund. Ein solcher Mensch erlaubt Ihnen, Ihr wahres Ich zu zeigen, Sie selbst zu sein – Aufrichtigkeit ist die Seele der Freundschaft. Selbstverständlich können Sie nur offen zu jemandem sein, dem Sie vertrauen und der um Ihr Wohlergehen besorgt ist. Es braucht Zeit, sich einem Freund zu erschließen. Wenn Sie einen Menschen haben, den Sie Anteil an Ihrem Leben nehmen lassen können, sind Sie in der Tat glücklich.

Selbstverständlich ist nicht jede Freundschaft von Dauer. Die Menschen in Ihrem Leben kommen und gehen, und mitunter ist der Verlauf einer Freundschaft nur kurz. Wenn ich etwas an meinem Beruf als Schauspielerin bedauere, dann ist es die Tatsache, daß ich während der

Dreharbeiten zu einem Film sehr eng mit Menschen zusammen bin, von denen ich mich dann wieder trennen muß. Man weiß beim Abschied genau, daß man nie wieder diese enge Beziehung wie zur Zeit der Zusammenarbeit haben wird, auch wenn man in Verbindung bleiben sollte. Anne Kramer, die Frau Stanley Kramers, verbrachte während der Dreharbeiten zu »Stolz und Leidenschaft« viele Stunden mit mir. Es war mein erster Film in englischer Sprache, und ich beherrschte Sie nur sehr dürftig. Ich hatte entsetzliche Angst, mich zum Narren zu machen, weil ich nicht einmal in der Lage war zu improvisieren, falls ich steckenbleiben sollte. Anne half mir jeden Abend, meinen Text auswendig zu lernen, und sie gab mir ein Buch mit Gedichten von T. S. Eliot. Während ich daraus vorlas, korrigierte sie meine Aussprache. Diese Liebenswürdigkeit werde ich ihr nie vergessen.

Manchmal, leider nicht sehr häufig, begegnet man einem Menschen und weiß sofort, daß er zum Freund werden wird. Das ist etwas, das man im Inneren fühlt und nicht recht erklären kann. So war es der Fall bei meiner Freundschaft mit Ann Strasberg. Ich lernte sie 1970 kennen, als ich mit ihrem Mann, dem unvergeßlichen Lee Strasberg, an dem Film »Cassandra Crossing« zusammenarbeitete. Ich verliebte mich auf den ersten Blick in die beiden und ihre wunderbaren Kinder. Lees Tod ist mir sehr nahegegangen, und nach diesem Unglück wurde meine Beziehung zu Ann und ihrer Familie noch stärker. Ich bewundere Ann als eine Frau von großem Mut, Talent und Stil. Sie hat es sich zur Aufgabe gemacht, die Arbeit ihres Mannes fortzusetzen, um das von Lee begründete berühmte Actor's Studio weiterbestehen zu lassen.

Selbstverständlich habe ich nicht die Verbindung zu allen meinen Kollegen verloren. Basilio Franchina, der geschäftsführende Produzent von »Die Frau vom Fluß« – einem Film, den wir 1954 gedreht haben – wurde einer meiner engsten Freunde. Basilio ist ein Wassermann, und ich glaube, dieses Sternzeichen wirkt sich auf Freundschaft günstig aus. Er ist so eine Art von Weltgewissen und läßt mir nie etwas durchgehen. Er ist auch ein Philosoph, und wenn Sie es mit einem Philosophen zu tun haben, der auch noch ein Gewissen hat, haben Sie einiges zu erklären. Glücklicherweise ist Basilio nicht vollkommen. Er kann ein schrecklicher Pedant sein. Als ich ihn so zum ersten Mal als *fuss-budget* titulierte, hielt er es für ein Kompliment, bis ihn dann ein Amerikaner über die Bedeutung des Wortes aufklärte. Das ist schade, denn es hat mir großen Spaß gemacht, sprachlich jemandem überlegen zu sein, der mich seit fünfundzwanzig Jahren im Scrabble schlägt.

Ein großer Vorteil der Freundschaft besteht darin, einem aus Schwierigkeiten bei Liebesbeziehungen heraushelfen zu können. Klingt das überspitzt? Ich denke, es ist die Wahrheit. Sie erwarten doch wahrscheinlich sehr viel von dem Mann in Ihrem Leben: gewöhnlich – und höchst unrealistisch – soll er Sonne und Mond für Sie sein. Sie setzen voraus, daß er jedes Ihrer Probleme versteht und Sympathie für alle Ihre Launen hat. Nun, wir wissen alle, daß das unmöglich ist. Kein Mensch kann Ihr Leben vollständig ausfüllen. Sie haben Gedanken und Gefühle, die er einfach nicht verstehen kann. Und genau an diesem Punkt kann ein Freund oder eine Freundin Wunder wirken. Es hat Zeiten in meinem Leben gegeben, in denen ein Gespräch mit einem Freund die Hilfe darstellte, die ich nötig brauchte; genau das Verständnis, das mir gefehlt hatte, und dies hat mich wieder zur Vernunft gebracht. Ich habe nie irgendwelche Tröstungen durch professionelle Psychotherapie gefunden, aber ein guter Freund hat mir bei mehr als nur einer Gelegenheit aus meinen Schwierigkeiten herausgeholfen.

Mein unvergeßlicher Freund Vittorio de Sica.

Bei Freundschaft denkt man häufig zunächst an Gespräche – an das Austauschen von Gedanken und Erfahrungen. Aber manchmal verlangt Freundschaft auch Schweigen. Vor Drehbeginn zu dem Film »Die Reise nach Palermo« erfuhr Vittorio de Sica, einer meiner besten Freunde, daß er sehr krank war. Als wir mit der Arbeit begannen, versicherte jedermann – auch de Sica –, daß es ihm schon sehr viel besser ginge, aber ich bin mir nicht sicher, ob er das auch geglaubt hat. In diesem Film stellte ich eine Frau dar, die nicht mehr lange zu leben hat. Ihr Schwager, gespielt von Richard Burton, geht mit ihr auf Reisen, weil er hofft, ein Heilmittel für ihre Krankheit finden zu können. Die beiden verlieben sich ineinander, und die letzten Tage der Frau werden so zu den schönsten ihres Lebens. »Die Reise nach Palermo« war de Sicas letzter Film, und obwohl ich während der Dreharbeiten Vorahnungen hatte, daß nicht alles zum besten stand, behielt ich meine Gedanken für mich. Ich folgte schweigend seinen Regieanweisungen für die Darstellung einer Frau, die gerade dann stirbt, wenn ihr Leben erfüllt und glücklich ist, und versuchte, mein Bestes zu geben. Ich sah Vittorio das letzte Mal, als meine Arbeit beendet war. Beim Abschied umarmte ich ihn und ging, während er mit den Mädchen in den Kulissen scherzte und lachte. Wenige Monate später war er tot.

Vielseitigkeit ist Bestandteil der Freundschaft: Keine Beziehung ist wie die andere. Mit einer Freundin können Sie stets über Ihren Ehemann sprechen, mit einer anderen Arbeitsprobleme diskutieren, während die dritte eine perfekte Reisebegleitung ist. Erwarten Sie von einem Freund nicht alles, sonst setzen Sie Ihre Freundschaft einer unfairen Belastung aus. Es wäre egoistisch, im Hinblick auf Freundschaften allzu idealistisch zu sein. Suchen Sie die besonderen, unverwechselbaren Eigenschaften jedes Ihrer Freunde und seien Sie ihm dankbar dafür.

Und schließlich: nehmen Sie Ihre Freunde keineswegs als Selbstverständlichkeit hin. Lassen Sie es sie wissen, wie sehr Sie sie schätzen. Es lohnt sich, Freundschaften zu pflegen – ohne sie wäre Ihr Leben ärmer.

Glauben

Es ist so leicht, das Gefühl für das Geistige unserer Natur zu verlieren, und das ist schade, weil es eine große Quelle für Ruhe und Ausgeglichenheit sein kann. Ich habe stets an die Existenz einer übernatürlichen Macht geglaubt. Für mich ist das Gebet die Verbindung zu dieser geistigen Kraft. Aber ich spreche keine Gebete mehr, wie ich es als Kind gelernt habe. Meine Gebete kommen aus meinem Inneren und wenden sich an einen Gott, der in mir ruht. Ich führe kein Gespräch mit dem Himmel, wenn ich bete, sondern mit meinem persönlichen Geist, der mich in meinem Leben führt und leitet.

Es ist bedauerlich, daß viele heutzutage dem Glauben gegenüber so ambivalent sind. Diejenigen, die große Worte über Religion im Munde führen, sind häufig genug Extremisten, und das muß verwirrend auf junge Menschen wirken, die auf der Suche nach einer geistigen Identität sind. Ich erinnere mich an einen Abend während der Dreharbeiten zu »Der Untergang des Römischen Reiches« in Madrid. Ich ging gerade eine Straße entlang, als ich Alec Guinness, einen konvertierten Katholiken, aus einer Kirche kommen sah. Er tat so, als würde er mich nicht bemerken. Ich glaube, es war ihm peinlich, daß ich ihn beim Verlassen einer

Mit Carlo (1968).

Kirche gesehen hatte, weil er annahm, ich würde das eigenartig finden. Im Gegenteil: Ich war beeindruckt von seinem Glauben und schätze ihn mehr, seit ich weiß, daß er eine persönliche Überzeugung hat.

Ich verlasse mich nicht auf einen Gott, der mich aus Schwierigkeiten errettet oder irgendwelche anderen Wunder wirkt. Statt dessen bin ich auf der Suche nach Stärke, an mich selbst zu glauben und an die Menschen, die um mich sind. Für mich besteht kein Zweifel daran, daß Sie mit einer starken Überzeugung Ihre eigenen Wunder bewirken können.

Sich mit dem Älterwerden abfinden

Vor zehn Jahren sagte ich in einem Zeitschriftenartikel, daß ich es einfach nicht glauben könnte, schon fast vierzig Jahre alt zu sein. Es käme mir so vor, als ob der vierzigste Geburtstag etwas sei, was nur anderen Menschen zustößt. Nun, inzwischen bin ich fünfzig, und ich muß gestehen, daß mir das ebenso unwirklich erscheint. Es ist nicht so, daß ich Angst davor hätte, fünfzig zu sein oder daß ich nicht fünfzig sein möchte – mir kommt nur die Vorstellung, ein solches Alter erreicht zu haben, einfach unglaublich vor.

Aber ich bin nicht mehr die Frau, die ich mit vierzig gewesen bin, und darüber bin ich froh. Trotz der Schwierigkeiten, denen ich mich gegenübersah, war jedes Jahr wertvoll für mich. Ich mache mir keine Sorgen mehr über mein Alter wie früher, und dafür habe ich meinen Kindern zu danken. Ihretwegen sehe ich stets nach vorn und freue mich eher auf die Zukunft, als mich in die Vergangenheit zurückzusehnen. Wenn Sie Kinder haben, erhält Sie das jung, weil Sie durch sie immer wieder neue Dinge lernen sowie Ihre Einstellungen und Meinungen revidieren. Die unmittelbare Nähe von Kindern erfordert das von Ihnen.

Soweit es meine Arbeit anbelangt, hat mir das Älterwerden hoffentlich größere Fähigkeiten und Reife verliehen. Ich bin dankbar, daß es mein Ziel zu Beginn meiner Filmarbeit war, eine ernsthafte Schauspielerin zu werden und nicht ein Sexsymbol, dessen Karriere auf jugendliche Schönheit beschränkt ist. Ich habe diese Entscheidung aus praktischen Erwägungen getroffen – ich mußte meine Familie unterstützen –, aber heute bin ich froh darüber, daß meine Karriere nicht davon abhängt, das Gesicht einer Zwanzigjährigen zu haben. Es gibt Schauspielerinnen, die völlig von der Bildfläche verschwunden sind, weil es ihnen nicht gelungen ist, auf der Leinwand einen besonderen Charakter zu entwickeln, und sie, nachdem die Jahre ins Land gegangen waren, nichts mehr zu bieten hatten. Aber dieses Schicksal erwartet jede Frau, unabhängig von ihrem Beruf, die sich darauf verlassen hat, daß ihr jugendliches Aussehen allein schon weiterhelfen würde.

Für mich – und ich glaube, für viele andere Frauen auch – war der dreißigste Geburtstag der problematischste. In diesem Alter liegt die Jugend endgültig hinter Ihnen. Sie können die wunderbarsten Dinge tun, aber nie wieder wird jemand von Ihnen sagen: »Ja, und dabei ist sie noch so jung!« Nun gilt es, die Verantwortung eines Erwachsenen zu übernehmen. Sie müssen aber auch einen Blick auf Ihr persönliches Leben werfen und überprüfen, ob es die richtige Richtung nimmt. Für mich war die Tatsache, in diesem Alter noch keine Kinder zu haben, besonders schwer zu ertragen. Kinder waren für mich entscheidend wichtig für mein Glück, aber Mutterschaft schien unerreichbar zu sein, vielleicht für immer. Glücklicherweise irrte ich mich. Mit dreißig beginnen Sie einzusehen, daß es nicht immer wieder einen neuen Anfang geben kann. Aber die Vergangenheit wird bleiben, auf Gedeih und Verderb. Ich bin gern fünfzig.

Das klingt vielleicht so, als machte ich gute Miene zu bösem Spiel – aber so ist es nicht. Es ist die Wahrheit. Ich fühle mich wohler als je zuvor. Ich kenne mich sehr viel besser, und ich weiß etwas mit meiner Zeit anzufangen, weiß meine Energien einzusetzen für das, was mir Freude bereitet. Darin liegt eine große Befriedigung – aber diese Erfahrung braucht Zeit.

Wir alle wissen, daß in den letzten Jahren ein Wandel in der Einschätzung der Jugend stattgefunden hat. Erinnern Sie sich an den »Jugendkult« der sechziger Jahre, wo alles, was ein junger Mensch sagte, große Autorität besaß und »keinem über dreißig getraut werden durfte«? Heute liegen die Dinge anders. Das Leben ist für die jungen Menschen schwieriger geworden, sie sehen nicht mehr so vertrauensvoll in die Zukunft. Die sogenannte »Generationslücke« hat sich geschlossen. Jung und alt teilen Vorstellungen und Gefühle. Für die jungen Menschen ist es gut, weil sie so eine ausgewogenere Weltsicht erhalten, und für die älteren, weil sie so ein wenig stolz auf ihre Erfahrungen sein können.

Stolz über Ihre Erfahrung empfinden zu können, wird Sie mit dem Älterwerden aussöhnen – wie alt Sie auch sein mögen. Wenn Sie bei einer Selbstbetrachtung feststellen können, daß es für Sie keine Probleme mehr gibt, daß Sie sie überwunden haben, daß Sie Risiken auf sich genommen und mit den Folgen fertiggeworden sind, daß Sie Ihre Zeit und Ihre Liebe aufs Spiel gesetzt und wenigstens ein paarmal gewonnen haben – dann werden Sie froh sein über das Alter, in dem Sie sich befinden. Aber wenn Sie mit Ihrem Leben nicht zufrieden sind, wenn Sie das Gefühl haben, Ihre Zeit verschwendet und die Dinge nicht erreicht zu haben, von denen Sie träumten, daß Sie Ihre Chancen nicht wahrgenommen haben – dann werden Sie sich in die Vergangenheit zurücksehnen und Ihre Jahre bedauern.

Das Gesicht einer Frau sagt deutlich aus, was sie im Hinblick auf ihr Alter empfindet. Das kann man besonders im Gesicht einer Vierzigjährigen ablesen, die einem jungen hübschen Mädchen begegnet. Ist diese Frau unzufrieden mit ihrem Leben, wird sie ihren Neid auf die Jugend kaum verheimlichen können. Aber wenn sie mit sich selbst zufrieden ist, wird sie das junge Mädchen mit Zuneigung und Nachsicht betrachten.

Ich habe das große Glück, auf eine ältere Frau blicken zu können, wenn ich Inspiration brauche: meine Mutter Romilda. Mit dreiundsiebzig Jahren ist meine Mutter noch immer eine schöne Frau. Sie ist während ihres ganzen Lebens schön gewesen, und es hat mich immer sicherer im Hinblick auf meine eigene Zukunft gemacht, wenn ich sah, wie attraktiv und zuversichtlich man sein kann – auch wenn man kein junges Mädchen mehr ist. Ich denke, wenn es mehr Frauen wie meine Mutter geben würde, könnten wir alle ein bißchen unverkrampfter sein, wenn es um die dahineilenden Jahre geht. Dann wüßten wir, daß es etwas gibt, auf das wir uns freuen können.

Ein Vorgeschmack auf die Zukunft

Die meisten von uns verschwenden wohl nur wenig Gedanken darauf, wie sie im Alter aussehen werden. Vielleicht werfen wir einen Blick auf unsere Mütter und Großmütter, oder wir begegnen einer attraktiven älteren Frau und sagen uns, daß wir froh sein könnten, in dem Alter noch so anziehend auszusehen. Aber im großen und ganzen ist die Zukunft unseres Gesichts ein Geheimnis für uns.

In »Lady L« machte ich die faszinierende Erfahrung, mir selbst beim Älterwerden zuzusehen

Ich hatte das große Glück, daß mir dieses Geheimnis im Film »Lady L« enthüllt wurde, der 1965 uraufgeführt wurde. Im Verlauf dieses Films verwandelte ich mich in eine Frau von achtzig Jahren. Bevor wir die letzten Szenen drehten, machten sich die Maskenbildner an die Arbeit: Sie bildeten Falten auf meinem Gesicht und »verdickten« die Haut. Es war beeindruk-kend zu beobachten, wie meine Jugend vor meinen Augen verschwand. Aber es war nicht nur mein Gesicht, das sich veränderte: Ich mußte auch die Gesten und Bewegungen einer alten Frau annehmen. Mein Körper wurde steif, meine Schultern beugten sich – ich begann mich sogar alt zu fühlen. Aber angenehm überrascht stellte ich fest, daß dieser Geschmack von Alter ganz und gar nicht bitter war. Ich betrachtete diese alte Frau im Spiegel und sagte mir, wenn ich in diesem Alter von meinem Mann, meinen Söhnen, ihren Frauen und meinen Enkelkindern umgeben wäre, könnte ich mir nichts Schöneres vorstellen.

Dieses Erlebnis, eine alte Frau zu werden, war für mich persönlich wahrscheinlich wertvoller als jede andere Erfahrung, die ich während meiner Filmarbeiten machen konnte. Ich glaube, daß wir am Älterwerden vor allem das Unbekannte fürchten. Wir haben Angst, ein anderer Mensch zu werden, weniger attraktiv und weniger wertvoll. Aber wenn Sie Ihr Alter »anpro-biert« haben, können Sie feststellen, daß es gar nicht so schrecklich ist. Sie bleiben der Mensch, der Sie immer waren. Das ist tröstlich.

Reife Schönheit

Frankreich ist das Land, das die Schönheit einer reifen Frau zu schätzen weiß. Es ist Tradition der Franzosen, die Ausstrahlung der Frau eines »gewissen Alters« zu preisen – es ist sogar Allgemeingut, eine Frau unter dreißig für unerfahren und uninteressant zu erachten, auf keinen Fall so verführerisch wie ihre ältere Schwester. Ein Franzose hat mir einmal etwas gesagt, was ich nie vergessen werde: »Zwischen fünfunddreißig und fünfundvierzig Jahren sind Frauen alt. Doch dann, nach dem fünfundvierzigsten Geburtstag, kommt der Teufel über manche, und sie werden schön, leidenschaftlich, wundervoll. Die Ecken und Kanten sind fort, und an deren Stelle ist Ruhe getreten. Solche Frauen sind es wert, daß man nach ihnen sucht, denn die Männer, die sie gefunden haben, können an ihrer Seite einfach nicht alt werden.« Weckt das in Ihnen nicht den Wunsch, nach Paris zu ziehen? Auch wenn das nicht möglich sein sollte, können Sie dennoch lernen, »leidenschaftlich und wundervoll« zu werden.

Die erste Aufgabe, die Frauen zu bewältigen haben, um sich ein dauerhaftes Image der Schönheit zuzulegen, besteht darin, ein absolut individuelles, unverwechselbares Aussehen zu finden. Bestimmte Frauen, zum Beispiel Greta Garbo und Katharine Hepburn, verfügen über ein ganz unverwechselbares Aussehen, und sie tragen ihr Alter mit Würde. Sie haben entdeckt, was ihnen am besten steht in bezug auf Kleidung und Make-up. Und sie haben an diesem *look* ihr Leben lang festgehalten. In den Kapiteln über Eleganz und Mode habe ich bereits über die Möglichkeiten gesprochen, Ihre persönliche Handschrift zu finden. Das ist nicht einfach, es verlangt Zeit und Anstrengung, aber ich halte es für den entscheidenden Faktor, wenn eine Frau ihr ganzes Leben lang schön sein will.

Wenn eine Frau nicht ihr individuelles Aussehen hat, wird sie mit zunehmendem Alter Fehler begehen: Entweder wird sie das Opfer der gängigen Mode, oder sie trägt auch weiterhin die Modestile ihrer Jugendzeit.

Eine reife Frau, die sich nach der gerade aktuellen Moderichtung kleidet, wirkt häufig genug lächerlich, wenn sie ihre Wahl nicht sehr sorgfältig trifft, es sei denn, sie entscheidet sich für etwas ihrer Person Schmeichelhaftes oder für den klassischen Stil. Vieles von dem, was für Mode gehalten wird, ist in Wirklichkeit nur modisch. Wadenkurze Hosen, lederne Pilotenjakken, Sweatshirts und ähnliches sind prächtig für junge Mädchen, aber an einer Frau in reiferen Jahren wirken sie unangebracht. Nichts macht eine Frau älter als der krampfhafte Versuch, jung aussehen zu wollen. Frauen in »junger Mode« ähneln kleinen Mädchen, die in den Kleidern ihrer Mütter, ihren Stöckelschuhen und mit ihrem Make-up daherstolzieren. In beiden Fällen dient die Kostümierung nur dazu, das wahre Alter zu betonen.

Der andere Fehler, den Frauen begehen können, ist der, sich noch im Modestil ihrer Jugend zu kleiden. Auch das akzentuiert das wahre Alter aus ganz offensichtlichen Gründen. Wenn eine Frau trägt, was vor zwanzig Jahren Mode war (es sei denn, sie trägt etwas Klassisches), wird sie erscheinen wie ein Überbleibsel aus der Vergangenheit und damit noch älter, als sie in Wirklichkeit ist.

Mit zunehmendem Alter sollten Sie weniger Make-up auflegen. Das ist eine einfache Regel. Häufig sieht man ältere Frauen, die versuchen, ihr Alter dadurch zu kaschieren, daß sie dicke Schichten Make-up auftragen. Doch damit erreichen sie genau das Gegenteil. Achten Sie

darauf, nur einen Hauch von Make-up aufzulegen, dessen Grundierung auch den richtigen Farbton aufweisen muß, denn im Alter wird der Hautton heller. Sie werden feststellen, daß Ihre Haut nur wenig oder gar keine Grundierung benötigt, nur Rouge und Lippenstift. Wollen Sie dennoch eine Grundierung anwenden, dann sollte es eine sein, die von der Konsistenz her nicht zu gehaltvoll ist – die auf Wasser basierenden Make-ups sind die leichtesten. Ein guter Trick, den ich schon früher erwähnt habe, besteht darin, die Grundierung mit Ihrem Feuchtigkeitspräparat auf Ihrer Handfläche zu mischen. Das macht Ihr Make-up leichter und hält darüber hinaus die Haut feucht. Verzichten Sie auf schweren Puder; er würde nur zusammenbacken und rissig werden. Wimperntusche halte ich für wichtig, aber falsche Wimpern wirken an einer älteren Frau zu kraß. Eyeliner sollte auch nicht zu stark aufgetragen werden. Halten Sie sich an einen gedämpften Ton und verwischen Sie den Strich ein bißchen.

Kosmetische Operationen

Nein, ich habe mir mein Gesicht nicht liften lassen. Aber wenn der Zeitpunkt kommen sollte, zu dem ich ein Facelifting machen lassen möchte, und ich davon überzeugt wäre, es sei gut für mich, dann würde ich mich davon nicht abhalten lassen. Obwohl ich die große Schönheit einer reiferen Frau betont habe – und ich bin von ihr wirklich überzeugt –, glaube ich dennoch, daß alles getan werden sollte, was eine Frau sich schöner fühlen läßt.

Kosmetische Operationen haben jedoch ihre Gefahren, und die müssen zuvor genau bedacht werden. Zunächst einmal gehen Sie das Risiko ein, dadurch Ihr ganz individuelles Aussehen zu verlieren. Unregelmäßigkeiten können ein Gesicht überaus reizvoll machen. Vor kurzem las ich in einer Zeitschrift den Leserbrief einer Frau, die es für den größten Fehler ihres Lebens hielt, daß sie sich die Nase verkürzen ließ. Nun sähe sie aus wie ein ganz anderer Mensch und fühle sich auch nicht mehr wie sie selbst. Ich finde die Vorstellung erschreckend, daß so etwas auch mir passieren könnte. Wenn Sie irgendeine kosmetische Operation in Betracht ziehen, müssen Sie sich zunächst sicher sein, daß Ihnen das Aussehen des Menschen auch gefällt, der Sie danach sein werden.

Ein anderer und vielleicht noch wichtigerer Punkt bei kosmetischen Eingriffen ist der, daß es sich dabei um eine ernsthafte Operation handelt. Diese Prozeduren haben zwar ganz harmlose Namen wie »Straffung«, »Lifting« oder »Raffung«, aber es handelt sich um wirkliche Operationen, die nicht auf die leichte Schulter genommen werden sollten. Sie können Infektionen erleiden, der Chirurg kann einen Fehler machen, oder Sie können negativ auf die Narkose reagieren – es können all jene Probleme auftreten, mit denen Sie rechnen müssen, wenn Sie sich für einen chirurgischen Eingriff in ein Krankenhaus begeben.

Sollten Sie immer noch entschlossen sein, sich einer kosmetischen Operation zu unterziehen, halte ich es für unverzichtbar, zunächst eine Reihe von Ärzten aufzusuchen und miteinander zu vergleichen. Bitten Sie um Fotos von Frauen, die sie behandelt haben. Achten Sie auf die Zeit, die man Ihnen widmet, und die Art, wie man Ihr Gesicht untersucht. Ich habe davon gehört, daß Ärzte mitunter Frauen raten, mit ihrem Gesicht gar nichts machen zu lassen. Ich meine, daß Sie in diesem Fall auf den Mediziner hören sollten. Und falls ein anderer Arzt Ihnen etwas anderes empfiehlt, sollten Sie ihm eine Menge Fragen stellen.

Arbeit und Alter

Mit zunehmender Reife habe ich etwas Interessantes festgestellt: In mancher Hinsicht ist die Arbeit für mich schwieriger geworden. In jungen Jahren fand ich mich in den dramatischsten und überwältigendsten Situationen wieder – neben Cary Grant in einem Film auftreten zu können, von der Königin von England empfangen zu werden, einen Oscar zu gewinnen. Wie bin ich mit alldem fertiggeworden? Inzwischen weiß ich, daß ich wie eins dieser Babys war, die man zum Schwimmenlernen ins Becken wirft. Alles war so groß und aufregend für mich, und ich war mir so vieler Dinge gar nicht bewußt. Wie für diese Schwimmbabys war die Ignoranz mein bester Freund. Ich wußte nicht genug, um Angst empfinden zu können. Ich tat einfach das Beste, was ich tun konnte, und wenn ich nicht stolperte oder mir kein Essen auf den Schoß kleckerte, war ich zufrieden.

Diese Tage glückseliger Unwissenheit sind vorüber. Jetzt stellen die Menschen gewisse Erwartungen an mich. Ich kann nicht länger von meinen Nerven zehren und mich auf meinen Instinkt verlassen. Man sagt: »Nun wollen wir mal sehen, wie Sophia spielt. Wir wollen sehen, ob sie wirklich so gut ist, wie sie zu sein glaubt.« Es gibt weniger Überraschungen und Glückwünsche, wenn ich es gut mache, und weniger Verständnis, wenn nicht.

Ich glaube, daß das für viele Menschen in einem bestimmten Lebensstadium auf ihre Arbeit zutrifft. Wenn sie Risiken auf sich genommen haben und erfolgreich gewesen sind, erwarten die Menschen von ihnen nun Beständigkeit. Sie müssen mit ihrer guten Arbeit fortfahren – wohl wissend, daß die Menschen ihre Fehler nun schneller sehen und langsamer vergessen. Die Einsicht, daß man jetzt strenger beurteilt wird, kann sich lähmend auswirken, wenn man sich nicht dazu bringt, damit fertigzuwerden.

Glücklicherweise werden Sie durch Ihre Erfahrung auch weniger Fehler machen. Das Selbstvertrauen in die eigene Leistung ist da, wenn Sie es brauchen. Auch wenn der Regisseur gut ist und der Filmstoff aufregend, weiß ich doch, daß es da gewisse Stellen gibt, die nicht zu mir passen. Es hätte keinen Sinn, das Risiko einzugehen, denn es würde als Fehlschlag enden. Vermutlich will uns die Natur auf diese Weise dafür entschädigen, daß wir den Mut der Jugend verloren haben: Wir gewinnen die Erfahrung, klügere Entscheidungen für uns treffen zu können.

Aber das Leben wäre ziemlich eintönig, wenn wir uns nur bemühen würden, Fehler zu vermeiden. Wir müssen uns dazu zwingen, uns mit dem Kitzel einer neuen Herausforderung wieder vertraut zu machen, indem wir etwas ganz Neues, anderes versuchen. Und mitunter müssen wir das nur für uns selbst tun – ohne Rücksicht auf die Menschen um uns herum und wie sie wohl reagieren könnten.

Es liegt noch ein anderer Nutzen im Ergreifen von Chancen, wenn Sie erfahrener geworden sind – Sie werden vertraut mit der Möglichkeit eines Fehlschlags. Schließlich lehrt uns die Erfahrung, daß in jedem neuen Bemühen ein Risiko liegt. Deswegen neigen wir mit dem Reiferwerden dazu, nur zögernd unseren Ruf durch eine neue Unternehmung aufs Spiel zu setzen. Haben Sie etwas Neues versucht und sind damit gescheitert, so haben Sie eine wertvolle Lektion gelernt. Ein Fehlschlag ist gar nicht so furchtbar. Wenn man jung ist, lehren einen Fehlschläge, was man besser vermeiden sollte, aber wenn man älter ist, sieht die Lehre

Bedrängt von Fotografen und Gratulanten nach der Verleihung der Goldenen Palme auf dem Filmfestival von Cannes für meine Darstellung in »Und dennoch leben sie« (1961). Ich war natürlich glücklich, die Auszeichnung entgegenzunehmen, aber man kann sehen, daß ich auch Angst hatte.

anders aus. Sie wirkt fast entspannend, da man – höchst überrascht – feststellt, daß die Sonne immer noch aufgeht und man immer noch Appetit auf das Frühstück hat. Und viel schneller, als Sie geglaubt hätten, hat es alle Welt vergessen. Schließlich sind die meisten Menschen wesentlich mehr an sich selbst und ihrem Leben interessiert als an Ihren Fehlern. Es ist gut, von Zeit zu Zeit daran erinnert zu werden, daß das Leben gar nicht so hart ist, wie Sie sich das vorgestellt haben.

Es gibt noch eine letzte Empfehlung, die ich im Hinblick auf die Arbeit zu geben habe und die Sie vielleicht für Ihr Leben übernehmen können. Sie werden glücklicher und vermutlich auch erfolgreicher sein, wenn Sie es schaffen, sich mit Menschen zu umgeben, die Ihnen gefallen, die Sie gern mögen. Selbstverständlich werden Sie auch zuweilen mit Menschen zu tun haben, die Sie aufreibend und schwierig finden. Aber wenn Sie die Gelegenheit dazu haben, sollten Sie versuchen, Ihr Leben mit Menschen zu bereichern, die Sie bewundern, die Sie zumindest akzeptabel finden. Wenn ich es mit aggressiven Menschen zu tun habe, fühle ich mich sehr unglücklich. Es macht mich nervös, und ich benehme mich wie ein Tier, das in einem Käfig gefangen ist. Ich bin mißtrauisch und auf der Hut. Aber wenn ich mit Leuten zusammenarbeite, die ich mag, gebe ich stets mein Bestes. Ich spüre ihre unausgesprochene Unterstützung und ihren guten Willen, und das bedeutet mir eine große Hilfe. Die Zusammenarbeit mit de Sica und Chaplin war zum Beispiel so, als würde ich für meine besten Freunde agieren. Ich war in der Lage, Dinge zu wagen, zu denen ich unter einer weniger einfühlsamen Regie nie den Mut aufgebracht hätte.

Es versteht sich von selbst, daß Zeit um so kostbarer wird, je älter man wird. Warum sollten Sie daher Ihre Zeit mit Menschen verschwenden, die Sie nicht mögen, oder mit Leuten, mit denen Sie keinen Spaß haben? Wenn auch sonst nichts – das zumindest sollte Sie die Erfahrung lehren.

Der Jungbrunnen

Wenn wir älter werden, beginnt uns der Körper in kleinen Dingen im Stich zu lassen. Zu Befürchtungen besteht kein Anlaß, aber es wäre töricht, die Tatsache abzustreiten. Sie können nicht mehr die ganze Nacht aufbleiben und dann noch mit einem frischen Gesicht aufwarten. Sie müssen auch ein bißchen härter daran arbeiten, Ihren Körper in Form zu halten. Vielleicht müssen Sie auch wie ich damit anfangen, eine Brille zu tragen. Wir sind uns dieser feinen Veränderungen alle bewußt – schließlich beginnen wir bereits mit Ende zwanzig die ersten Anfänge davon zu bemerken –, und wir sollten Anstrengungen unternehmen, sie zu kompensieren. Ich achte sorgsam auf meine Ernährung. Ich versorge meine Haut reichlich mit Feuchtigkeitspräparaten. Ich achte sehr darauf, genug Schlaf zu bekommen.

Da ist noch ein Gebiet, dem viele von uns nur wenig Beachtung schenken. Und das ist schade, denn ihm sollte die reife Frau das Hauptaugenmerk schenken. Meiner Meinung nach ist es ein Widerspruch des Alterns, daß wir zu einer Zeit, da wir unseres Körpers nicht mehr ganz so sicher sind, doch häufig genug den Wachstumsprozeß vernachlässigen, der uns jetzt offener steht als je zuvor: die Erweiterung unseres Horizonts, unseres Geistes.

Es ist ein Fehler anzunehmen, daß sie, wenn die Schule erst einmal hinter Ihnen liegt, nichts

Neues mehr über Literatur, Geschichte, Philosophie, Musik oder Kunst zu lernen brauchten. Ich kann nur hoffen, daß ich nicht allzu schulmeisterhaft klinge, wenn ich das sage. Ich spreche lediglich aufgrund meiner eigenen Erfahrung. Zu meiner Verwunderung scheint die Welt größer und nicht kleiner geworden zu sein, seit ich reif geworden bin. Es gibt so viele neue und interessante Dinge zu tun, zu sehen, zu lernen. Früher bin ich wirklich nicht gern in Museen gegangen; jetzt begreife ich, warum sie eine solche Quelle der Freude sind. Ich habe das Theater mit einer neuen Begeisterung entdeckt. Ich lese Bücher, von denen ich nie geglaubt hätte, daß ich sie je zur Hand nehmen würde. Vor kurzem sah ich eine Aufführung von Romeo und Julia. Ich habe das Schauspiel in der Schule gelesen, und ich habe es vor vielen Jahren auf der Bühne gesehen. Aber als ich an diesem Abend das Theater verließ, wurde mir plötzlich klar, daß ich nie verstanden hatte, worum es in diesem Stück eigentlich geht. Es ist Poesie. Und die Leidenschaft, die Emotionen hatten eine ganz neue Bedeutung für mich, weil es Gefühle waren, die ich in meinem eigenen Leben auch empfunden hatte.

Das ist die Freude, als Erwachsener neue Dinge zu lernen: Wir bringen so viel eigene Erfahrungen ein. Wenn Sie an einige Bücher denken, die Sie in der Schule gelesen haben, ist es kaum verwunderlich, daß Sie sie als Kind nicht schätzen konnten. Aber wenn Sie heute eines davon zur Hand nehmen, werden Sie vermutlich feststellen, daß sie Ihnen große Freude bereiten.

Ich glaube, daß die Frauenbewegung und die Atmosphäre, die durch sie geschaffen worden ist, günstige Voraussetzungen für die reife Frau von heute geschaffen hat. Ich kann nur hoffen, daß die Vorstellung, eine Frau sei für die Gesellschaft nichts mehr wert, wenn die Jahre der Gebärfähigkeit erst einmal vorüber sind, ein für allemal der Vergangenheit ange-hört. Frauen tun heute Dinge, von denen ihre Mütter nicht einmal geträumt hätten. Ich halte mich für sehr glücklich, in einer Zeit leben zu können, in der es für eine Frau immer eine Zukunft geben wird – ganz unabhängig von ihrem Alter. Es darf allerdings nicht verschwiegen werden, daß es diese Möglichkeiten nur für die Frauen gibt, die ihren Horizont erweitern, sich weiterbilden – die stets darauf vorbereitet sind, jederzeit etwas Neues zu beginnen. Die Frau, die ihre Zeit damit verbringt, ihre Runzeln mit Make-up zu vertuschen, ihre grauen Haare zu färben und sportliche Übungen zu absolvieren, um ihren Körper in Form zu halten, wird an einen Punkt gelangen, an dem sie nichts anderes als Fehlschläge erleiden kann, weil ihr Ziel so unmöglich zu erreichen ist.

Wenn Sie also ein bißchen zunehmen, feststellen, daß Sie eine Brille benötigen und daß sich ein paar braune Flecken auf Ihren Händen zeigen – geraten Sie nicht in Verzweiflung. Es gibt den Jungbrunnen: Er besteht aus Ihrem Geist, Ihren Talenten, der Kreativität, mit der Sie Ihr Leben und das der Menschen bereichern, die sie lieben. Wenn Sie es lernen, aus dieser Quelle zu schöpfen, haben Sie das Alter tatsächlich besiegt.

Register

Bildnachweis